Klaus Breiler

Das große Buch der INTERFLUG

Geschichte · Personen · Technik
Flugkapitäne erinnern sich

Das Neue Berlin

DDR-STH

Inhalt

Vom Himmel geholt, aber nicht wie Ikarus abgestürzt

Flugkapitän a. D. Klaus Breiler, vier Jahrzehnte in der Luft; 2007.

In den 50er Jahren trat die INTERFLUG, die staatliche Fluggesellschaft der DDR, ins Leben. Sie sollte bis in die 90er Jahre bestehen. Zunächst war sie als Deutsche Lufthansa gegründet worden, doch dieser Name war belegt. So wurden aus den beiden juristisch selbständigen und volkseigenen Betrieben schließlich einer. Und aus diesem versuchten Mitarbeiter, als nach dem Herbst '89 das politisch motivierte Ende der INTERFLUG sich abzeichnete, mit einer Art Selbsthilfegesellschaft Maschinen und Arbeitsplätze zu retten. So entstand die »BerLine«. Aber auch ihr wurde schon nach kurzer Zeit der Garaus gemacht.

Mit diesem Buch erinnern ehemalige Flugkapitäne an ihre Arbeit bei der ostdeutschen Zivilluftfahrt. Wir waren nicht nur Zeitzeugen, sondern engagierte Zeitgenossen und aktive Gestalter. Daher können wir authentisch über die drei fliegenden Betriebe der INTERFLUG berichten: den Verkehrsflug, den Agrarflug sowie Fernerkundung, Industrie- und Forschungsflug (FIF). Ich selbst wurde in den 50er Jahren als Jagdflieger in der NVA ausgebildet, wechselte dann zum Wirtschaftsflug bei der Deutschen Lufthansa und war seit Ende der 60er Jahre Verkehrsflieger. Mag sein, daß ich sogar der ostdeutsche Pilot mit den meisten Zulassungen bin. Ich flog Jak-18U und Mig-15, die Agrarflugzeuge L-60 und Z-37 sowie die Verkehrsflugzeuge IL-14P, AN-24, TU-134, TU-134A, IL-18, IL-62, IL-62M, Cessna 172 und ZLIN-42M. Mein letzte Maschine war die Boeing 757-767, auf der ich in Seattle/USA ausgebildet worden war.

Es existieren inzwischen viele Bücher über die ostdeutsche Luftfahrt. Doch diese erschöpfen sich zumeist in der Darstellung der Technik. Dafür gibt es viele Interessenten, das heißt, sie haben ihre Berechtigung. Aber über die Menschen, über ihre Geschichten und ihren oft leidenschaftlichen Einsatz für die INTERFLUG und damit für das Land, dessen Fahne am Heck aufgetragen war, wird wenig bis nichts berichtet. Deshalb hielten wir es für mehr als angezeigt, diese Lücke zu schließen.

Vieles droht vergessen zu werden oder ist kaum bekannt. Wer weiß denn heute noch, daß wir etwa Kabul in Afghanistan anflogen? Warum wir das taten, und welchen Gefahren wir ausgesetzt waren? Oder daß die INTERFLUG im Rahmen der UNO-Mission »Dürrehilfe für Äthiopien« 1984/85 gemeinsam mit anderen Ländern, darunter die BRD, unzählige Hilfseinsätze flog? Die beiden deutschen Staaten waren damals vereint bei der Erfüllung einer solidarischen Aufgabe, nämlich Menschen in Not zu helfen. Darüber wurde damals nicht gesprochen, und auch heute schweigt man dazu beharrlich, wenngleich aus anderen Gründen.

Es gibt unendlich viele Begebenheiten, die festgehalten und weitergegeben werden müssen. Einige sind in diesem Buch versammelt.

Auch über das Ende des Unternehmens ist noch vieles zu sagen. Die Nebel, die damals erzeugt wurden, sind noch immer nicht verzogen. Die Verantwortlichen setzen auf die Zeit und hoffen, daß mit den Zeugen auch die Erinnerung stirbt. Wir stellen Fragen und hoffen dadurch, die notwendigen Antworten zu provozieren. Da gibt es noch einige »Unregelmäßigkeiten« zu untersuchen.

Wir wurden damals vom Himmel geholt, aber wir landeten erhobenen Hauptes. Denn wir hatten unser Handwerk gelernt. Viele von uns vermochten sich darum auch unter den neuen Bedingungen zu behaupten. Gleichwohl blieb bei allen Beteiligten ein fader Nachgeschmack zurück angesichts dessen, wie man uns und unsere Lebensleistung behandelte. Mit uns ostdeutschen Piloten machte man keine Ausnahme. Unser Schicksal glich dem unserer Landsleute.

Unser Buch verstehen wir nicht nur als ein Kapitel Luftfahrtgeschichte, sondern zugleich als Handreichung »alter Flieger« an die Adresse künftiger Fliegergenerationen. Möge jeder, der selbst aktiv fliegt oder fliegen will, Anregungen und Erfahrungen finden, die ihm nützen.

Den »Passivfliegern«, unseren ehemaligen Passagieren, bieten wir einen Blick hinter die Kulissen und ins Cockpit, der ihnen damals verwehrt wurde. Auch dafür gab es Gründe, wie Sie lesen werden ...

Und meinen Kindern Ilka und Lutz will ich auf diese Weise erklären, warum wir so oft umziehen mußten: von Köthen nach Stendal, dann Magdeburg, Potsdam und schließlich Berlin. Und weshalb ihre Eltern ausgerechnet auf dem Flughafen Leipzig-Mockau heirateten.

Und schließlich: Ich danke allen, die am Zustandekommen des Buches beteiligt waren, insbesondere meinem Enkel Christian Breiler für seine Unterstützung am Computer.

Flugkapitän a. D. Klaus Breiler,
Juli 2007

Die Anfänge nach 1945

Am 17. Januar 1950 wurde gemeldet, daß zur Frühjahrsmesse 1950 der Flughafen Leipzig-Mockau für den zivilen Luftverkehr wieder freigegeben werde. Man erwarte Maschinen aus Polen, der Tschechoslowakei, aus Dänemark, Holland, Schweden und der Schweiz. Zu jenem Zeitpunkt war die Deutsche Demokratische Republik drei Monate alt, die Bundesrepublik einige Monate älter. Doch es galt unverändert in ganz Deutschland Besatzungsrecht.

Die internationale Situation war politisch sehr angespannt, es herrschte Kalter Krieg nicht nur in Deutschland. Daher sorgte eine solche Nachricht für Aufsehen. Und es war allen klar, daß diese nicht ohne Zustimmung der sowjetischen Kontrollkommission (SKK) herausgegeben worden war. In der Tat: Der Hohe Kommissar der UdSSR – Armeegeneral Wassilij I. Tschuikow – wollte damit ein Zeichen der Verständigung und zur Normalisierung der Lage setzen, wie er sagte.

Für den Messeflugverkehr wurden alle flugtechnischen Belange in deutsche Verantwortung gegeben. Dazu unterzeichnete Ministerpräsi-

Mit dem Potsdamer Abkommen, von den Siegermächten USA, Großbritannien, Frankreich und UdSSR im Sommer 1945 beschlossen, wurde in Deutschland »die Herstellung und der Besitz, die Unterhaltung und der Betrieb von Flugzeugen aller Art« verboten.

Ende August 1942 bombardiert die deutsche Luftwaffe Stalingrad, an einem Tag werden 2.000 Angriffe geflogen. Dann liegt die Halbmillionenstadt an der Wolga in Trümmern. Wie drei Jahre später Berlin an der Spree (links), wo einst Deutschlands Eroberungskrieg seinen Ausgang nahm.

dent Otto Grotewohl am 28. Februar 1950 eine Verfügung, die das Ministerium für Verkehr mit der »flugtechnischen Leitung zur Durchführung des Flugbetriebs auf dem Flughafen Leipzig-Mockau« beauftragte.

Der Flugbetrieb startete ohne Probleme. Flugsicherung und Vergabe von Landerechten verblieben allerdings in der Verantwortung der sowjetischen Besatzungsmacht.

Um den Messeflugverkehr bewältigen zu können, mußte der dortige Flughafen ausgebaut werden. Dafür wurden 780.000 Mark investiert. Allerdings fehlte noch im Juli 1951 Geld zur Beschaffung von Funkanlagen. Die DDR drückten spürbar die hohen Reparationszahlungen.

Am 1. Januar 1953 wurde der Flughafen Leipzig-Mockau zu einer selbständigen Dienststelle des Staatssekretariats für Kraftverkehr und Straßenwesen. Die von Staatssekretär Heino Weiprecht geführte Einrichtung wurde somit zu einer Art Luftfahrtbehörde der DDR.

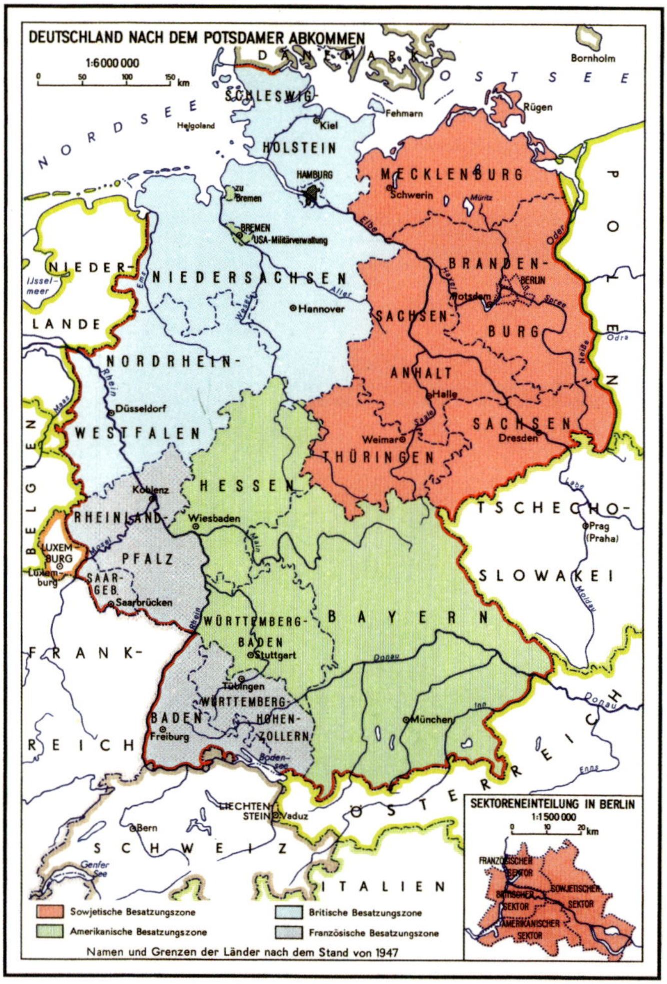

Die auf der Potsdamer Konferenz im August 1945 von den Siegermächten festgelegten Besatzungszonen, mit denen die Teilung Deutschlands vorbestimmt worden ist. Aus der Demarkationslinie zwischen der britischen und amerikanischen Zone einerseits und der sowjetischen Besatzungszone andererseits wird 1949 die Staatsgrenze zwischen der Bundesrepublik Deutschland (BRD) und der Deutschen Demokratischen Republik (DDR). Die Grenze hört am 2. Oktober 1990 auf zu existieren, nachdem in Moskau die einstigen Besatzungsmächte USA, Großbritannien, Frankreich und Sowjetunion mit der BRD und der DDR in den sogenannten 2+4-Gesprächen 45 Jahre nach Kriegsende Deutschland die volle Souveränität zugestanden.

Gemälde von Klaus Weber und Harald Hellmich, »Die jüngsten Flieger«, 1953.

Viele Flugsportler werden später beim Aufbau der Abt. Wirtschaftsflug der Deutschen Lufthansa (Ost) tätig. Helmut Schmiedecke, der den ersten Streckenrekord flog, wird Stützpunktleiter in Anklam. Horst Voigt (unten), Jahrgang 1925, war von 1953 bis 1958 Fluglehrer an den Flugschulen in Schönhagen und Ballenstedt, Stützpunktleiter und Staffelleiter in Magdeburg.

Er gehörte zu den prägenden Gestalten der ostdeutschen Luftfahrt. Er baute den Segelflug in der DDR auf, war Agrarflieger und Fluglehrer und viele Jahre bis Juni 1990 Betriebsdirektor des Agrarflugs in Magdeburg. In Haltung und Charakter formte er Generationen von Piloten der DDR.
Seinen ersten Flugzeugführerschein machte er als 19jähriger an der Flugzeugführerschule Helmstedt. Er kam in das Ausbildungs- und Ergänzungsgeschwader JG 104, nie zum Kriegseinsatz und am 2. Mai 1945 in US-Kriegsgefangenschaft.

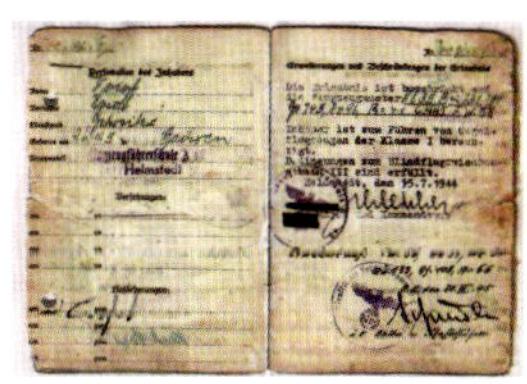

Mit der Gründung der Gesellschaft für Sport und Technik (GST) am 7. August 1952 hatte das Staatssekretariat schon Aufgaben in Bereich Luftfahrt erhalten. Diese Verbindung kam so zustande: Wenige Monate nach Kriegsende hatten Flugbesessene, die am Fliegerhorst in Kamenz zwei Schulgleiter SG 38 sichergestellt hatten, einen »Roten Arbeitersportverein« gebildet. Mit Genehmigung des dortigen Stadtkommandanten der Roten Armee gingen die Vereinsmitglieder mit den beiden Segelfliegern in die Luft. Im Dezember 1945 kam jedoch für sie das Aus. Auf der Potsdamer Konferenz im Sommer 1945 hatten die Siegermächte unter anderem für sich die absolute Lufthoheit reklamiert.

Am 8. Februar 1950 beschloß jedoch die Provisorische Volkskammer der DDR die »Förderung der Jugend und des Sports«, wozu man auch den Flugsport rechnete. Auf Antrag erlaubte der Hohe Kommissar der UdSSR am 30. März 1950 den Modellbau sowie Herstellung und Betrieb von Segelflugzeugen. Träger der damit befaßten »Interessengemeinschaften« war zunächst die Freie Deutsche Jugend (FDJ); ab 7. August 1952 dann die Gesellschaft für Sport und Technik.

Dem ersten Flug in Riesa-Canitz folgte der 1. Segelfluglehrgang in Ribnitz-Damgarten. Dort erfolgte der offizielle Start durch Karl Liebeskind mit einer »Baby II b«. Es schlossen sich mehrere Fluglehrer-Ausbildungslehrgänge an. Die Produktion von Segelflugzeugen begann. Viele Neuentwicklungen gehörten zur Weltspitze. Flugsportzentren entstanden. Der Staat leistete finanzielle Unterstützung. Präsident Wilhelm Pieck und der FDJ-Vorsitzende Erich Honecker besuchten gemeinsam den 1. Flugtag am 1. Juni 1952 in Leipzig-Mockau.

Im Flugsport und beim Fallschirmspringen errangen in den folgenden Jahren DDR-Sportler eine Vielzahl Weltmeistertitel und -rekorde. Der 1960 geschaffene Aeroklub wurde in die Internationale Luftfahrtförderation (FAI) aufgenommen. Diese positive Entwicklung des Segelsports wurde aber zunehmend national behindert durch die Einschränkung der Lufträume über der DDR und vom extrem wachsenden Sicherheitsbedürfnis. Hinzu kamen kaderpolitische Reglementierungen. Lilienthals Vision vom freien Flug des Menschen, scheinbar verwirklicht, wurde zunehmend wieder Utopie.

Die Gesellschaft für Sport und Technik als Organisator des Luftsports arbeitete nun notwendigerweise mit dem Staatssekretariat für Kraftverkehr und Straßenwesen zusammen.

Zu dessen Aufgaben gehörten ferner die Bearbeitung von Anträgen ausländischer Fluggesellschaften, die Organisation von Sonderflügen nach Berlin-Schönefeld und die Genehmigung von Bauarbeiten innerhalb der Flughafenzonen. Seit dem 29. März 1954 verhandelte es auch über die Zulassung von Luftverkehrslinien.

Die UdSSR hatte fünf Tage zuvor die Herstellung der vollen Souveränität der DDR erklärt. Dies blieb auch für die Luftfahrt nur Theorie: Die Sowjetunion bzw. die in der DDR stationierten sowjetischen Streitkräfte vergaben weiter ausschließlich allein Start- und Landerechte und kontrollierten den ostdeutschen Luftraum.

Die Verkündung der »vollen Souveränität« hatte allerdings zur Folge, daß sich nun ausländische Fluggesellschaften an DDR-Behörden wandten und nicht an sowjetische. So wollte die bulgarische Fluglinie TABSO ab Mai 1954 Berlin anfliegen, und am 8. Mai 1954 landete erstmals eine Maschine der ungarischen MASZOVLET nach Zwischenstop in Prag. Es gab in Berlin-Schönefeld jedoch keine deutschen Abfertigungskräfte, und Flugscheine konnten nur über die tschechoslowakische ČSA verkauft werden. Die Lage war insgesamt sehr unübersichtlich.

Am 14. April 1954 hatte Staatssekretär Weiprecht im Außenministerium schriftlich angefragt, welchen Einfluß die Erteilung der Souveränität für die Lufthoheit habe. Die Auskunft: Der Leiter der Flugabteilung beim Hohen Kommissar, Konstantinow, wolle *unverändert* über *alle* Belange der Luftfahrt informiert werden.

Als 1990 die Lufthansa auch das Fliegertrainingszentrum der INTERFLUG in Berlin-Altglienicke übernahm, wird als erstes der Spruch von Otto Lilienthal von der Wand entfernt, in welchem von der Vision des Menschen vom freien Flug die Rede ist – mit dem Zusatz gewiß, daß dieser dem Frieden und der Völkerversöhnung dienen solle.

Oben: Wiederholt ediert die Post Briefmarken zur Leipziger Messe, hier eine Ausgabe von 1962.
Die tschechoslowakische Airline ČSA fliegt seit Mitte der 50er Jahre Berlin-Schönefeld an, allerdings zunächst nur als Zwischenstop auf dem Flug nach Stockholm.
Sie setzt auf dieser Linie die DC-3 ein (rechts).

Zu jenem Zeitpunkt flogen die polnische LOT und die tschechische ČSA Berlin an: Sie nutzten dazu den von den sowjetischen Streitkräften betriebenen ehemaligen Werkflugplatz der Henschel-Flugzeugwerke in Berlin-Schönefeld. Allerdings stoppten sie dort lediglich auf dem Wege nach Paris bzw. Stockholm.

Staatssekretär Weiprecht hatte bereits während eines Gesprächs mit Konstantinow am 12. Mai 1952 seine Auffassung über den unbedingt notwendigen Aufbau einer Zivilluftfahrt in der DDR vorgetragen. Dazu gehörte auch die Nutzung vorhandener Flugplätze.

Die sowjetische AN-2, hier mit der markanten Säbelluftschraube, wird nach 1945 entwickelt und gilt als der größte einmotorige Doppeldecker der Welt. Das Ganzmetallflugzeug kommt Mitte der 50er Jahre in die DDR, es gehört zu den ersten Maschinen der Lufthansa. In der NVA ist die AN-2 bis 1990 im Einsatz. Sie heißt dort nur »Anna«, »Tante Anna« oder auch»Kastendrachen«.

Konstantinow machte damals klar, daß der Flughafen Berlin-Schönefeld *nicht* für eine deutsche Nutzung in Betracht käme. Er verwies stattdessen auf den Flugplatz Johannisthal. Ihm sei unverständlich, warum dieser Flugplatz von den Deutschen nicht genutzt werde.

Bei der Unterredung wurde deutlich, daß die Besatzungsmacht Schönefeld weder abzutreten noch zu teilen bereit war. Daher die Favorisierung von Johannisthal, des ältesten Flugplatzes in Deutschland, quasi die Wiege des Motorfluges in Europa! Weiprecht hingegen bestand auf Schönefeld. Entweder sollte von der DDR der dortige Flugplatz in Gänze übernommen oder ihr zumindest ein Mitnutzungsrecht eingeräumt werden. Denn Johannisthal befand sich – im Unterschied zu Schönefeld – auf dem Territorium Berlins und unterlag damit unverändert dem Bestimmungen der vier Mächte. Schönefeld hingegen, außerhalb der Stadtgrenze, lag in der Sowjetischen Besatzungszone respektive auf dem Gebiet der DDR.

Die von der Deutschen Lufthansa/INTERFLUG von 1957 bis 1963 als Passagierflugzeug eingesetzte Antonow. Sie flog ausschließlich im Inland. Großes Bild: Eine AN-2 der Deutschen Lufthansa, Abt. Wirtschaftsflug, beim Beladen, 1960.

Wassilij Tschuikow (Mitte) kommandierte die 4. Gardearmee, die maßgeblich an der Befreiung Berlins beteiligt war. Als Chef der Sowjetischen Militäradministration (1949-53) und der nachfolgenden Sowjetischen Kontrollkommission (SKK) war er eine Schlüsselfigur beim Aufbau des Luftverkehrs in Ostdeutschland. Heinz Keßler (links von ihm) nahm an den Verhandlungen mit der sowjetischen Seite teil. Rechts neben Tschuikow Armeegeneral Heinz Hoffmann und Admiral Waldemar Verner, Aufnahme aus den 60er Jahren.

Die Absichten der DDR standen in einem am 21. April 1954 vom Staatssekretariat formulierten Papier (»Der Ausbau der Luftfahrt der DDR«). Zwei Tage später folgte der Bericht »Stand und Entwicklungsperspektiven des Luftverkehrs in der DDR«.

Vorgesehen war die Schaffung eines Flughafennetzes mit einem »Leitflughafen Berlin-Schönefeld« sowie »Flughäfen 1. Ordnung« in Leipzig und Rostock und »Flughäfen 2. Ordnung« in Magdeburg, Erfurt (oder Weimar), Zwickau (oder Plauen), Brandenburg und Görlitz.

Weiterhin sah der Plan den Ausbau des Flugsicherungsnetzes und den Abschluß von bilateralen Luftverkehrsabkommen vor. Auch die Organisation und Aufgaben eines eigenen Luftverkehrsunternehmens waren in diesem Perspektivpapier festgehalten.

Der zweite Entwurf formulierte bereits Forderungen und auch Maßnahmen. Wenn in der DDR erfolgreich ein Luftverkehr etabliert werden solle, müsse »den Flugzeugen auf dem verkehrtechnisch und ver-

Noch 1960 wird der Flughafen Berlin-Schönefeld von den sowjetischen Streitkräften unverändert genutzt und kontrolliert, was unschwer an den Soldaten zu erkennen ist, die hier über die Rollbahn flanieren.

kehrswirtschaftlich günstigsten Flughafen der DDR, dem Flughafen 1. Ordnung Berlin-Schönefeld, Start- und Landemöglichkeiten gegeben werden«.

Mit dem Apparat des Hohen Kommissars sei zu erörtern, ob der Flughafen Schönefeld unter sowjetischer Verwaltung bleibe und nur mitbenutzt werden könne oder ob er in deutsche Verwaltung übergehe. Weiterhin sei zu klären, ob der Flugbetrieb mit Charterflugzeugen oder mit in der Sowjetunion gekauften Flugzeugen durchgeführt werden solle. Bei der Besetzung der Maschinen solle auf fliegendes Personal aus der Zeit vor 1945 zurückgegriffen werden.

Es wurde auch die Bildung eines Hauptreferates Luftfahrt im Staatssekretariat vorgeschlagen, das aus drei Mitarbeitern und einer Sekretärin bestehen sollte.

Die Autoren der Vorlage fügten bereits Stellenpläne für eine Mitbenutzung bzw. Übernahme des Flughafens Schönefeld bei. Im Falle einer Mitbenutzung sollten 21 Stellen entstehen, bei einer Übernahme 184 Stellen. Die jährlichen Kosten bei Übernahme wurden auf 430.000 Mark plus 700.000 Mark für Investitionen bzw. auf 3,5 Millionen Mark zuzüglich zwei Millionen Mark für Investitionen veranschlagt.

Weiprecht sandte am Ende aber eine lediglich zwei Seiten umfassende Beschlußvorlage an die Abteilung Eisenbahn-, Verkehrs- und Verbindungswesen im Zentralkomitee der SED mit dem Vorschlag, zum 1. Juli 1954 das »bisherige Referat Luftverkehr des Messeflughafens Leipzig-Mockau im Staatssekretariat in eine *Abteilung Luftverkehr* umzuwandeln«. Weiterhin sei bis zum 1. September ein Dokument über die »Durchführung des Flugverkehrs aufgrund der derzeitigen Basis der Mitbenutzungsmöglichkeit des Flughafens Berlin-Schönefeld« auszuarbeiten und ein perspektivisches Grundsatzdokument für die Entwicklung des Luftverkehrs der DDR unter der Beachtung der besonderen Situation der DDR (Lufthoheit der Besatzungsmacht) und einer späteren Übertragung der Lufthoheit zu erstellen.

Der vorgelegte Beschluß wurde aber nicht gefaßt.

Die Abteilung Flugsport des Ministeriums des Innern – Leitung Heinz Hannß – nahm noch im Juni 1954 ihre Tätigkeit auf. Sie unterstand der Verwaltung der Aeroklubs – das war zu jener Zeit die Leitung der inoffiziellen Luftstreitkräfte der DDR – und war deshalb hauptsächlich mit Offizieren besetzt. Somit war die gewünschte Zuordnung erfolgt.

Auf der Grundlage des zweiten Weiprecht-Entwurfs entstand ein verfeinertes Programm, das am 30. September 1954 Gegenstand eines Ersuchens der DDR an die Adresse Moskaus wurde. Dort wurde das Programm gebilligt. Es sei aber notwendig, hieß es in der sowjetischen Antwort, daß eine Abteilung zur Leitung des Konstruktionsbüros des Flugzeugwerks und des Flughafens Leipzig beim Ministerium des Innern geschaffen werde. Daraus sollte später die Verwaltung der Zivilen Luftflotte (ZLF) werden.

Mit deren Aufstellung begann man 1955. Geplant war, zehn bis zwölf Transportflugzeuge zu erwerben und die Ausbildung der Flieger zu orga-

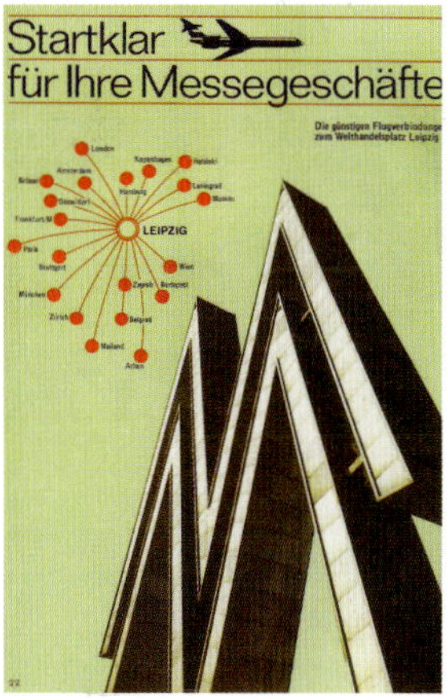

Die Leipziger Messe und der Flughafen in Mockau nehmen von Anfang an in den Planungen einen wichtigen Platz ein. Das bleibt bis zum Ende der DDR so. Hier eine Anzeige aus dem »Bordjournal« der INTERFLUG von 1988.

nisieren. Schließlich erklärte Moskau sich bereit, den Flughafen Dresden-Klotzsche an die ZLF zu übergeben, wenn den sowjetischen Truppen ersatzweise im Südwesten der DDR ein Flughafen zur Verfügung gestellt werde würde. Im Klartext: Die DDR sollte dort einen neuen errichten.

Einer Mitnutzung des Flughafen Berlin-Schönefeld wurde nur unter der Bedingung zugestimmt, daß der Flughafen Strausberg für sowjetische Transport- und Verbindungsflüge ausgerüstet werde.

Das Außenministerium der DDR richtete im Januar 1955 eine offizielle Note über die Nutzung des Flughafens Schönefeld an die sowjetische Botschaft in Berlin. Robert Menzel, Stellvertreter des Ministers des Innern für Verwaltung und Finanzen, wurde zwei Monate später zum

Die Debatte über eine gemeinsame Nutzung, Teilübergabe oder gar vollständige Überlassung des Flughafens Schönefeld bei Berlin zwischen der sowjetischen Seite und der DDR zieht sich Mitte der 50er Jahre über Monate hin. Dabei spielen sowohl militärische als auch finanzielle Erwägungen eine Rolle. Nachdem die Entscheidung gefallen ist, kommen die ersten IL-14.

Delegationsführer für die Verhandlungen ernannt. Als Verhandlungstermin wurde der 15. März 1955 festgelegt. Einen Tag vorher kam ein offensichtlich langfristig und sorgfältig vorbereiteter DDR-Vorschlag auf den Tisch, in dem es um die »Übernahme eines in Betrieb befindlichen Flughafens« ging. Der Vorschlag enthielt, detailliert ausgearbeitet, alle notwendigen Schritte. Er bezog die in Leipzig arbeitende Flughafenmannschaft mit ein.

Am Nachmittag des 15. März fuhr die Delegation der DDR vor. Zur deutschen Delegation gehörten Menzel, Generalmajor Keßler als Leiter der Verwaltung der Aeroklubs, Chefinspektor Seifert als Stellvertreter des Chefs der Deutschen Volkspolizei und Hauptabteilungsleiter Grosse aus dem Außenministerium. Die sowjetische Delegation bestand aus Generalleutnant Gudkow, Stabschef der sowjetischen Luftstreitkräfte in Deutschland, Danilitschew, stellvertretender Leiter der Hauptabteilung der Zivilen Luftfahrt der UdSSR, Flughafenkommandant Taranow und der Botschaftsvertreter Martinow.

Generalleutnant Gudkow sagte, er lese aus der eingereichten Note die Absicht der DDR heraus, in Zukunft alle ein- und ausfliegenden Flugzeuge selbständig abzufertigen – die von oder in die Volksdemokratien flögen. Anders formuliert: Sowjetische Maschinen und die aus westlichen Ländern blieben ausgenommen.

Menzel bestätigte und erklärte, den Worten Gudkows entnehme er »die Zustimmung der sowjetischen Freunde«. Gudkow bremste Menzel jedoch: »Es wird schwer sein, daß Sie das in der ersten Zeit allein machen können.« Der General deutete auf zu erwartende Schwierigkeiten in der Anfangszeit hin und wollte nochmals bestätigt haben, »daß Sie wünschen und bereit sind, selbständig die Bedienung und Sicherstellung der Flüge der volksdemokratischen Länder zur DDR und umgekehrt vorzunehmen. Wir wollen nicht zur Eile treiben.«

Heinz Keßler reagierte allgemein. »Wenn die technischen Voraussetzungen gegeben sind, wenn sie zur Verfügung stehen, jedoch nicht vor 1956 …« Gudkow ignorierte das vage Hinhalten und drängte auf einmal: »Wir müssen unbedingt festlegen, was jetzt hinsichtlich der gemeinsamen Nutzung des Flugplatzes zu tun ist. Wir haben vom Oberkommandierenden der Gruppe der sowjetischen Streitkräfte in Deutschland, Marschall der Sowjetunion Gretschko, die Anweisung erhalten, Ihnen die notwendige Fläche auf dem Flugplatz Schönefeld zur Verfügung zu stellen, sowie einen bestimmten Fonds an Wohngebäuden.«

Generalmajor Keßler blieb, mit Blick auf die gesamte Entwicklung der Zivilluftfahrt, weiterhin zurückhaltend. Seiner Meinung nach fehle es an Technik und Fachleuten. »Nur auf eigene Kräfte gestellt, werden wir das nicht schaffen.« Das künftige Personal müsse innerhalb eines Jahres die nötigen Kenntnisse in Schönefeld erwerben, und auch die dringend notwendigen Flugzeugführer gäbe es noch nicht.

Auf ein anderes Thema, nämlich die Flugleitung, eingehend, antwortete Gudkow belehrend und nur auf Schönefeld begrenzt: »Wir denken, daß Sie über bedeutende Möglichkeiten zur Sicherstellung von Ein- und Ausflügen verfügen. Wir wissen, daß Ihr Flugbetrieb in Leipzig sehr

Leipzig mit Messe-Verkehr.
Seit Beginn der 50er Jahre entwickelt sich der Flughafen zu einer wichtigen Drehscheibe. In den 80er Jahren werden über ein Viertelhundert Städte in Europa während der Frühjahrs- und Herbstmesse von der INTERFLUG direkt angeflogen, eingesetzt werden vor allem die TU-134.
Als besonderen Service bietet die INTERFLUG ab 1986 auch »Salonflugzeuge« vom Typ L-410 an

Die Inlandsrundflüge erfreuen sich großer Beliebtheit und sind sehr kostengünstig zu haben.

Links: Eine IL-14 der Deutschen Lufthansa (Ost) wird in Berlin-Schönefeld betankt.

genau arbeitet und dabei vollkommen selbständig. Unannehmlichkeiten auf diesem Flugplatz sind in der ganzen Zeit seines Bestehens noch nicht vorgekommen.«

Man solle die Möglichkeiten nutzen, und was für die Durchführung des Luftverkehrs vorhanden sei, könne in Schönefeld bleiben und auf vertraglicher Basis von beiden genutzt werden. Immerhin gebe es in Schönefeld »eine große Zahl von Mitarbeitern, die sämtliche Aggregate des Bodendienstes in bezug auf die Führung der Flugzeuge kennen«. Diese Aufgabe sei also lösbar, beschied die sowjetische Seite.

Weitere Verhandlungen sollten zwei Tage später stattfinden, die deutsche Delegation könne sich zwischenzeitlich mit ihren Vorgesetzten in Verbindung setzen.

Doch der stellvertretende Leiter der Hauptabteilung der Zivilen Luftfahrt der UdSSR, Danilitschew, wollte beim ersten Treffen mehr erreichen. »Es gehört sich nicht, daß auf einem souveränen Territorium Flugzeuge von uns bedient werden«, sagte er ein wenig scheinheilig. Für ihn sei die Abfertigung der Flugzeuge durch die DDR die wichtigste Frage. Befürchtungen hinsichtlich der Technik teile er nicht, »weil der Flugplatz Schönefeld schon besteht und gemeinsam mit allen technischen Mitteln genutzt wird. Ein Teil des Personals von der Zivilen Luftfahrt

Eine Boden-Stewardess geleitet die Passagiere nach der Landung ihrer IL-14 über den Platz zur Abfertigungshalle, 1957. Oben: Lufthansa-Stewardess.

IL-14 der Deutschen Lufthansa (Ost), im Vordergrund eines der Lufttaxis vom Typ Aero-45.
Unten:
Gedenkmedaille für die IL-14 innerhalb einer Reihe, die 1985, aus Anlaß des 30. Jahrestages »Zivile Luftfahrt der Deutschen Demokratischen Republik, INTERFLUG, Betriebsteil Flugbetrieb«, an Mitarbeiter verliehen wird.

der UdSSR wird an die DDR übergeben. Ich möchte gerne hören«, setzte er fort, »ob die DDR imstande ist, die technischen Bedingungen – selbstverständlich mit unserer Hilfe – für die Flugzeuge anderer Länder zu organisieren. Die Organisation des meteorologischen Dienstes ist auch keine besondere Frage. Wir bedienen uns bereits Ihrer Einrichtungen.«

Danilitschew fügte hinzu, daß der kaufmännische Dienst in einem veränderungswürdigen Zustand sei. Er müsse in bezug auf die Flugzeuge in deutsche Hand gehen. Wirtschaftliche Fragen würden heute noch größtenteils durch Mitarbeiter der UdSSR gelöst. Weiterhin seien bereits ungefähr 200 deutsche Beschäftigte auf dem Flugplatz. Diese wären gut vorbereitet und arbeiteten schon länger als ein Jahr dort. Auch die Instandhaltung könne von den Deutschen übernommen werden. Ganz klar: Danilitschew wollte nicht nur Arbeit, sondern vor allem Kosten delegieren.

Der Finanzchef des Innenministeriums, Menzel, wußte, was für enorme Ausgaben da auf die DDR zukommen würden, wenn Danilitschews Vorschlag die generelle sowjetische Linie war. Diplomatisch-höflich zeigte er sich »angenehm überrascht« über das Vertrauen hinsichtlich der selbständigen Abfertigung der Flugzeuge, der Führung des kaufmännischen und meteorologischen Dienstes sowie der Instandhaltung des Flugplatzes, »wo wir doch in diesen Dingen mit keinerlei Erfahrung ausgerüstet sind«. Menzel verlangte sodann die ersten Termine zu hören.

Gudkow sah die Dinge aber nun wieder anders, die Aufgaben seien »nicht so groß und schwer«. Er rechne für die Vorbereitung zur selbständigen Arbeit mit drei bis sechs Monaten. Dazu müßten natürlich die zur Verfügung gestellten Gebäude angepaßt werden.

Am nächsten Tag sandte Innenminister Willi Stoph nach einer Beratung mit Menzel das ausführliche Protokoll an den Ministerpräsidenten Otto Grotewohl und seinen Stellvertreter Walter Ulbricht. Die nächste Verhandlung fand am 17. März 1955 statt.

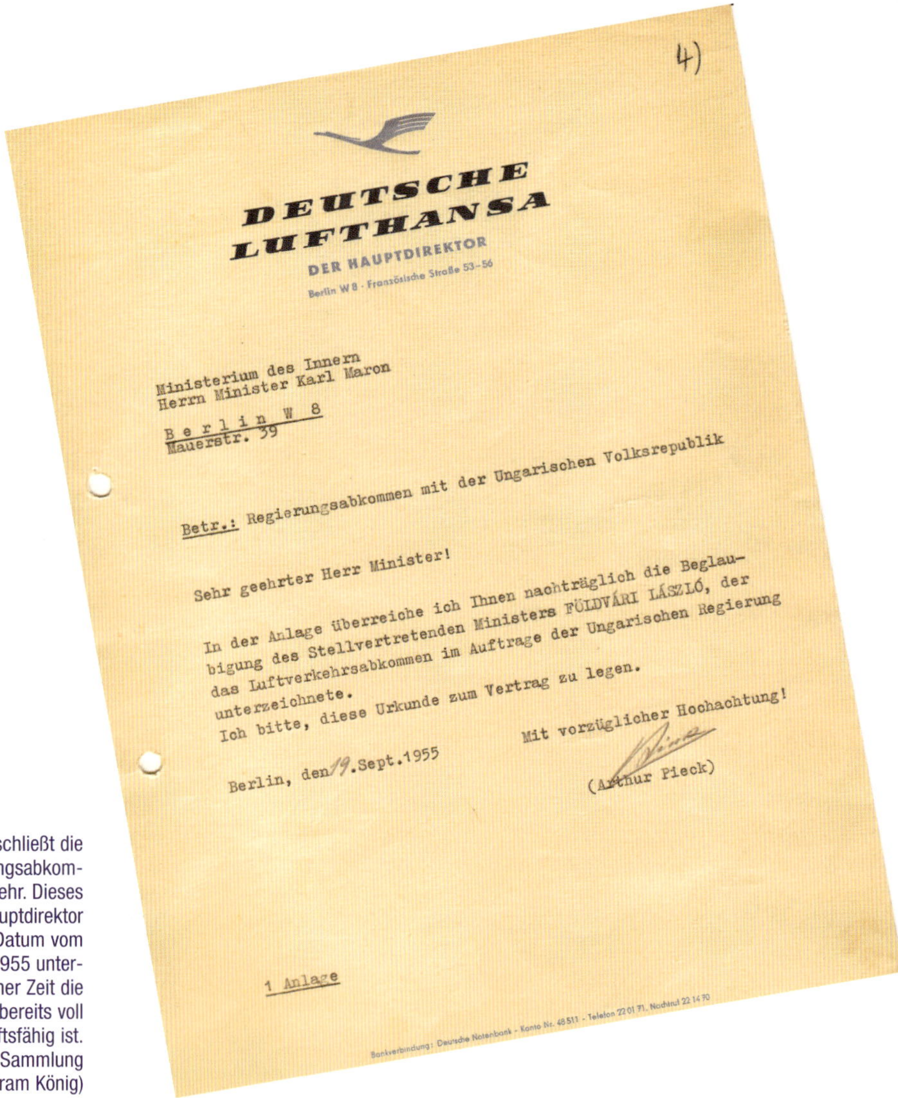

4)

DEUTSCHE LUFTHANSA
DER HAUPTDIREKTOR
Berlin W 8 · Französische Straße 53–56

Ministerium des Innern
Herrn Minister Karl Maron

B e r l i n W 8
Mauerstr. 39

Betr.: Regierungsabkommen mit der Ungarischen Volksrepublik

Sehr geehrter Herr Minister!

In der Anlage überreiche ich Ihnen nachträglich die Beglaubigung des Stellvertretenden Ministers FÖLDVÁRI LÁSZLÓ, der das Luftverkehrsabkommen im Auftrage der Ungarischen Regierung unterzeichnete.
Ich bitte, diese Urkunde zum Vertrag zu legen.

Mit vorzüglicher Hochachtung!

Berlin, den 19. Sept. 1955

(Arthur Pieck)

1 Anlage

Bankverbindung: Deutsche Notenbank - Konto Nr. 48511 - Telefon 22 01 71, Nachtruf 22 14 70

Im Sommer 1955 schließt die DDR bilaterale Regierungsabkommen zum Luftverkehr. Dieses Schreiben von Hauptdirektor Arthur Pieck mit Datum vom 19. September 1955 unterstreicht, daß zu jener Zeit die »Deutsche Lufthansa« bereits voll geschäftsfähig ist. (Dokument aus der Sammlung Guntram König)

Die deutsche Delegation erschien mit zwei übersetzten Entwürfen: mit einer »Vereinbarung über die gemeinsame Benutzung des Flughafens Schönefeld durch Organe der Regierung der Union der Sozialistischen Sowjetrepubliken und der Regierung der Deutschen Demokratischen Republik« und einem Entwurf für die Bildung einer Luftfahrtgesellschaft. Man erbitte dazu den Rat der sowjetischen Seite, wie sie »die Einrichtung der Zivilen Luftfahrt der Deutschen Demokratischen Republik und die Gründung der Deutschen Lufthansa, der Zivilen Luftfahrtgesellschaft«, sähe.

Die Delegation unter General Gudkow prüfte die Unterlagen und äußerte sich anerkennend. Der Entwurf über die Zivile Luftfahrt sei zwar ein wertvolles Dokument, es beziehe sich aber nicht auf die heutigen

Besprechungen. Mit anderen Worten: Darüber wollte oder konnte Gudkow nicht reden. Die Hoffnung, zwei Fliegen mit einer Klappe zu schlagen, erfüllte sich für die deutsche Seite somit nicht.

Gudkow wandte sich dem ersten Vorschlag zu, den er »in einigen Fragen vortragen und auch weiterentwickeln wolle«. Dabei ging es hauptsächlich um Räumlichkeiten in Schönefeld sowie die Leitung des Flugverkehrs, die immer von der Seite vorzunehmen war, die die Flüge durchführt. Alle von der DDR bedienten Flüge seien »vorläufig mit der Abteilung für Internationale Flüge der Sowjettruppen in der DDR abzusprechen«.

Dann folgten plötzlich drängende Termine. Die Übergabe der Einrichtungen und des Personals sowie die Zusammenarbeit der Flugleitung sollte am 1. Mai 1955 beginnen, ab 1. Juni 1955 würden das Flugfeld sowie die Mittel zur Sicherstellung des Flugbetriebes genutzt werden.

Menzel hingegen versuchte, diese Termine wegen der damit verbundenen finanziellen Belastung hinauszuschieben. Aber es war nichts zu machen. Die Besatzungsmacht hatte entschieden. Die sowjetische Delegation entließ die deutsche Seite mit dem üblichen Hinweis, die Vorschläge zu überdenken. Danach könnten die Regierungen die Vereinbarung erhalten und unterzeichnen. Am 19. März 1955 hielt die

Die Brustabzeichen der Deutschen Lufthansa (Ost) und deren Bezeichnungen (von oben nach unten): für das Bodenpersonal, 1. und 2. Pilot, Steuermann, Bordfunker, Bordmechaniker, Stewardess.

Links: Wartungsarbeiten an einer AN-2.

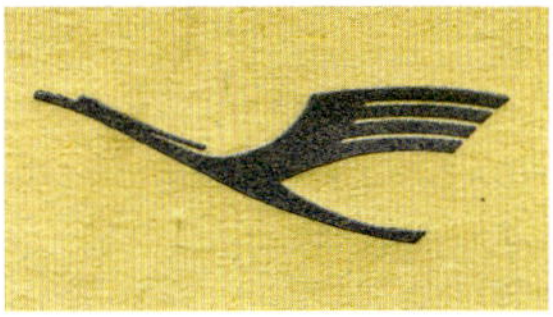

Ein stilisierter Kranich: das ist das Firmensignet oder, wie es heute heißt, das Logo der Deutschen Lufthansa (DLH) mit Sitz in Berlin, Hauptstadt der DDR.

Mit Zündhölzern aus Riesa wird für den Flughafen Berlin-Schönefeld, dem »Tor zur Welt«, und den Kranich geworben.

Unten: Die von den Besatzungsmächten festgelegten Luftkorridore über Deutschland.

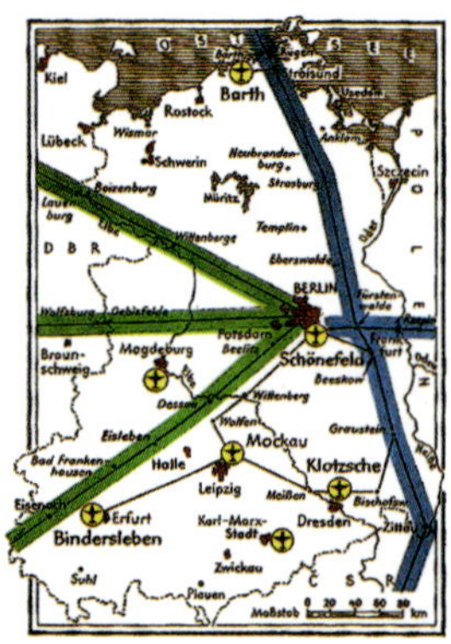

sowjetische Seite einen Entwurf für das Abkommen in den Händen. Bei der dritten und letzten Verhandlung am 21. März legte Gudkow die »Hauptprinzipien der Vereinbarung« vor.

Die deutsche Delegation zog sich nun zur internen Beratung zurück.

Nach Wiederaufnahme der gemeinsamen Gespräche erklärte Generalleutnant Gudkow auf Fragen Menzels, daß im April die Chance bestehe, »im einzelnen alles, was vorgesehen ist, zu besichtigen. Sie werden dann die Möglichkeit haben, einen Plan für die erforderlichen Arbeiten für das Einrichten Ihres Flughafens aufzustellen.« Das war sehr spät.

Schließlich teilte die sowjetische Delegation mit, daß sie 70 deutsche Mitarbeiter zum 31. Mai 1955 übergeben würde und bis zum 1. Juli weitere 35. Die von DDR-Seite gewünschte Einsicht in die Personalunterlagen wurde zugesagt.

Außerhalb des offiziellen Teils kam Menzel neuerlich auf die Bildung der Lufthansa zu sprechen. Danilitschew antwortete allgemein und somit ausweichend: »Für die DDR kommt die Struktur der zivilen Luftfahrt, wie sie in den Ländern der Volksdemokratien existiert, infrage.«

Innenminister Stoph und Botschafter Puschkin unterzeichneten am 27. April 1955 im Auftrag ihrer Regierungen die »Vereinbarung über die Benutzung des Flugplatzes Schönefeld«.

Die Gründung der ersten Luftverkehrsgesellschaft der Deutschen Demokratischen Republik

Kaum waren die Verhandlungen in und zu Schönefeld abgeschlossen, folgten die erste Maßnahmen. Der DDR-Ministerrat beschloß einfach die Gründung der Deutschen Lufthansa mit Wirkung vom 1. Mai 1955. Im Statut von 1956 hieß es allerdings: »... für die *im Mai 1954* geschaffene Deutsche Lufthansa ...« Hier wird der später an Bedeutung gewinnende Anspruch, der Erste im Nachkriegs-Deutschland gewesen zu sein, der die Deutsche Lufthansa reanimierte, eine Rolle gespielt haben.

Die neue Gesellschaft wurde dem Ministerium des Innern unterstellt.

Neben der Übernahme des Flughafen Schönefelds sollte der Flughafen Leipzig-Mockau von Messe- auf Dauerflugbetrieb umgestellt werden. Unverzüglich sollten Verhandlungen über Luftverkehrsabkommen mit den osteuropäischen Staaten (»Volksdemokratien«) vorbereitet werden. An Abkommen mit kapitalistischen Ländern wurde zwar gedacht, aber diese galten angesichts des Alleinvertretungsanspruchs der BRD als illusionär und wenig realistisch.

»Für die Organisierung der Politarbeit bei der Deutschen Lufthansa (ist) ein Beauftragter des Zentralkomitees einzusetzen, der zugleich Stellvertreter des Leiters der Deutschen Lufthansa für politische und kulturelle Arbeit wird«, hieß es sodann in einem Beschluß, in dem es hauptsächlich darum ging, den eigenen Flugbetrieb so vorzubereiten, »daß er zirka nach einem Jahr, nach Beginn der Ausbildung, begonnen werden kann«.

Die Regierung der UdSSR wurde gebeten, eine Expertenkommission für die Dauer von drei bis vier Monaten zu entsenden. Zusätzlich wünschte man Berater für einige Bereiche, etwa für die fliegerische Ausbildung, für Navigation, für Funk. Weiterhin ging es auch um die kurzfristige Lieferung von vier Flugzeugen des Typs Iljuschin (IL-14) zur Ausbildung der Piloten, einschließlich Ersatzteile und Ausbildungsvorschriften, sowie um die Lieferung von zehn weiteren IL-14 zur Einrichtung ständiger Fluglinien.

Von der »Deutschen Lufthansa« wurde offiziell erstmals am 28. April 1955 gesprochen. Die Deutsche Lufthansa (DLH) wurde zum Träger des zivilen Flugverkehrswesen der DDR erklärt und von der Regierung beauftragt, den Flughafen Schönefeld zu übernehmen.

Am 11. Mai 1955 nahmen die ersten Lufthansa-Mitarbeiter in Schönefeld die Arbeit auf, obwohl erst am 16. Mai die Übergabe des Flughafens vollzogen werden sollte. Diese Mitarbeiter standen unter der Leitung Werner Kieslings, der aus Leipzig-Mockau abgezogen worden war.

Der Kranich am Bug und am Seitenruder von Flugzeugen der Deutschen Lufthansa, wie er bis 1963 getragen wird.

Hauptdirektor der DLH wurde Arthur Pieck, der Sohn des DDR-Staatsoberhauptes. Zu seinem 1. Stellvertreter wurde Fritz Horn, eine gestandene Fliegerpersönlichkeit, berufen.

Breiler erinnert sich: Als wir 1959 als junge Piloten bei der DLH anfingen, trafen wir ihn häufig in der Fliegerküche. Noch als Rentner zog es Horn zu seinen Fliegern. Wenn er seine Pfeife anzündete, bekamen wir lange Ohren. Er konnte herrlich erzählen. Einige Stationen seines Lebens: Arbeiterkind – Monteur am Flugplatz Johannisthal (AGO Flugzeugwerke) – Grenzfliegerstaffel – ab 1921 bei Lloyd Ostflug (Königsberg) – Verkehrsfliegerzulassung Nr. 54 – ab 1922 bei Junkers, Dessau – drei Weltrekorde

Ankunft der ersten Lufthansa-Maschine in Berlin-Schönefeld: Die sowjetische Maschine wird von einer sowjetischen Besatzung, aber mit deutscher Kennung geflogen. Rechts außen: Kommandant Uwarow.

Rechts: Am 27. Februar 1956 wird im Gesetzblatt der DDR das Statut der Deutschen Lufthansa für verbindlich erklärt und veröffentlicht. Damit ist es amtlich: Die Fluggesellschaft der DDR heißt »Deutsche Lufthansa«. Und: Obgleich der Form nach eine GmbH, ist sie den volkseigenen Betrieben gleichgestellt.

– in China und Südafrika half er beim Aufbau der Fluggesellschaften – nach 1945 sieben Jahre im sowjetischen Flugzeugbau dienstverpflichtet …

Technischer Direktor wurde Ernst Wendt, der zuvor als Werkdirektor im Maschinen- und Apparatebau Schkeuditz gearbeitet hatte. Der gelernte Buchdrucker Karl Heiland wurde vom Zentralkomitee als Beauftragter für die politische Arbeit abkommandiert. Und Willi Rösner übernahm die Leitung des Flugplatzes.

Am 30. Juli 1955 landete das erste Flugzeug der neuen Fluggesellschaft in Berlin-Schönefeld mit Kommandant Uwarow. Es erhielt das Kennzeichen DDR-ABA. Die Tätigkeit des deutschen Personals beschränkte sich zunächst auf die Abfertigung. Einige Mitarbeiter der ungarischen Fluglinie MALEV halfen bei der Ausbildung.

GESETZBLATT
der Deutschen Demokratischen Republik
Teil I

1956	Berlin, den 27. Februar 1956	Nr. 23

Tag	Inhalt	Seite
15. 2. 56	Anordnung über das Statut der „DEUTSCHEN LUFTHANSA"	205
30. 1. 56	Anordnung zur Inkraftsetzung des Internationalen Übereinkommens über den Eisenbahnfrachtverkehr (CIM) und des Internationalen Übereinkommens über den Eisenbahn-Personen- und -Gepäckverkehr (CIV)	207
26. 1. 56	Anordnung zur Aufhebung der Verordnung über die Ausstellung und den Inhalt von Rechnungen für Warenlieferungen und Leistungen	207
7. 2. 56	Anordnung zur Ergänzung der Verordnung über gebührenpflichtige Verwarnungen	207
26. 1. 56	Anordnung über die Bildung von Abschreibungsnormen in den Betrieben der volkseigenen Wirtschaft für das Planjahr 1956 und die Vereinfachung der Grundmittelrechnung	207

Anordnung
über das Statut der „DEUTSCHEN LUFTHANSA".

Vom 15. Februar 1956

§ 1

Das Statut der „DEUTSCHEN LUFTHANSA" wird für verbindlich erklärt.

§ 2

Diese Anordnung tritt mit Wirkung vom 1. Januar 1956 in Kraft.

Berlin, den 15. Februar 1956

Ministerium des Innern
Maron
Minister

Anlage
zu vorstehender Anordnung

Statut
der „DEUTSCHEN LUFTHANSA"

Für die im Mai 1954 geschaffene „DEUTSCHE LUFTHANSA" wird auf Grund des § 3 Abs. 1 der Ersten Durchführungsbestimmung vom 7. April 1952 zur Verordnung über Maßnahmen zur Einführung des Prinzips der wirtschaftlichen Rechnungsführung in den Betrieben der volkseigenen Wirtschaft — Regelung der Rechtsnachfolge der Vereinigungen Volkseigener Betriebe — (GBl. S. 287) folgendes Statut erlassen:

§ 1
Rechtliche Stellung

(1) Die „DEUTSCHE LUFTHANSA" ist ein volkseigener Betrieb im Sinne des § 1 der Verordnung vom 20. März 1952 über Maßnahmen zur Einführung des Prinzips der wirtschaftlichen Rechnungsführung in den Betrieben der volkseigenen Wirtschaft (GBl. S. 225). Die „DEUTSCHE LUFTHANSA" wirtschaftet selbständig und rechnet in eigener Verantwortung ab. Sie arbeitet nach dem Prinzip der wirtschaftlichen Rechnungsführung.

(2) Die „DEUTSCHE LUFTHANSA" ist dem Ministerium des Innern unmittelbar unterstellt.

§ 2
Bezeichnung

Der Betrieb führt im Rechtsverkehr den Namen „DEUTSCHE LUFTHANSA" (DLH).

§ 3
Sitz

Der Sitz der „DEUTSCHEN LUFTHANSA" ist Berlin.

§ 4
Aufgaben

(1) Die Aufgaben der „DEUTSCHEN LUFTHANSA" bestehen insbesondere in folgendem:

Durchführung des innerdeutschen und internationalen Luftverkehrs mit eigenen Luftfahrzeugen;

Verkauf von eigenen Flugscheinen und Flugscheinen anderer Luftverkehrsunternehmen;

Beförderung von Personen, Reisegepäck, Frachten und Gütern sowie Post auf dem Luftwege;

Durchführung von Flügen für geologische, geodätische, kartographische und meteorologische Zwecke sowie für Aufgaben auf dem Gebiet der Forschung, der Schädlingsbekämpfung und für andere Aufgaben land- und forstwirtschaftlicher Art;

Errichtung eines Lufttaxiverkehrs, Durchführung von Schau- und Rundflügen u. a. m.

Vizepremier Otto Nuschke (CDU) in Schönefeld vor dem Abflug der DDR-Regierungsdelegation nach Moskau. Rechts außen: Willi Stoph, unter dem zweiten D in der Kennung »DDR-ABA« Heinrich Rau, Minister für Außenhandel und Innerdeutschen Handel.

Daraufhin wurden die Wachsamkeit verschärft und Anweisungen an die Mitarbeiter herausgegeben. Trotzdem sollten das nicht die einzigen Berichte bleiben, die durchsickerten und Wellen schlugen.

Am 16. September 1955 erfolgte der erste offizielle Flug. Die IL-14 DDR-ABA startete mit einer Regierungsdelegation zur Unterzeichnung eines Staatsvertrages zwischen der UdSSR und der DDR nach Moskau. Ab Oktober verkauften Aeroflot und die Deutsche Lufthansa gegenseitig ihre Flugscheine. Am 25. Oktober traf eine sowjetische Beratergruppe ein. Am 1. November begann in der Lufthansa-Werft der erste technische Grundlehrgang unter Leitung sowjetischer Instrukteure. Kurz darauf wurden die nächsten Flugzeuge des Typs IL-14 überführt, alle standen unter dem Kommando sowjetischer Besatzungen.

Damit war der Grundstein für die Aufnahme des Luftverkehrs in der DDR mit sowjetischer Hilfe gelegt. Das größte Problem blieb aber weiterhin ungelöst – es fehlte deutsches Personal.

Am 24. November fanden Beratungen über das Ausbildungsprogramm statt. Zu jenem Zeitpunkt waren bereits vier Besatzungen für die Ausbildung ausgewählt worden, es wurden aber unbedingt weitere elf benötigt. Nach anfänglichen Schwierigkeiten ließ sich aber auch dieses Problem lösen, wie an anderer Stelle im Buch berichtet werden wird.

1956 öffnete das Zentrale Flugreisebüro am Strausberger Platz in Berlins, Tickets gab es fortan auch in den Zweigstellen des DDR-Reisebüros.

Während der Mai-Demonstration 1956 in Dresden überflog eine in Klotzsche gebaute IL-14P die jubelnde Menge und zeigte die Leistungsfähigkeit der anlaufenden Flugzeugindustrie der DDR.

1957 – ein bedeutungsvolles Jahr für die zivile Luftfahrt

Ärmelstreifen der Deutschen Lufthansa (Ost) des Führungs- und des Bodenpersonals (von oben nach unten): Hauptdirektor, Direktor für Flugverkehr, Direktor für Technik bzw. Direktor für Arbeit und Kultur, Hauptabteilungsleiter, Abteilungsleiter, Hauptreferent, Referent, Mitarbeiter.

Die erste Aufbauphase der zivilen Luftfahrt der DDR endete 1956. In jener Zeit waren von engagierten Persönlichkeiten *Voraussetzungen* für einen selbständigen und regelmäßigen Flugbetrieb geschaffen worden. Der VEB Deutsche Lufthansa selbst stand de facto nur auf dem Papier. Es gab keinen Heimatflughafen, keine Flotte und kein fliegendes sowie technisches Personal. Wie sich der ehemalige Flugkapitän Prof. Dr. Ing. Rolf Heinig erinnerte, trafen auf entsprechende Werbemaßnahmen weit über 3.000 Bewerbungen ein, die gesichtet und bearbeitet wurden. Als künftiger Lehrgangsleiter hatte er 25 angehende Flugzeugführer und Navigatoren zu finden, die auf der IL-14P ausgebildet werden sollten.

Wichtigstes Auswahlkriterium war die fachliche Eignung. Ein positives Bekenntnis zur Luftfahrt der DDR wurde bei den Bewerbern als selbstverständlich vorausgesetzt. Das entsprach auch dem Pioniergeist jener Aufbruchjahre. Viele junge Menschen ergriffen die Chancen, die ihnen der neue Staat bot. Wie dieser wollten sie das Schicksal entschlossen in die eigenen Hände nehmen: Das neue Leben mußte nicht nur anders, sondern sollte auch besser werden.

1956 reisten die ersten Kandidaten nach Uljanowsk – früher Simbirsk – an die Höhere Fliegerschule der Zivilen Luftfahrt der UdSSR zum ersten Lehrgang für DDR-Piloten auf der Iljuschin IL-14P. Die IL-14 galt als die Douglas DC-3 des Ostens. Im Unterschied zum sogenannten »Rosinenbomber« – die seit 1938 als Li-2 in der Sowjetunion in Lizenz produziert worden war – verfügte die IL-14P über ein Bugfahrwerk und zwei Kolbentriebwerke.

Bis dato waren alle Flüge der Deutschen Lufthansa (Ost) von sowjetischen Besatzungen in der Uniform der DLH absolviert worden. Lediglich die Stewardessen waren Staatsbürger der DDR. Deshalb waren Dolmetscherinnen wie Johanna Rudolf in dieser Übergangsphase unverzichtbar. Der erste DDR-Kommandant hieß Gerhard Fries. Am 13. März 1957 flog er mit seiner Besatzung den Linienflug Berlin-Vilnius-Moskau. Diese Linie war am 4. Oktober 1956 eröffnet worden. Nunmehr rückten sukzessive die in Uljanowsk ausgebildeten DDR-Piloten ins Cockpit und übernahmen den Flugbetrieb der DLH.

Am 5. April 1957 begannen die ersten Rundflüge über Berlin und Leipzig mit der zweimotorigen »Super Aero-45«, einem Reiseflugzeug aus der ČSR, das als Lufttaxi bekannt werden sollte. Am 16. Juni 1957 wurde mit der IL-14P (Kennung DM-SBU) der Inlandverkehr von Berlin nach Barth aufgenommen. Der ehemalige Militärflugplatz an der Ostsee war in Rekordzeit mit einer Start- und Landebahn von 1.200 Meter Länge als Verkehrsflughafen eingerichtet und am 15. Juni 1957 offiziell übergeben worden.

In der Folgezeit entwickelte sich zügig der Urlauberflugverkehr von Dresden, Leipzig und Erfurt nach Barth.

Im Ballungsgebiet Karl-Marx-Stadt (Chemnitz) waren die Platzverhältnisse nicht so günstig. Dort dauerten die Vorbereitungen etwas länger, ehe 1958 mit dem sowjetischen Mehrzweckflugzeug AN-2 der Inlandverkehr nach Erfurt, Leipzig, Dresden und Berlin-Schönefeld aufgenommen werden konnte.

Am 20. März 1957 erfolgte der erste »avio-chemische Einsatz« aus der Luft. Die Abteilung Wirtschaftsflug der DLH (Ost) brachte auf 180 Hektar Wintergetreide des volkseigenen Gutes (VEG) Wesendahl Stickstoffdünger aus. Diesen ersten Arbeitseinsatz im Kreis Strausberg, Bezirk Frankfurt/Oder, absolvierte ein Mehrzweckflugzeug aus der ČSR mit der Bezeichnung L-60 »Brigadier«.

Am 7. August 1957 nahm die DDR den Kampf gegen den Kartoffelkäfer aus der Luft auf. Erstmals wurde mit der AN-2 über den Feldern der landwirtschaftlichen Produktionsgenossenschaft (LPG) Görke im Kreis Anklam flüssiges Schädlingsbekämpfungsmittel versprüht.

Die ČSA mit ihrer Abteilung Wirtschaftsflug, der Agrolet, begann bereits 1952/53 mit dem Flugzeugeinsatz in der Land- und Forstwirtschaft. In der Folgezeit entwickelte sich die Zusammenarbeit zwischen den beiden Wirtschaftsflugabteilungen der ČSR und der DDR. In der DDR wurde vorausschauend eine Arbeitsgruppe »Flugzeugeinsatz« bei der Akademie der Landwirtschaftswissenschaften zu Berlin, Sektion Landtechnik, gebildet. Unter Leitung von Prof. Dr. Ing. F. Baltin, Direktor des Landmaschineninstituts der Friedrich-Schiller-Universität Jena, wurden 1956 mit einem Flugzeug des Typs K-65 (ein Lizenzbau des Fieseler Storch Fi 156, in Tschechien 138 Stück, in Deutschland 2564 Stück gebaut) und einem tschechischen Piloten der Agrolet Versuchsflüge durchgeführt.

Zu den 1956 in der ČSR ausgebildeten Wirtschaftsfliegern gehörten Kurt Schinkewitz und Helmut Zanner. Beide Piloten konnten eine abgeschlossene Flugzeugführerausbildung von 1945 nachweisen.

Am 28. Mai 1957 erfolgte die erste Testlandung der IL-14P (DM-SBI) in Erfurt-Bindersleben. Der Flugplatz bestand aus miteinander verbundenen Stahlplatten mit einer Tragfähigkeit von 20 Tonnen. Am 16. Juni 1957 fand der erste offizielle Inlandflug von Berlin nach Erfurt statt. Zwischen November 1959 und April 1961 sollte dort eine 2.000 Meter lange und 50 Meter breite Piste angelegt werden, die eine Besonderheit aufwies: Das westliche Ende der Start- und Landebahn lag 315 Meter über NN – das östliche bei 306 Meter. Die Flugzeugführer mußten also einen Höhenunterschied von neun Metern bei der Landung berücksichtigen.

Am selben Tage begann auch der Flugverkehr von Berlin-Schönefeld nach Dresden. Der Flughafen Klotzsche war ja 1955 von der sowjetischen Seite abgetreten worden – im Austausch mit einem durch die DDR neu zu errichtenden im Südwesten des Landes. Außerdem hatte Moskau auch Ersatz für Schönefeld gefordert. Man einigte sich schließlich auf einen neuen Flughafen in Sperenberg, den die DDR voll finanzierte.

Dresden-Klotzsche war wichtig für die Entwicklung der DDR-Luftfahrt. Der Flughafen wurde vom dortigen Forschungszentrum der Luft-

Im Frühjahr 1957 nimmt die Deutsche Lufthansa über DDR-Großstädten Rundflüge auf, die auf reges Interesse stoßen.

Eine L-60 mit Sprühanlage im Einsatz. Die Agrarflieger Hering (r.) und Pigorsch (l.) bei der Einsatzbesprechung mit dem Feldbaubrigadier einer LPG.

Eine AN-2 beim Streuen von Mineraldünger über einem LPG-Feld. Dieses Foto überreicht Klaus Breiler beim Bauernkongreß in Magdeburg Walter Ulbricht. Unten: Ärmelstreifen der Deutschen Lufthansa (Ost) des fliegenden Personals (von oben nach unten): 1. Pilot (Kapitän); 2. Pilot (Steuermann, Bordfunker und Bordmechaniker); Stewardess.

fahrtindustrie und vom Flugzeugwerk genutzt. Insofern besaß er, als die DLH 1957 den Luftverkehr aufnahm, den Charakter eines Werkflugplatzes, der keine Abfertigungsmöglichkeiten besaß und die auch (zunächst) nicht gestattet wurden. Das hatte zur Folge, daß die Abfertigung in einem Gebäude in der Nähe des innerstädtischen Hauptbahnhofes erfolgte und die Passagiere mit Bussen hin und zurück befördert werden mußten. Erst 1960 erhielt die DLH einige Räume im sogenannten Hansahaus auf dem Gelände des Flughafens.

Am 28. Februar 1961 kam jedoch das Aus für die Flugzeugindustrie der DDR. Ursächlich dafür war ein Beschluß des Politbüros des ZK der SED. Der allerdings folgte Moskauer Vorgaben. Die sowjetische Führung sicherte sich für ihre eigene Luftfahrtindustrie Absatzmärkte und schaltete mit dem Hinweis auf notwendige Spezialisierung und Konzentration im Rat für Gegenseitige Wirtschaftshilfe (RGW) die ostdeutsche Konkurrenz aus. Hatte die Sowjetunion selbst zunächst an dem in Dresden entwickelten Passagier-Jet 152 Interesse bekundet, zog sie die erwogenen Bestellungen zurück. Die Partei- und Staatsführung der DDR sah, daß damit der wichtigste Kunde für dieses Düsenflugzeug abhanden kam, für den auf dem Weltmarkt kaum adäquater Ersatz gefunden werden konnte. Folgerichtig entschloß sich Berlin schweren Herzens, alle Pläne und Entwicklungen zu stoppen.

Das betraf auch den Bau von dringend benötigten Landwirtschaftsflugzeugen. Das Projekt »Flora« existierte als Kabinenattrappe und wurde schon im Windkanal getestet. Doch die Produktion von Kleinflugzeugen in der DDR wurde ebenso beendet wie 1962 die Herstellung von Segelflugzeugen. Selbst die Fakultät für Luftfahrt an der Technischen Hochschule Dresden wurde aufgelöst.

Die Liquidierung der gesamten Luftfahrtindustrie der DDR zu Beginn der 60er Jahre erwies sich in der Folgezeit als falsch. Allerdings war die Entscheidung irreversibel, der aufgegebene Erfahrungsvorsprung dahin, und selbst wenn man wieder gewollt hätte, war die auswärtige Konkurrenz unaufholbar davongeeilt.

Das Jahr 1957 bedeutete für die internationale Zivilluftfahrt eine gewisse Zäsur. Seit den 30er Jahren liefen Versuche, den klassischen Kolbenmotor durch sogenannte Strahltriebwerke zu ersetzen. Erstmals flog 1939 bei der deutschen Firma Heinkel ein Flugzeug (He-178) mit einer solchen Turbine. Während des Zweiten Weltkrieges wurde das Triebwerk zur Serienreife entwickelt. 1952 nahm mit der britischen Comet 1 das erste Strahlturbinen-Verkehrsflugzeug der Welt den planmäßigen Flugdienst auf, doch nach fünf Flugkatastrophen wurde es aus dem Verkehr gezogen. So flog nur noch die sowjetische TU-104, die seit 1956 im Linienverkehr eingesetzt wurde.

Diese Situation – strategisch völlig richtig – begriff die Partei- und Staatsführung in Berlin als Herausforderung, ein eigenes Düsenverkehrsflugzeug zu entwickeln. Am 1. Februar 1957 ging in Dresden die 152/1

Mit Böttcher-Porzellan zum 10. Geburstag der Dresdner Flugzeugwerft soll politisches Porzellan gekittet werden. Unten: Produktionshalle in der Dresdner Flugzeugwerft 1959.
Die sowjetische IL-14 wird in Lizenz und faktisch am Fließband gebaut – nicht nur für den Bedarf in der DDR. Rechts außen, mit der gelben Vorderfront, ein Rumpf des Passagier-Jets 152.

Foto rechte Seite: Von der NVA-Fliegerschule zur Lufthansa, 1959. V. l. n. r. (erste Reihe): Gerhard Menzel, Wolfgang Pönitz († 1965), Klaus Breiler und Kalle Itzegehl, alle ausgebildet auf Mig-15. Interessant die Ausstattung: NVA-Uniform, kombiniert mit der Pelzmütze der Deutschen Lufthansa.

Klaus Breiler als Jagdflieger und Unterleutnant der NVA, 1959. Unten: Das legendäre Düsenverkehrsflugzeug 152 aus Dresden über Elbflorenz – auf einer Postkarte aus dem Jahre 1958. Da hat es noch Zukunft.

in Produktion. Zur Frühjahrsmesse 1957 in Leipzig wurde das Flugzeug vorgestellt, es sollte zum 1. Mai 1958 fertig sein. Die technischen Parameter waren vielversprechend. Für die großen Flugzeugnationen war dies eine Herausforderung. Der Einsatz dieses Flugzeugtyps sollte eine Entwicklungsetappe überspringen.

Entwickelt hatten die Maschine deutsche Ingenieure, darunter ehemalige Junkers-Mitarbeiter wie der Chefkonstrukteur Prof. Brunolf Baade, welche nach dem Krieg in die Sowjetunion verpflichtet worden waren. Nach ihrer Rückkehr setzten sie die Arbeiten am Projekt 152 fort. Es wurden drei Prototypen gebaut, wovon der eine am 4. März 1959 bei einem Testflug abstürzte. Inzwischen gilt als wahrscheinlich, daß die Ursache im Kraftstoffsystem lag – in starker Schräglage setzten die Triebwerke wegen fehlender Kerosinzufuhr aus.

Bis zum 15. August 1957 wurden von der Zivilen Flugsicherung der DDR der Bezirkskontrolldienst (ACC), der Fluginformationsdienst (AIS), der Flugfernmeldedienst (AFS) und der Kontrollturm (TWR) mit dem Anflugkontrolldienst eingerichtet. Zusätzlich mußten diese mit anderen Luftraum-Kontrollstellen (NVA und sowjetischen Truppen) koordiniert werden. Dies war eine beachtliche organisatorische, technische und personelle Leistung.

Im März 1957 begann auch meine »Dienstlaufbahn« in der ostdeutschen Luftfahrt. Zunächst war ich Flieger im 1. Fliegertechnischen Bataillon Cottbus. 1959 machte ich das Staatsexamen und wurde zum Unterleutnant ernannt. Oberst Walter Lehweß-Litzmann*, mein Lehrer dort, sollte mein fliegerischer Chef als Direktor Flugbetrieb der Deutschen Lufthansa werden. In dieser Funktion war er ab 1. September 1959 auch Stellvertreter des Hauptdirektors Arthur Pieck.

Walter Lehweß-Litzmann, Jahrgang 1907 und Flieger seit den 20er Jahren, war 1943 als Oberstleutnant der Luftwaffe mit faschistischem Ritterkreuz in sowjetische Kriegsgefangenschaft geraten, hatte sich noch im selben Jahr dem Nationalkomitee »Freies Deutschland« angeschlossen und war bereits 1945 nach Deutschland zurückkehrt. Er sollte bis 1970 als Direktor des Flugbetriebes der DLH bzw. INTERFLUG tätig sein.

Nach seiner Kommandierung von Kamenz nach Berlin 1959 forderte er mich und einige Absolventen des 4. Flugzeugführerlehrgangs (FFL) an. Ich wurde Zivilflieger und beauftragt, gemeinsam mit anderen den Wirtschaftsflug der DLH aufzubauen. 1959 erhielt ich einen Arbeitsvertrag und begann eine Ausbildung an der Betriebsschule in Diepensee (Südteil des Flughafens Schönefeld).

Obgleich am 7. Januar 1956 formal die Lufthoheit an die DDR übergegangen war, hatte sich die Reglementierung des Flugbetriebes der Lufthansa in der Luft und zu ebener Erde durch die sowjetische Besatzungsmacht keineswegs gelegt. Die Übergabe des Nordteils des Flughafens Schönefeld mit den so wichtigen Baulichkeiten und dem Gelände der ehemaligen Henschel-Flugzeugwerke sollte sich bis 1962 hinziehen.

Am 1. März 1957 war die Prüfstelle für Luftfahrtgerät der DDR gegründet worden, am 5. Dezember 1957 trat die Richtlinie über die Durchführung staatlicher Prüfungen von Luftfahrzeugen in Kraft. Das waren wichtige Schritte zur Verbesserung der Sicherheit im Luftverkehr.

Am 8. Juni 1957 wurde ein Poolabkommen über die Kooperation der Fluggesellschaften DLH (DDR), MALEV (Ungarn), ČSA (Tschechoslowakei), TAROM (Rumänien), TABSO (Bulgarien) und LOT (Polen) geschlossen. Es bildete die Grundlage für einen regelmäßigen Linienverkehr in diese Staaten.

Schließlich nahm am 15. Juni 1957 die Hauptabteilung Zivile Luftfahrt im Ministerium für Verkehrswesen ihre Tätigkeit auf. Im September 1957 begann der 1. Ausbildungslehrgang an der neuen Technischen Betriebsschule der DLH in Diepensee. Zum Jahresende standen der Lufthansa zwölf Flugzeuge vom Typ IL-14P zur Verfügung.

Und rund 25.000 DDR-Bürger hatten bereits ihre Heimat bei Rundflügen aus der Luft gesehen. Die Preise waren erschwinglich und von jedermann zu tragen. Damit verfolgten die Verantwortlichen mehrere Absichten. Die Fliegerei galt als Ausdruck der Moderne, des Aufbruchs in die Zukunft. Wie kaum ein anderes Medium verkörperte sie in den 50er, 60er Jahren den wissenschaftlich-technischen Fortschritt. Indem die Menschen daran teilhatten, wurden sie in die Aufbau- und Aufbruchstimmung ein-

* Walter Lehweß-Litzmann (1907-1986) diente in der Reichswehr, der Wehrmacht und der NVA. Diese Biographie machte ihn für viele suspekt. Für die »alten Kameraden«, die in der BRD lebten, war er ein Verräter, für manchen Genossen in der DDR ein rotes Tuch. Sowjetische Partisanen hatten dem Commodore des Kampfgeschwaders 3 im September 1943 eine Bombe ins Flugzeug gepackt. Nicht zufällig nannte er dann die erst nach seinem Tode erschienene Autobiographie »Absturz ins Leben«. War er nach dem Krieg zunächst als Bauleiter im Berliner Verlag, dann journalistisch tätig und 1949 in den Deutschen Friedensrat gewählt worden, holte ihn 1952 Heinz Keßler, den LL wie Wilhelm Pieck, Anton Ackermann, Erich Weinert, Rudolf Herrnstadt und andere Antifaschisten im NKFD kennengelernt hatte, in den Stab der Kasernierten Volkspolizei (KVP) Luft. Daraus gingen 1956 die Luftstreitkräfte der NVA hervor. Zu jenen, die er als Oberst ausbildete, gehörte nicht nur Klaus Breiler, sondern auch der spätere Fliegerkosmonaut Sigmund Jähn. 1958 mußte Lehweß-Litzmann wegen seiner Vergangenheit im Dritten Reich die NVA verlassen (Foto). Er wechselte zur Deutschen Lufthansa (Ost). 1970 wurde er invalidisiert. Zu seinem 100. Geburtstag am 5. Juni 2007 versammelten sich viele ehemalige Kollegen an seinem Grab in Wildau.

bezogen. Zu diesem Fortschritt gehörte auch der Einsatz von Flugzeugen in der Land- und Forstwirtschaft. Große Flächen konnten ohne große körperliche Anstrengungen und in kurzer Zeit mit Dünger oder Schädlingsbekämpfungsmitteln versorgt werden. Das steigerte die Arbeitsproduktivität und brachte Dynamik in die Entwicklung der Volkswirtschaft. Damit war auch die Rolle der zivilen Luftfahrt in der DDR definiert.

Kamenzer Offiziersschüler im 2. Lehrjahr mit ihren Fluglehrern bei einem Gruppenausflug in die Rübelandhöhle bei Blankenburg im Harz, 1958. Mancher von ihnen wechselt anschließend zur Deutschen Lufthansa, Klaus Breiler (rechts außen) kommt zum Wirtschaftsflug.

Agrarpilot, ein »fliegender Bauer«

In den 50er und 60er Jahren fanden die meisten Piloten in der DDR den Weg zum Motorflug über den Segelflug. Meiner führte über die Freiwillige Feuerwehr von Köthen. Als Pionier wurde ich Brandschutzhelfer und später, inzwischen in der FDJ, Mitglied der Freiwilligen Feuerwehr. Dafür gab es einen einzigen Grund: Meine Heimatstadt war, nicht zuletzt wegen der Junkers-Werke, während des Krieges erheblich bombardiert worden. Und auch Dessau sah ich in Flammen. Diese Bilder brannten sich mir unauslöschlich ein.

Wir hatten bei der Feuerwehr unter anderem eine 25 Meter hohe Autodrehleiter. Zu besonderen Anlässen gab es Wettkämpfe und als Attraktion ein Schauleitersteigen mit der Abschlußfigur, die sich »Flieger« nannte. Ich mußte ganz nach oben, an die Spitze. In 25 Meter Höhe, am Hakengurt hängend, sah man die Welt mit ganz anderen Augen – ein bleibendes Erlebnis.

Von 1953 bis 1955 absolvierte ich eine Maschinenschlosserlehre in der Lehrwerkstatt des VEB Kranbau und Förderanlagenbau Köthen. Zuletzt arbeitete ich im Kanzelbau. Ich meldete mich freiwillig zur NVA;

bekanntlich wurde erst 1962 die Wehrpflicht in der DDR eingeführt. Nach der dreijährigen Dienstzeit wollte ich ein Technikstudium beginnen, um Flugzeugmechaniker oder -techniker zu werden. Der »Flieger« bei der Feuerwehr und die Tätigkeit als Kanzelbauer hatten bei mir diesen Wunsch entstehen lassen.

Bei der Armee schlugen sie mir eine Jagdfliegerausbildung vor. Ich hatte keine Westverwandtschaft, war nicht sonderlich groß und schien den Verantwortlichen auch sonst für diese Laufbahn geeignet. Ich bat um zwei Tage Bedenkzeit und sagte dann »Ja«. Nun begannen meine Lehr- und Wanderjahre. Von 1957 bis 1960 war ich in Cottbus, in Kamenz, in Brandenburg an der Havel, dann wieder in Bautzen. Ich flog die Jak-18U und Mig-15. Dann holte mich Walter Lehweß-Litzmann, genannt LL, nach Schönefeld. Meine Zeit beim Wirtschaftsflug begann mit einer gründlichen Ausbildung von einem Jahr. An der Fachschule für Pflanzenschutz in Halle erfolgte eine agronomische Sonderschulung für Flugzeugbesatzungen. Kein Lehrgang ohne Prüfung. In unserem Fall beim Kreisapotheker. Danach erhielt ich die Lizenz zum Töten – von Schädlingen. Die Erlaubnis war beschränkt auf die Land- und Forstwirtschaft.

In der Folgezeit bildete man uns auf dem tschechischen Mehrzweckflugzeug L-60 aus, das geschah vor allem auf dem Flugplatz in Barth. Die Tiefflugausbildung erhielt ich im Stützpunkt Magdeburg bei Horst Voigt, einem profilierten und damals bekannten Motor- und Segelflieger. Die Prüfung erfolgte am Flugplatz Schönhagen. Den Auftakt bildete ein – natürlich ungeplanter – Verkehrsunfall auf der Autobahn-Abfahrt von Magdeburg. Der Unfallgegner zerstörte den Dienstwagen (Typ Framo) von außen und ich, vorn rechts sitzend, flog von innen durch die Scheibe. Horst Voigt brachte mich schließlich mit seinem privaten Trabant zum Prüfungsort. Meine Stirn war geschwollen, ich hinkte und kam drei Stunden zu spät. Doch letztlich bestand ich alle fliegerischen Prüfungen.

1961 und 1962 flog ich im Stützpunkt Magdeburg, das war eine aufregende Zeit. Landwirtschaftliche Produktionsgenossenschaften entstanden in allen Dörfern, und wir zeigten: Die Arbeiterklasse hilft der Landwirtschaft. Der Kalte Krieg war auch voll im Gange. Piloten und Flugzeuge waren Ziele für Sabotageakte und Provokationen. Wir kamen beispielsweise morgens zum Flugzeug, und am Rumpf klebten Flugblätter. Man konnte den Inhalt als Hetze oder als Aufklärung interpretieren. Je nach politischem Standort. Für mich war es üble Hetze.

Die Ballons hingegen mit den Flugblattpaketen, die bei günstigem Wind vom Territorium der BRD zu uns herüberschwebten, stellten eine

An der 25m-Feuerwehrleiter von Köthen hängend den »Flieger« machen: Das ist das Tollste und für Breiler wohl ein Schlüsselerlebnis.

Unten: Die beiden historisch ersten L-60 der Lufthansa. Mit diesen L-60 erfolgt die Ausbildung der künftigen Agrarflieger in Barth, die sogenannte Tiefflugausbildung auf dem Stützpunkt Magdeburg.

tatsächliche Gefahr für die allgemeine Luftfahrt dar. Während einer Wendekurve in der Gegend von Wolmirstedt stieß ich beinahe mit solch einem Flugobjekt zusammen. Üblicherweise flogen diese Ballons etwas höher, dieser hatte wahrscheinlich eine undichte Gashülle.

Aber auch die ausschließlich von den Alliierten beflogenen Luft-Trassen nach West-Berlin wurden für Flugblattabwürfe benutzt. Radiosonden von Wetterstationen stellten für uns Wirtschaftsflieger ebenfalls eine Gefahrenquelle dar.

Und nicht zu vergessen: die NVA-Transportflieger aus Dessau. Sie

Das tschechische Mehrzweckflugzeug L-60 wird mit Kraftstoff und Pflanzenschutzmittel betankt. Vorbereitung für den nächsten Start.

probten mit der IL-14 das Unterfliegen der gegnerischen Radarüberwachung. Die Räume bis 150 Meter über dem Relief waren für uns Wirtschaftsflieger reserviert. So erlebte ich beinahe einen Zusammenstoß mit einer NVA-IL-14 während eines Kurvenflugs in 50 m Höhe. Einmal kollidierte eine IL-14 mit einem der vier Schlote des Kraftwerkes Vockerode bei Dessau. Das Flugzeug DM-VAH (NVA-Kennung »400«) wurde am 22. Juli 1960 als Totalverlust aus dem Luftfahrtregister gestrichen.

Beim Wirtschaftsflug kannten wir kein Meldesystem bei gefährlichen Annäherungen. Wir flogen zwar niedrig, aber mit hoher Gefährdung. Und auch am Boden gab es Sabotage. Es war 1963 in Plate, einem Ort in der Nähe von Schwerin. Der Flugzeugeinsatz mußte ausfallen, weil alle verfügbaren Leute zum Abmelken der Kühe eingesetzt waren. In die Vakuumleitung des damals modernsten Fischgrätenmelkstandes der DDR waren Putzlappen hineingedrückt worden. Die Kriminalpolizei ermittelte, aber die Kühe mußten trotzdem gemolken werden.

Ein andermal entdeckten wir bei der Vorflugkontrolle blockierte Steuergestänge am Flugzeug. Fortan mußten wir alle Werkzeuge markieren

und regelmäßig Vollständigkeit feststellen sowie Luken und Öffnungen am Flugzeug verplomben.

Nach der Schließung der Grenze am 13. August 1961 waren unsere Flugzeuge verstärkt Objekte der Begierde. Die zweite Hauptaufgabe von Pilot und Stationsmechaniker war darum der Schutz des Flugzeugs vor unberechtigter Benutzung, wie das im Amtsdeutsch hieß. Wir arbeiteten zu unserem und zum Schutz des Fluggeräts zwangsläufig mit der Volkspolizei und dem Ministerium für Staatssicherheit zusammen.

Zudem war die L-60, anders als die AN-2, für den Landwirtschaftsflug nur bedingt geeignet. Und so blieben Unfälle nicht aus. Einmal stürzte eine L-60 ab, als ein Gummihammer das Seitenruder blockierte Der Pilot steuerte mit der linken Hand, mit der rechten schlug er mit eben jenem Gummihammer gegen den Behälter, in welchem feuchter Dünger klebte und nicht nachrutschte. In fünf bis acht Metern Flughöhe und bei 120 km/h war das eine nicht ungefährliche Technik …

Am 18. November 1962 erwischte es mich in Wolterslage. Die Drehzahlen des Triebwerkes gingen gegen Null, ich mußte mit meiner L-60 landen. Nur: Die Landebahn war ein abgeerntetes Rapsfeld, das zur Hälfte bereits umgepflügt war. Zu allem Verdruß kam mir Kollege Strelzig entgegen. Im Herbst flogen wir bei der Grunddüngung meist im Brigadeeinsatz. Die uns antrainierten Handlungen bei Triebwerksausfall in Bodennähe lauteten: 1. Notlandefläche bestimmen und anfliegen; 2. Landeberechnung und Handlungen entsprechend der Situation. In meinem Fall gab es nur eine geeignete Fläche, und die mußte ich freimachen für meinen soeben gestarteten Kollegen. Da wir uns immer auf Gegenkurs trafen, hatte ich als Verantwortlicher festgelegt: Das beladene Flugzeug fliegt in 50 Metern, das unbeladene in 70 Metern Höhe. Dank meiner Ausbil-

Eine L-60 beim Start auf einem Feld. Die Agrarflugzeuge sind insbesondere bis zum Mauerbau 1961 wiederholt Ziel von Sabotageakten. Doch auch später gibt es gelegentlich Anschläge auf die Maschinen.
Nach der Schließung der Grenze sieht jedoch mancher darin auch eine Möglichkeit, schnell in den Westen zu gelangen.

Im Kampf gegen den Kartoffelkäfer und andere Schädlinge der Landwirtschaft.
Unten: fressende Kartoffelkäferlarven auf dem Kartoffelkraut.

dung bei der Armee – wir hatten auch eine Kunstflugausbildung – glückte mein Flugmanöver. Nach der Notlandung konnte die Ursache ermittelt werden: Wegen eines zwei Zentimeter breiten Risses in der Krümmung des Abgassammlers, für den Mechaniker nicht sichtbar, war der Vergaservorwärmer total ausgeglüht. Statt Luft erhielt das Triebwerk Abgase. Glück gehabt! 20 Zentimeter weiter befand sich der Kraftstoffilter …

Ich erhielt vom Generaldirektor ein Dankschreiben, was mich motivierte. Moralische Stimuli dieser und ähnlicher Art, das erfuhr ich später immer wieder, spielten bei der INTERFLUG eine wichtige Rolle. Gerhard M., ein Weggefährte seit der Fliegerschule, erlebte einen Triebwerkausfall unter gleichen Umständen. Seine Notlandung endete jedoch auf einer Waldlichtung mit Totalschaden. Er wurde als Kommandant einer L-60 abgelöst und als 2. Pilot auf der AN-2 eingesetzt.

Mein Unfall hatte auch sein Gutes. Zum ersten Male wurde im Wirtschaftsflug »technisches Versagen« akzeptiert – bis dahin gab es nur

»Pilotenfehler«. In jener Zeit war es üblich, bei Vorkommnissen zuerst menschliches Versagen zu unterstellen. Selbst in einem Fall, als eine L-60 mit einem großen Vogel kollidierte. Die Scheibe des Flugzeuges ging zu Bruch, der Schnabel riß dem Piloten eine Wunde an der Stirn. Diese blutete so stark, daß er kaum etwas sah. Er landete neben einer Straße, die von hohen Bäumen gesäumt war. Die erste Feststellung des Untersuchenden lautete: zu tief geflogen, Baumberührung. Eine Vogelkollision schloß er mit der Begründung aus, daß sich an der Luftschraube keine Spuren fanden. Erst die dritte Feststellung, nachdem ein Teil des Schnabels gefunden worden war, hieß schließlich: Das seitliche Auftreffen des Vogels verursachte ein Durchschlagen der linken Scheibe und den vom Piloten geschilderten Schlag an den Kopf mit der stark blutenden Wunde, die ihm die Sicht nahm.

Unsere fliegerische Arbeit war nicht nur gefährlich, sondern auch gesundheitsschädigend. Der Pilot saß zehn Zentimeter vor dem Giftbehälter, der keine Schlingerwände besaß. Bei unvorsichtiger Beladung war die Dichtung um die Einfüllöffnung mit Gift getränkt, das am Behälter heruntersickerte, im Sinkflug tropfte es auch schon mal in den Kragen des Piloten. Im Normalfall betrug die Arbeitsflughöhe bei der Kartoffelkäferbekämpfung drei Meter. Die Wendemanöver erfolgten in 40 bis 50 m Höhe und mit 30 bis 40 Grad Schräglage. An den Feldrändern, wo die Hindernisse standen, war stets der stärkste Schädlingsbefall. Die Aufwandsmenge betrug drei Liter Gift pro Hektar, also pro 10.000 Quadratmeter Ackerfläche soviel wie sechs Flaschen Bier. Das war eine ziemlich hohe Konzentration.

Kartoffelkäfer sind zwar hübsche Tierchen, aber ihre Larven sind gefährlich, weil sie die Blätter der Kartoffelpflanze fressen, wodurch die Knolle verkümmert.

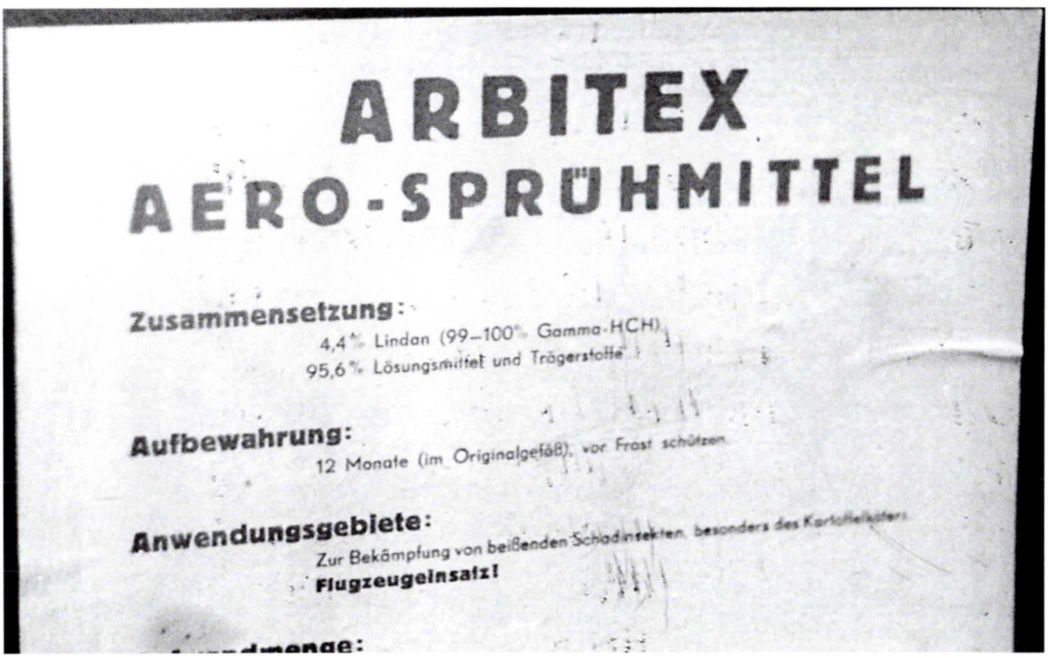

ARBITEX
AERO-SPRÜHMITTEL

Zusammensetzung:
4,4 % Lindan (99–100 % Gamma-HCH)
95,6 % Lösungsmittel und Trägerstoffe

Aufbewahrung:
12 Monate (im Originalgefäß), vor Frost schützen

Anwendungsgebiete:
Zur Bekämpfung von beißenden Schadinsekten, besonders des Kartoffelkäfers
Flugzeugeinsatz!

63 Maschinen des Typs L-60 fliegen für die Deutsche Lufthansa , 31 von ihnen havarieren und müssenen aus dem Luftfahrtregister gestrichen werden. Unter den Piloten trägt die Maschine darum den Beinamen »Witwenmacher«.

Löschung aus dem Luftfahrtregister am 27. Februar 1958 nach Havarie.

Schwere Havarie mit Totalschaden, Kyritz.

Das Luftfahrtregister der DDR war bis 1990 unter Verschluß. Heute wissen wir, daß von 63 Flugzeugen des Typs L-60, die von der Deutschen Lufthansa (Ost) eingesetzt worden sind, 31 nach Havarie aus dem Luftfahrtregister gestrichen wurden. Es gab zehn tödliche Arbeitsunfälle sowie Schwerstverletzte. Diese Tatsache sollte nicht verschwiegen sein, schon aus Respekt vor den verunglückten Piloten, derer wir in Ehren gedenken. Sachlich betrachtet zeugten ihr Einsatz vom Pioniergeist und vom Enthusiasmus, der uns damals alle durchdrang. Wir wollten den »sozialistischen Frühling auf dem Lande«, wie die Kollektivierung der Landwirtschaft hieß, mit unserem Einsatz vorantreiben. Daß diese Entscheidung – bisweilen auch erzwungen – am Ende richtig war, zeigt nicht nur das Überleben der Agrargenossenschaften in den 90er Jahren. Die meisten behaupteten sich erfolgreich am Markt und zeigen sich unverändert der einzelbäuerlichen Wirtschaft unter den Bedingungen der Globalisierung überlegen. Wir Agrarflieger standen dabei gewissermaßen Pate, worauf wir durchaus stolz sein können. Doch bei aller Genugtuung: Unter uns galt die L-60 als »Witwenmacher«. Die AN-2 war das sichere Flugzeug – auch weil es mit zwei Mann flog. Der Behälter für Schädlingsbekämpfungsmittel oder Dünger war überdies durch eine Zwischenwand vom Cockpit getrennt.

1964 versetzte man mich nach Berlin. Begründung: Die Verbindungsfliegerstaffel der NVA wird aufgelöst. Maschinen und Piloten kommen zur INTERFLUG. Der Stützpunkt Berlin wird neu strukturiert. Ich übernahm die Nordkette, Hubert Pospich die Südkette von Berlin. Mit der Vergrößerung der L-60-Flotte nahmen die Flugvorkommnisse stark zu. Es mehrten sich auch die tödlichen Unfälle. Ich arbeitete – neben meinen eigentlichen Aufgaben – als Sachverständiger bei der Untersuchung von Flugunfällen und als Prüfer für Luftfahrzeuge des Typs L-60.

Anfang 1964 sollte dann die erste Grundüberholung einer L-60 (DM-SHB) in der Werft Dresden erfolgen. Das Wetter war seit Tagen nicht geeignet für einen Sichtflug. Ich war im Besitz einer Sondererlaubnis (»150 Meter Wolkenuntergrenze, 1.500 Meter Sicht für avio-chemische

Mützenemblem der Piloten der Deutschen Lufthansa (Ost), links. Unten: Mützenemblem der INTERFLUG bis 1990, darunter das in der kokardenlosen Zeit 1990.

Flüge«) und sollte die Maschine aus Schönefeld in 300 m Höhe unterhalb der Luftstraße A4 überführen. Der Flugbetriebschef der Hauptverwaltung Zivile Luftfahrt (HVZL) erteilte die Erlaubnis mit Rückversicherung, daß ich einen geeigneten zweiten Piloten mitnehme. Einige Namen standen zur Auswahl. Da ich Gerd Radig als pfiffigen Piloten von einigen Flügen kannte, wurde er auf den Flugauftrag nachgetragen. Eine ordentliche Flugvorbereitung diente als Nachweis. Der Navigationsplan mit Orientierungslinien, -flächen und -punkten hingegen besaß allenfalls symbolischen Charakter. Nur die Lichter der fahrenden Autos unter uns waren

Der Hochdecker L-60 beim Düngen von Ackerflächen, wie an der Wolke unter der Maschine zu erkennen ist. Die Arbeitsbreite beträgt acht bis zehn Meter, die Tagesleistung, sofern keine Probleme auftreten, bis zu 85 Hektar. Es gibt vier Arbeitsarten für feste und flüssige Stoffe.

Einsteigen in eine IL-14 in Berlin-Schönefeld. Der Verkehrsflug in den 50er Jahren ist ein wenig komfortabler als der Agrarflug, wo man nach Sicht und ohne künstlichen Horizont fliegt.
Unten: Klaus Breiler und Rolf Lauenroth in der L-60, 1961.

erkennbar. Ab Bautzen wurde das Wetter schließlich besser und wir erreichten Dresden. Für Chefpilot Treuter, der uns begrüßte, war ein Flugzeug ohne Funk- und Navigationsausrüstung, vor allem ohne künstlichen Horizont, kein Flug*zeug*, sondern ein Flug*gerät*. Er war sichtlich erstaunt, wie wir damit bis nach Dresden gekommen waren.

Ich erinnere mich in diesem Kontext einer Befragung im Jahre 1961. Die Konstrukteure des DDR-Agrarflugzeuges »Flora 2« wollten von uns Praktikern wissen, was aus unserer Sicht nötig sei. Ich nannte als erstes den künstlichen Horizont, erkundigte mich aber auch, warum das Gerät mit zwei Triebwerken ausgestattet werden solle. Unsere Vorschriften sahen vor, daß einmotorige Flugzeuge Ortschaften und Gewässer lediglich so zu überfliegen hätten, daß bei Triebwerksausfall der Ortsrand bzw. das Ufer erreicht werden könnte. Gleichzeitig waren lediglich Flughöhen bis 150 Meter ohne Anmeldung gestattet. Davon wollte man sich offenbar verabschieden. Aber bekanntlich kam »Flora 2« erst gar nicht.

Mit der Übernahme der L-60 von der NVA, wo sich das Flugzeug offensichtlich nicht bewährte, gab es nun immer etwas zu tun. Siegfried H. zerstörte sein Fahrwerk beim Start mit den entsprechenden Folgen bei der Landung. Werner B. kappte eine 15 kV-Hochspannungsleitung. Erhard H. landete auf einem abgeernteten Kartoffelacker mit vereistem Vergaser. An uns Instrukteure ging Weisung, hart durchzugreifen.

Ich war der Auffassung, daß die Mängel des Flugzeuges L-60 durch den Piloten kompensiert werden müßten. Der Agrarflieger war Einzelkämpfer in Bodennähe. Seine Erziehung müsse durch kameradschaftliche Konsequenz, nicht durch Entscheidungswillkür erfolgen. Speziell für die L-60-Flieger galt die Erkenntnis: »Es gibt alt gewordene Flieger, und es gibt übermütige Flieger. Alt gewordene, übermütige Flieger aber gibt es nicht.«

Von 1965 bis 1967 absolvierte ich ein Fernstudium an der Pädagogischen Hochschule Potsdam. Das war quasi meine betriebliche und persönliche Altersvorsorge, weil ich bei möglicher Fluguntauglichkeit sofort als Lehrer an der Betriebsschule der INTERFLUG hätte anfangen können. 1969 beendete ich außerdem ein Direktstudium, Fachrichtung Flug-

Kopfbedeckungen bei der Deutschen Lufthansa (Ost).
Auf der linken Seite die Schirmmützen für alle männlichen Angehörigen, die weiblichen Angehörigen trugen ausschließlich Kappen oder Käppis.

zeugführung, und schrieb eine Abschlußarbeit zum Thema »Messung und Auswertung von Häufigkeitsverteilungen der Fluggeschwindigkeit beim Einsatz des Flugzeuges L-60 im Landwirtschaftsbetrieb«. Im Rahmen einer Diplomarbeit war an der Verkehrshochschule Dresden ein Geschwindigkeitsmesser entwickelt worden, der die geflogenen Tempi erfaßte und auf acht kodierten Meßkanälen anzeigte. Mit Hilfe dieses Gerätes verfolgte ich fünf L-60-Piloten. Gleichzeitig erfaßte ich die Daten von elf Überziehunfällen mit der L-60. Im Ergebnis wurden die Untersuchungsprotokolle und das Sachverständigenhandbuch überarbeitet. Meine Abschlußarbeit steht heute in der Bibliothek der TU Dresden, Sonderbestand INTERFLUG. Darauf bin ich stolz. Und nicht nur, weil das einer der wenigen Orte ist, wo man heute noch das Wort »INTERFLUG« lesen kann.

1969 kehrte ich zum Stützpunkt Magdeburg zurück und schulte um auf die Typen Z-37/2 und Z-37. Das seit 1965 gebaute tschechische Arbeitsflugzeug bedeutete einen Quantensprung: 310 PS-Triebwerk,

Zeugnis der Pädagogischen Hochschule Potsdam über das externe Examen, 1967. Bemerkenswert: M/L fiel gemäß Vereinbarung mit der Schulleitung aus.

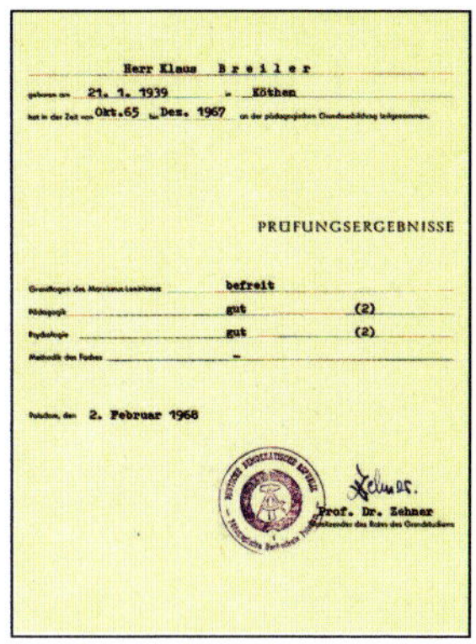
Herr Klaus Breiler
21. 1. 1939 Köthen
Okt. 65 Dez. 1967

PRÜFUNGSERGEBNISSE

befreit
Pädagogik gut (2)
Psychologie gut (2)
Methodik des Faches –

2. Februar 1968

Prof. Dr. Zehner

Breiler bei Vorführungsflügen mit der Z-37 auf der Landwirtschaftsschaftsausstellung in Leipzig-Markkleeberg, 1969, mit Wasser im Behälter.
Mitte der 60er Jahre war in der DDR das tschechische Arbeitsflugzeug Z-37 eingeführt worden. Der Flugzeughersteller in Kunovice bei Zlín, LET, baut etwa 600 Maschinen, die vornehmlich im Agrarflug eingesetzt werden. Hauptabnehmer ist die DDR. LET exportiert die Z-37 aber auch nach Bulgarien, Finnland, Großbritannien, Indien, Irak, Jugoslawien und Ungarn.

automatische Luftschraubenverstellung, künstlicher Horizont, Überziehwarnanlagen – das war schon was. Der tschechiche Name des Flugzeuges lautete »Cmelak«, zu deutsch »Hummel«. Zur Agra, der Landwirtschaftsausstellung in Leipzig-Markkleeberg, wurde das neue Flugzeug von Harald Prüß, Oberinstrukteur für Starrflügler, der Regierungsdelegation in eindrucksvoller Manier vorgeführt. Ich steuerte die Vorführungsflüge für das Publikum und entwickelte dabei ungewollt zur allgemeinen Erheiterung eine neue Arbeitsart: »Kühe waschen aus der Luft«.

Der Stützpunkt Magdeburg

Am 4. Januar 1936 war in Magdeburg-Süd eine »Übungsstelle der Luftgaureserve« eingeweiht worden, wie der Flugplatz damals genannt wurde. Im April begann die Flugverbindung Nürnberg-Erfurt-Magdeburg-Hamburg. 1939 gab es eine Linie von Hamburg nach Wien, die ebenfalls über Magdeburg führte. Dann kam das Ende der Zivilluftfahrt

Stützpunkteinweihung Magdeburg-Süd am 30. April 1962.

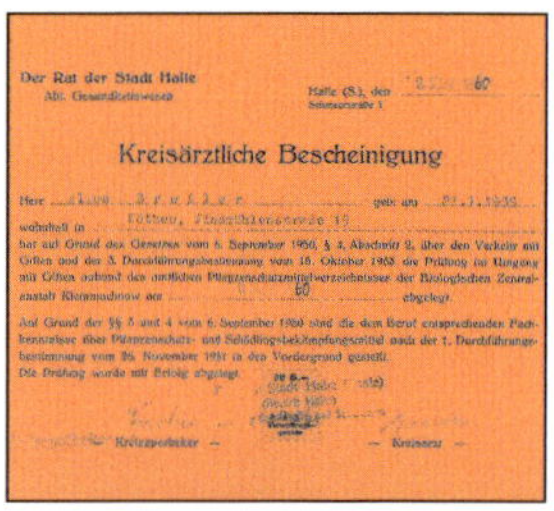

Der Rat der Stadt Halle

Halle (S.), den

Kreisärztliche Bescheinigung

Auch der Kreisapotheker muß seine Zustimmung erteilen, ehe ein Agrarflieger seine Arbeit verrichten darf. Generell läßt sich feststellen, daß die Piloten der INTERFLUG umweltbewußt ausgebildet werden. Bevor man Agrarflieger wird, hat man die Fachschule für Pflanzenschutz in Halle zu absolvieren, dann eine Prüfung im Umgang mit Giften abzulegen, und erst wenn das Zeugnis des Kreisapothekers vorliegt, erteilt die Bezirksbehörde der Deutschen Volkspolizei eine »Erlaubnis zum Verkehr mit Giften«.

Der Stützpunkt der Agrarflieger in Magdeburg. In unmittelbarer Nähe der Flugzeuge grasen die Schafe.

für den Standort. Erst übernahm die Göring'sche Luftwaffe und danach hatten die Besatzungsmächte das Kommando über den Magdeburger Flugplatz. Zwischen 1953 und 1990 nutzte ihn die Gesellschaft für Sport und Technik.

Seit 1957 war auch die Deutsche Lufthansa, Abt. Wirtschaftsflug, Mieter in Magdeburg. Das war ein bescheidener Anfang, bis etwas Neues für den Wirtschaftsflug entstand.

Unsere Hauptaufgabe bestand in der avio-chemischen Fliegerei für die Land- und Forstwirtschaft. Daneben realisierten wir auch andere Flugaufträge. Wir flogen beispielsweise mit an Keuchhusten erkrankten Kindern in 3.000 m Höhe, bis eine Linderung eintrat. Wir warfen bei Volksfesten Flugblätter und zogen Transparente hinter uns her, wir machten sogenannte Luftbildflüge und begleiteten die Internationale Friedensfahrt alljährlich im Mai als Relaisstation. Das Spektrum war beachtlich.

Zur Feier des Tages gibt es Erbsensuppe aus der Gulaschkanone. Von links nach rechts: Klaus Breiler mit Frau, Günter Pape, Technischer Leiter Wirtschaftsflug, Paul Manzel, Chef der Gewerkschaftsleitung, und Generaldirektor Karl Heiland.

Das Ausbildungsprogramm für die Wirtschaftsflieger am Flughafen Barth umfaßte Platzrundenflüge in 50 und in 200 Metern Höhe, Zonenflüge mit überzogenen Flugzuständen bis zum Strömungsabriß an den Tragflächen, Sicherheitslandungen, Tiefflugeinweisungen, Ziellandungen aus 300 und 600 Metern, Notlandeübungen, Radlandungen und schließlich die Prüfungsflüge.

Meine avio-chemische Spezialausbildung begann am 8. Juni 1960 mit Streckenflügen in 100, dann in 50 Metern, Ziellandungen zwischen 200 und 600 Meter, 50 Meter Platzrunden, Seitenwindlandungen, Instrumentenflügen nach Wendezeiger, 3.000 m Höhenflügen, Rückenwindlandungen, Arbeitsdurchflügen in zehn, fünf und drei Metern mit halber und voller Zuladung und mit den dazugehörigen Wendekurven in 50 Metern, Flügen in Hindernisnähe, Anflügen unbekannter Landeflächen, Tiefflugstrecken in 50 Metern mit Wenden an sogenannte Feinorientierungspunkten und immer wieder Notlandeübungen. Meine Ausbildung endete mit einem Brigadeeinsatz in Deetz. Mein Ausbilder Horst Voigt begleitete mich vom 20. bis 23. Dezember 1960, als ich Karpfenteiche »gesundkalken« mußte. Die Flugzeit betrug pro Einsatz drei Minuten. Solche Zeiten erreichte man nur bei großen Aufwandmengen pro Hektar und einem Flugplatz in der Nähe der zu bearbeitenden Fläche. Zwei Flugzeuge auf engem Raum im sogenannten Brigadeeinsatz erforderte erhöhte Aufmerksamkeit. Am Ende gab es die erste staatliche Flugerlaubnis. Die Zulassungsstelle befand sich zu jener Zeit in Dresden.

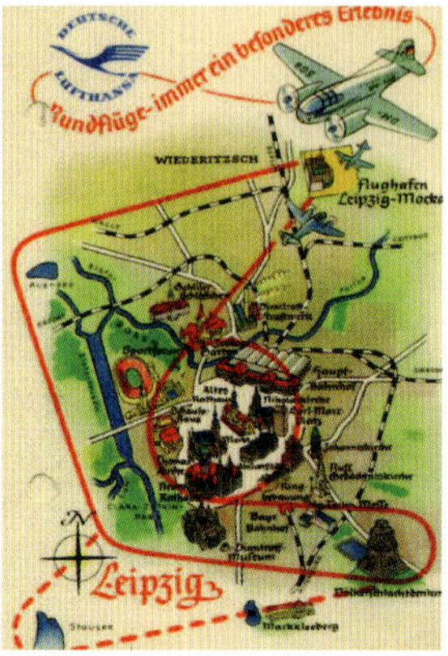

Die Deutsche Lufthansa bietet unterdessen Rundflüge über Leipzig an. Das ist die Route, die am Himmel für jedermann geflogen wird.

Zur Zeit in Magdeburg fallen mir viele Namen ein: Stützpunkt- und Staffelleiter Horst Voigt, der 1953 Segelfluglehrer an den Flugschulen in Ballenstedt (später Schönhagen) wurde. Seit 1958 war er bei der Deutschen Lufthansa Ost. Ich lernte Siegfried Winkler als Avio-Agronom, Flugvorbereiter und Organisator kennen und schätzen, Werner Laue als Technischen Leiter – während des Krieges war er Bordmechaniker auf der JU 52 – und Fritz Westphal, den Technischen Prüfer; auch er kam kam von Junkers und gehörte dort der Werksbesatzung an. Schließlich Rolf Lauenroth und Peter Hipper, meine ersten Stationsmechaniker.

Mein erstes Einsatzjahr 1961 endete für unsere Besatzung – beim Flugzeugtyp L-60 waren das Pilot und Mechaniker – mit einem Wirtschaftsflug-Rekord: 494 Flugstunden und 3.682 Starts. Der Pilot war Flugzeugführer, Navigator, Meteorologe, Entscheidungsträger und Arbeitsschutzverantwortlicher, aber auch Prügelknabe der Leitung in einer Person, der Stationsmechaniker Techniker, Tankwart, Flugsicherungsbeauftragter, Organisator und Kraftfahrer.

Mein Vorschlag, die zulässige Startzahl von 50 auf 60 pro Flugtag zu erhöhen, wurde 1962 akzeptiert. Ich erhielt zudem die Erlaubnis, mir selbst Arbeitsflugplätze zuzuweisen. Die unproduktive Flugzeit zwischen Flugplatz und Feld bei der Arbeitsart »Düngung« wurde so reduziert und die Effizienz erhöht. Jetzt konnten wir völlig selbständig arbeiten. Und wir hatten alles, was wir brauchten: Flugzeuge, Betriebsstoffe, Ausrüstung, Blanko-Leistungsverträge. Am 1. März 1961 hatte ich mein

Flugzeug aus Diepensee abgeholt. Da wir am Stützpunkt Magdeburg noch keine Flugzeughalle besaßen, mußten die Flugzeuge winterfest gemacht werden. Das bedeutete, sie zu demontieren, zu konservieren und einzulagern. Im Frühjahr mußten darum, während eines Prüffluges, die staatlich vorgegebenen Wiederzulassungsnormen nachgewiesen werden.

1962 erwarb ich die Dämmerungsflugerlaubnis. Im April starteten wir in der Collbitzer Heide zur einer Aktion gegen Maikäfer. Der größte Lindenwald Deutschlands wurde auf diese Weise vor größerem Schaden bewahrt. Ende Mai wurde ich überraschend zu der für Sicherheit zuständigen Institution bestellt. Es ging um eine Grenzbefliegung. Schädlinge, speziell die Rapsglanzkäfer, vernichteten während der Rapsvollblüte ein Drittel der Ernte. Etliche Flächen endeten am Grenzstreifen. Dadurch ergab sich für uns ein Problem: Unmittelbar nach den Grenzsicherungsmaßnahmen am 13. August reagierte man auf beiden Seiten sehr sensibel. Ich wurde also gewarnt, auf gar keinen Fall, etwa beim Wenden, in den Luftraum der Bundesrepublik einzudringen, schon der kleinste Anlaß würde zu einem internationalen Konflikt geraten, wurde mir eingeschärft. Ich unterschrieb, wie üblich, eine Belehrung. Wie ich später erfuhr, gingen Kopien auch an die örtlichen Polizei und an die Grenzeinheiten. Vermutlich als Beleg dafür, daß ich dort in der sensiblen Zone von Berufswegen am Himmel kurvte.

Normalerweise wurde ein Feld in Längsrichtung beflogen, die Wendekurve mit dem Wind eingeleitet und dann gegen den Wind eingekurvt. An der Staatsgrenze hieß es jedoch: Durchflüge in 3 bis 5 Meter Höhe parallel zum Grenzstreifen, Steigflugkurve ab 15 Meter weg von der Grenze, gegen die Staatsgrenze West mit Horizontalflugkurve in 50 Me-

Der Prüfer Fritz Westphal bei einer technischen Kontrolle.

Rapsblüte im Mai. Der Rapsglanzkäfer ist unterwegs und muß aus der Luft bekämpft werden.

Die Grenze aus der Luft, in diesem Falle der Mauerstreifen zu Westberlin.

ter einkurven und darauf achten, daß der geharkte Sandstreifen zur Grenzmarkierung nicht mit dem gelben Rapsfeld verwechselt wird.

Ich begann meine Durchflüge an der entlegenen Seite, damit sich die Grenzer auf beiden Seiten an mich gewöhnten. Die Arbeitsbreite meiner Sprühanlage betrug 25 Meter. Ich näherte mich also kontinuierlich dem Grenzstreifen. Trotzdem verlor ein DDR-Grenzer irgendwann die Nerven und schoß eine rote Leuchtkugel in den Himmel. Daraufhin feuerte einer vom BGS eine grüne Leuchtkugel, was man als »Einflug erlaubt« deuten konnte. Ich verzichtete aus Sicherheitsgründen auf den letzten Durchflug und startete gleich zur nächsten Rapsfläche.

Unten: Übergabe der Flurkarte auf dem Acker, 1961.

Die Rapsschädlingsbekämpfung selbst ist vergleichsweise angenehm. Die Rapsflächen sind in der Vollblüte gut sichtbar, und man kann Mehrfelderdurchflüge praktizieren. Das spart unproduktive Wendekurven. Allerdings läßt sich die Durchflugshöhe schlecht schätzen, und mitunter landet man schon mal mit gelbem Fahrwerk. Einmal gab es beim Durchflug am Feldrand einen harten Schlag. Ich fürchtete, daß ich einen Bienenwagen, die häufig in dem Rapsbestand abgestellt wurden, übersehen hatte. In diesem Fall kollidierte das Fahrwerk mit auffliegenden Rebhühnern.

Anschließend erwartete mich ein Sondereinsatz. Forstschädlinge drohten die Raketentechnik der Luftverteidigung sichtbar zu machen. Großalarm im Ministerium für

Nationale Verteidigung. Von den Wirtschaftsfliegern der Lufthansa wurden Hubert Pospich vom Stützpunkt Berlin und ich vom Stützpunkt Magdeburg zum Stabschef der Luftverteidigung einbestellt. Als Absolventen der Jagdfliegerschule erfüllten wir wahrscheinlich die kaderpolitischen und fachlichen Voraussetzungen. Hinterher wurden wir auch noch vom Generalforstmeister belehrt. Mir wurde mein erster Einsatzort (Bezeichnung: »Sommerfeld«) genannt und in einer vorbereiteten Karte auf eine Fläche zwischen Beetzer Heide und Rhinluch gezeigt. Der Verlauf der Hochspannungsleitungen war mit blauer Farbe vermerkt. Überlandleitungen würden aber mit rotem Doppelstrich und Elektroblitz gekennzeichnet, sagte ich, kleinere Leitungen mit rotem Strich. Ich zeigte zum Beweis die entsprechende Stelle in der Arbeitsanleitung. Er lasse das ändern, war seine Antwort. Welche Flächen noch zu befliegen seien, würden wir später erfahren.

»Und wie lange dauert der Einsatz?«

»Vier Wochen.«

»Wann geht es los?«

»Sie erhalten Bescheid.«

Die Organisation bei der NVA war perfekt. Zur Schädlingsbekämpfung startete man 30 Minuten vor Sonnenaufgang und kam nach etwa 40 Minuten zur ersten Landung. Ich nutzte als Flugplatz Koppeln an einer Waldkante, zwischen denen die Zäune entfernt worden waren, so daß ein 450 Meter langer und 50 Meter breiter Streifen zur Verfügung stand. Jeden Morgen wurden die Aufbrüche von Wildschweinen von den Soldaten planiert, die unser Flugzeug bewachten. Bei einem der Anflüge zur Landung erwartete mich in eine Bodennebelschicht mein Stationsmechaniker, der beim Wirtschaftsflug gleichfalls Flugsicherungsaufgaben zu erfüllen hatte. Er markierte mit seiner Person jene Stelle, wo das Landezeichen lag. Damit konnte ich die Bodennebelschicht auf etwa 1,30 Meter schätzen. Die Position des Tankwagens war erkennbar. Mit dem Restkraftstoff wäre ich nicht weit gekommen. Ausweichplätze kannte ich

Agrarflieger Klaus Breiler in der Lufthansa-Uniform.
Links unten: Die L-60 wird startklar gemacht.

* Neben einem Wiedersehen mit ehemaligen Mitschülern gab es auch einen dramatischen Zwischenfall. In die mir übergebene Karte war – wie sich zeigte: mit Absicht – ein Hochspannungsleitung nicht eingezeichnet worden, weil diese zu einem Sonderobjekt der NVA führte. Ich sah die Masten erst in letzter Minute, weil sie einen perfekten Tarnanstrich trugen. Mit dem Spornrad touchierte ich fast die obere Leitung. Als ich den Kommandeur darauf ansprach, erklärte der nur lakonisch, man gebe den Masten doch nicht einen Tarnanstrich, um sie anschließend in der Karte zu veröffentlichen. Damit war die Sache für ihn erledigt.
Ich fand das ziemlich zynisch, schließlich hätte mich das fast das Leben gekostet.

Eine Z-37 wird für den Einsatz vorbereitet. Unten: Die Maschine im Landeanflug.

überdies nicht, und der Nebel reichte, soweit das Auge blickte. Meine Idee: Mittels voller Landklappenstellung von 50 Grad in geschätzter Landerichtung den Platz so tief wie möglich zu überfliegen und mit der Luftschraube den Nebel wegzublasen. Aus der Wendekurve in etwa 25 Meter Höhe sah ich einige der Landebahnmarkierungen und ging zur sofortigen Landung in Gegenrichtung über. Nach der Landung schloß sich die Nebelschicht wieder. Ein Rollen zum Standplatz war nicht mehr möglich, der dichte Nebel hatte sich wieder geschlossen.

Nach Erfüllung dieses Auftrages wurden wir zum Armeeflugplatz Rothenburg in der Oberlausitz verlegt. Auch hier gab es starken Schädlingsbefall an den Waldflächen der Muskauer Heide und um den Flugplatz selbst.* Am Ende des Jahres 1962 standen bei mir 437 Flugstunden und 3.392 Flüge sowie eine erfolgreiche Notlandung wegen Triebwerksausfall in den Büchern.

Am 30. April war am Stützpunkt Magdeburg der neue Hangar mit dazugehörendem Sozialgebäude übergeben worden. Erstmals waren in der DDR Bedingungen geschaffen worden, die zu einem der größten Agrarflugunternehmen der Welt führen sollten, welches auch zu internationalen Einsätzen gerufen wurde. Viele der Arbeiten waren von uns selbst ausgeführt worden. Vom Stützpunktleiter übers fliegende Personal bis zum Pförtner hatten alle mit zugepackt: freiwillig und unbezahlt.

Meine Zeit als Fluglehrer, Sachverständiger und Prüfer für Luftfahrzeuge (1963-1969)

Die Besatzungen des Wirtschaftsfluges sollten im Einsatzgebiet wohnen. Deshalb zog ich mit meiner Familie 1962 nach Stendal. Aber in der DDR war alles ein wenig anders als heute – es gab Arbeit, aber keine Wohnungen am Ort. Wir zogen in eine Parterre-Altbauwohnung, zum Übergang, wie es hieß. Nach drei Jahren sollten wir eine Neubauwohnung zugewiesen bekommen. Allerdings kam alles anders als versprochen.

Anfang 1963 erfolgte die sogenannte Typenbereinigung. Vom Stützpunkt Kyritz kamen zum Stützpunkt Magdeburg alle AN-2, dafür mußten alle Maschinen des Typs L-60 von Magdeburg nach Kyritz. Die Begründung erschien mir logisch, da die großen Felder der Magdeburger Börde auch leistungsstärkere Flugzeuge brauchten. Ich wollte in Magdeburg bleiben und beantragte, auf AN-2 umgeschult zu werden. Das wurde zu meiner Überraschung abgelehnt. »Die Umschulungskosten sind nicht gerechtfertigt«, lautete die Begründung.

Ich zeigte mich einsichtig und unterschrieb einen Änderungsvertrag. Im Juni 1963 erfolgte meine Ausbildung zum Fluglehrer auf dem rechten Sitz. Meine Hauptbeschäftigung waren jetzt Überprüfungs-, Schul- und Werkstattflüge. Zum Jahresende wurde ich, völlig überraschend, als Fluglehrer bzw. Instrukteur zum Stützpunkt Berlin kommandiert. Daß wir nicht mehr Deutsche Lufthansa Ost, sondern INTERFLUG waren, erfuhr ich aus dem Änderungsvertrag, den ich am 3. Februar 1964 unterschrieb. Erst 1965 sollte ich einen neuen Arbeitsvertrag erhalten, dem ich entnahm, daß ich bereits bereits seit 1960 bei der INTERFLUG beschäftigt gewesen sei.

Der »Beschluß über die Reorganisation der staatlichen Leitung in der zivilen Luftfahrt« von 1961* lieferte die Legitimation für merkwürdige kaderpolitische Veränderungen. Piloten vom Verkehrsflug mußten zum Wirtschaftsflug, Wirtschaftsflieger mit spezieller Flugausbildung kamen zum Verkehrsflug, Piloten der TU-134 wurden zu Navigatoren »zurückgeschult« …

Meine Versetzung nach Berlin stimmte mich nur teilweise traurig. Unsere Wohnung in Stendal erwies sich im strengen Winter 1962/63 als unzumutbar. Meine Frau – ich arbeitete in Kyritz – schlug Alarm beim amtierenden Stützpunktleiter in Magdeburg. Die Notlage war nachweisbar, und so erhielten wir 1963 zwar eine Neubauwohnung in Magdeburg, doch die hoffte ich gegen eine Dienstwohnung in Ber-

* Das Präsidium des Ministerrates hatte beschlossen, die Verantwortung für die gesamte Zivilluftfahrt dem Ministerium für Verkehrswesen zu übertragen. »Das bedeutet, daß entsprechend den Prinzipien des demokratischen Zentralismus der Luftverkehr in die Struktur des Verkehrswesens in gleicher Weise wie Eisenbahnwesen, öffentlicher Kraftverkehr sowie See- und Binnenschiffahrt eingegliedert wird.«
Es sollte zu diesem Zweck im Ministerium eine »Hauptverwaltung der zivilen Luftfahrt« geschaffen werden. »Die Hauptverwaltung hat Arbeitsgebiete, die für Forschung und Entwicklung, internationale Verbindungen, Flugsicherung, Kontrolle des Flugbetriebes, Luftfahrtpersonal, Flugplatzfragen, Einsatz von Luftfahrtgerät, Ökonomik des Luftverkehrs, Planung und Investitionen sowie Tarifentwicklung verantwortlich sind.«

Kontrolle der ausgebrachten Menge. Die Maschine überfliegt die Batterie Auffangtrichter, anschließend wird ermittelt und danach die Technik eingestellt.
Es gehört zu den verbreiteten Legenden, die Agrarflieger hätten ohne Maß und Verstand, auf alle Fälle stets mehr, als der Natur zuträglich gewesen sei, Gift und Dünger auf die Felder regnen lassen. Gemeinsam mit der Akademie der Landwirtschaftswissenschaften der DDR wurde im Interesse des Umweltschutzes und der Qualität mit jedem Gramm gegeizt.

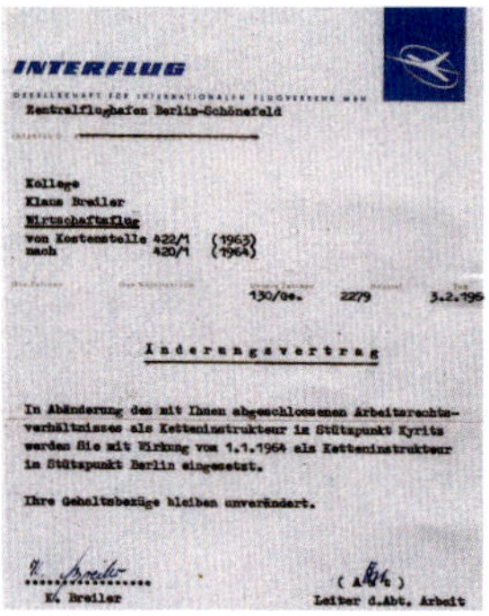

INTERFLUG

Zentralflughafen Berlin-Schönefeld

Kollege
Klaus Breiler
Wirtschaftsflug
von Kostenstelle 422/1 (1963)
nach 420/1 (1964)

130/Ge. 2279 3.2.196

Änderungsvertrag

In Abänderung des mit Ihnen abgeschlossenen Arbeitsrechtsverhältnisses als Ketteninstrukteur im Stützpunkt Kyritz werden Sie mit Wirkung vom 1.1.1964 als Ketteninstrukteur im Stützpunkt Berlin eingesetzt.

Ihre Gehaltsbezüge bleiben unverändert.

K. Breiler

Leiter d.Abt. Arbeit

DEUTSCHE LUFTHANSA

DEUTSCHE LUFTHANSA, ZENTRALFLUGHAFEN BERLIN-SCHÖNEFELD

ABTEILUNG
Kader

Kollegen
Klaus Breiler

Ihre Zeichen | Ihre Nachricht vom | Unsere Zeichen Schr/Vo | Hausruf 2276 | Tag 14.5.1963

Änderungsvertrag

In Abänderung des mit Ihnen abgeschlossenen Arbeitsrechtsverhältnisses als Flugzeugführer im Stützpunkt Magdeburg werden Sie mit Wirkung vom 1.1.1963 als Ketteninstrukteur im Stützpunkt Kyritz eingesetzt.

Sie erhalten mit Wirkung vom 1.1.1963 ein monatliches Grundgehalt nach F 7 = 1.050,-- DM.

K. Breiler

Grimmer
Leiter der Abteilung Kader

Änderungsvertrag mit Kopfbogen der INTERFLUG vom 3.2.1964, aber mit Lufthansa-Blau. Zwei Monate nach dem 63er Änderungsvertrag, am 16. Juli 1963, beschließt das SED-Politbüro, »daß eine Gesellschaft unter dem Namen INTERFLUG gebildet« und die Lufthansa liquidiert wird, »weil es unrentabel ist, zwei Gesellschaften zu haben«.
Unten: Inge und Klaus Breiler mit Sohn Lutz und Tochter Ilka vor ihrer Neubauwohnung in Magdeburg, 1967.

lin eintauschen zu können. Aber es hieß, zwischen Berlin und Magdeburg gebe es eine gute Zugverbindung, und außerdem sei ich Genosse … Der Verweis auf die Mitgliedschaft in der SED wurde immer dann gemacht, wenn man jemandem unmäßige Härten abtrotzen und ihn zwingen wollte, sich klaglos in das ihm zugedachte Schicksal zu fügen.

Die neuen Piloten, die von der NVA zur INTERFLUG kamen, hatten eine solide Ausbildung erhalten, doch ihre Flugerfahrungen waren sehr unterschiedlich. Klaus K. blickte auf 46 Flugstunden zurück, Erhard A. auf 61, Dieter F. war bereits 75 und Günter H. 313 Stunden in der Luft gewesen. Spitzenreiter war Rudi W. mit 1.192 Flugstunden. Die von der Reorganisation betroffenen Piloten des Verkehrsfluges wie Werner B. und Harry K. kamen ebenfalls zum Wirtschaftsflugstützpunkt nach Berlin. Schulflüge zur Tiefflugausbildung nach verkürztem Programm wurden individuell festgelegt und durch sogenannte ökonomische Kontrollflüge ergänzt.

Zur personellen Umstrukturierung kamen einige technische Veränderungen hinzu, um Unfällen mit der L-60 vorzubeugen. Beim Ausfahren der Landeklappe über 15 Grad fuhr der Vorflügel aus. Jetzt wurde der Vorflügel in ausgefahrener Stellung blockiert. Man erhoffte sich dadurch ein längeres Anliegen der Strömung an der Oberseite der Tragfläche bzw. einen späteren aerodynamischen Übergang der laminaren in eine turbulente Strömung. Gleichzeitig wurde damit die tragende Fläche vergrößert bei unverändertem konstruktiven Verhältnissen am Höhenleitwerk mit Einfluß auf die Stellung der Flosse und Trimmruder. So wurde der Gesamtwiderstand vergrößert, was zu einer Verringerung der Geschwindigkeit und damit zur Verringerung der Leistungsreserve von ca. 10 km/h führte.

Ein spezielles Problem der L-60 war die Luftschraubenverstellung, die von Hand vorgenommen wurde. Da die angegebenen 220 PS des Triebwerkes Praga Doris bei 3.000 Umdrehungen in der Minute erreicht wurden, eine ständige Nachregulierung in fünf Metern Arbeitshöhe und in Hindernisnähe aber nicht praktikabel war, wurde nach einem Arbeits-

Das Magdeburger Neubaugebiet aus der Luft. Die Hoffnung Breilers, man könne die Wohnung gegen eine in Berlin eintauschen, erfüllte sich nicht. Es hieß, zwischen Berlin und Magdeburg gebe es eine gute Zugverbindung, und zweitens sei man doch Genosse …

Unten: Stewardess der Deutschen Lufthansa (Ost) zu Beginn der 60er Jahre.

teilstrich der Anzeige der Luftschraubensteigung geflogen. Das stellte einen Kompromiß dar, mit dem verhindert wurde, daß bei plötzlichem Leistungsbedarf die Luftschraube nicht die zulässige Höchstdrehzahl überschritt.

Trotz solcher »Verbesserungen« gab es weitere Unfälle mit tödlichem Ausgang. Aber auch bei der AN-2 kam es im Raum Quedlinburg zu einem Totalverlust, bei dem zwei Besatzungsmitglieder den Tod fanden. So erhielten wir Instrukteure Weisung, im Jahr lediglich die 50 Flugstunden zu absolvieren, die man benötigte, um nicht die Lizenz zu verlieren. Das Auto, das Fernglas, die Stoppuhr und der Windmesser wurden zu meinen wichtigsten Arbeitsgeräten. 1964 war ich 180 Stunden in der Luft, 1965 nur noch 83 … Das war nichts für mich, ich wollte fliegen.

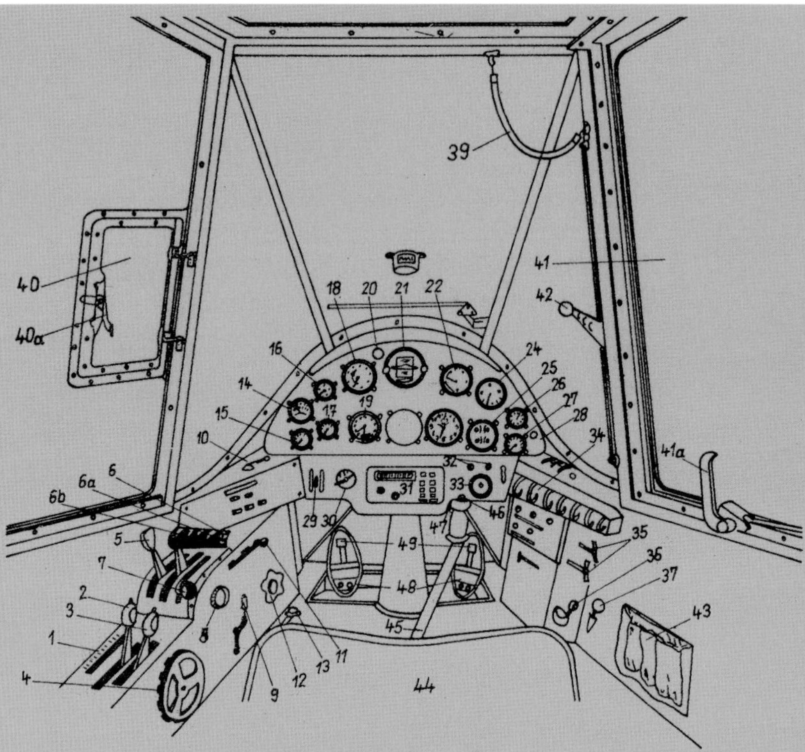

Abb. 1 Instrumenten-Anordnung – Pilotenkabine Z-37

1 – Stellungsanzeige H-Trimmung
2 – Verstellung Ölkühler
3 – Verstellung Jalousie
4 – Höhenruder-Trimmrad
5 – LS-Verstellhebel
6 – Gashebel
6a – Einschalter für Pumpe bzw. Schleuderrad (avio-chem. Anlage)
6b – Ausschalter für Pumpe bzw. Schleuderrad (avio-chem. Analyse)
7 – Höhenkorrektor
8 – Feststellschraube
9 – Landeklappenhebel
10 – Hebel für Notabwurf
11 – Kraftstoffhahn
12 – Preßlufthahn
13 – Düsendruckverstellung

14 – Volt-Ampere-Meter
15 – Preßluftdruck
16 – Behälterstandsanzeige
17 – Düsendruck

18 – Fahrtmesser
23 – Variometer
20 – Überziehwarnlampe
19 – Höhenmesser – leer (evtl. Radiokompaß)
21 – künstl. Horizont
22 – Borduhr

24 – Drehzahlmesser
25 – Vierzeigergerät
26 – Ladedruckmesser
27 – Zylinderkopftemperaturanz.
28 – Feuerwarnlampe

29 – Bordnetzhauptschalter
30 – Zündschalter
31 – Funkgerät
32 – 2 Restwarnlampen
33 – Kraftstoffvorratsanzeiger

34 – 14 Sicherungsschalter
35 – 2 Schieber für Heizung und Belüftung
36 – Anlaßhebel
37 – Handeinspritzpumpe
38 – Kompaß
39 – Haltegriff
40 – Seitenfenster
40a – Seitenfenster-Verriegelung
41 – Kabinentür
41a – Kabinentür-Verriegelung
42 – Kabinentür-Notabwurf
43 – Seitentasche
44 – Sitzwanne
45 – Steuerknüppel
46 – Einschalter für Ventil (avio-chem. Anlage)
47 – Ausschalter für Ventil (avio-chem. Anlage)
48 – Seitenruderpedale
49 – Radbremspedale

Die Forderung nach einem neuen, besseren Landwirtschaftsflugzeug wurde darum immer lauter, denn auch die AN-2 mit ihrem 1.000 PS-Triebwerk und 1.200 Kilo Zuladung war nicht effektiv. Das eigene Projekt eines Landwirtschaftsflugzeuges wurde, wie schon mitgeteilt, mit der Einstellung unserer Flugzeugindustrie leider nicht realisiert.

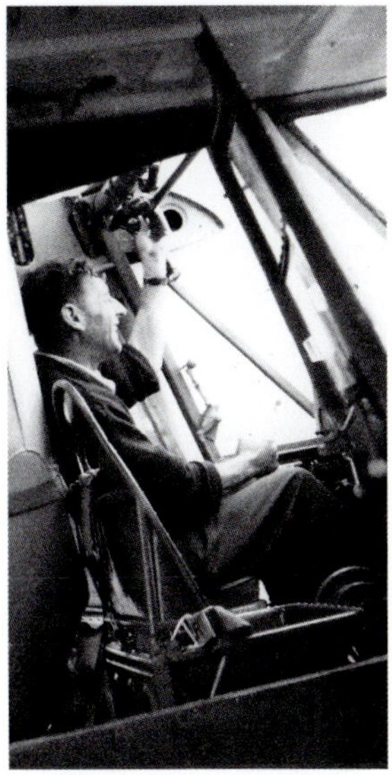

Im Cockpit der L-60 Fritz Westphal, einst bei Junkers Werksbesatzungen, dann Prüfer bei den Magdeburger Agrarfliegern. Er besorgt die technischen Durchsichten vor Ort: akkurat und präzise.

S. 52: Zeichnung des Cockpits der Z-37 mit der Legende für die einzelnen Instrumente, die man als Pilot beherrschen muß. Die Z-37 wird 1968 in Dienst gestellt. Der bemerkenswerte Fortschritt zeigt sich auch in der Gestaltung der Pilotenkabine.

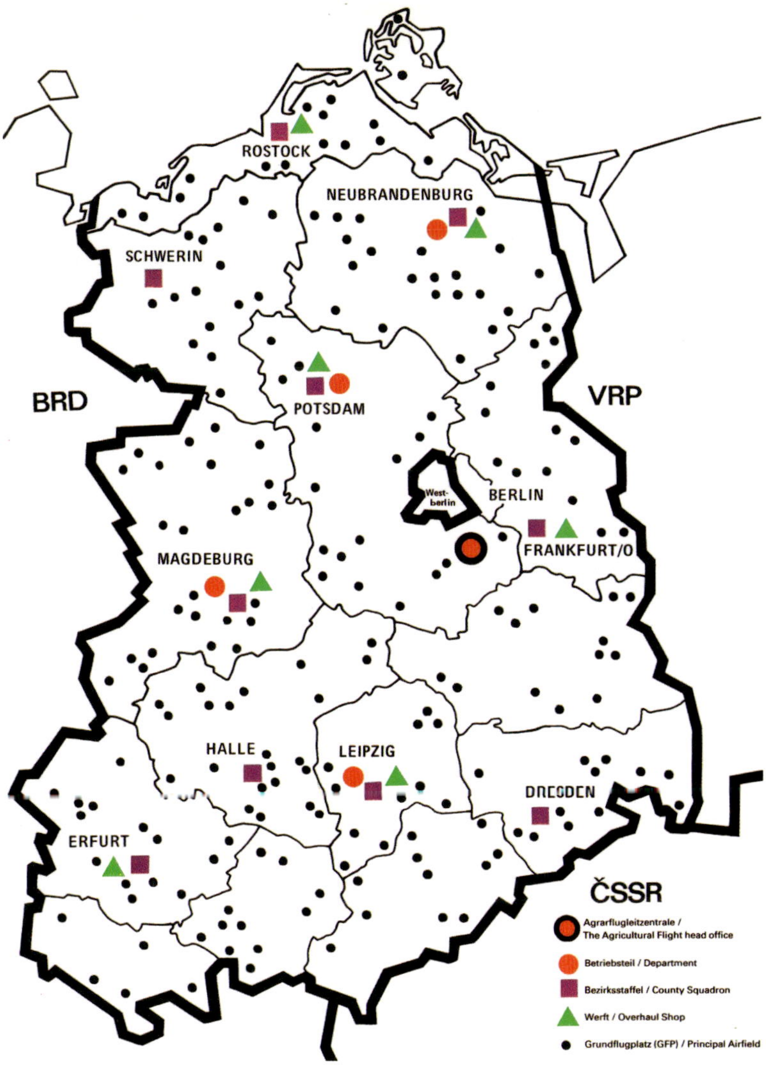

Übersichtskarte der DDR mit allen Betriebsteilen, Bezirksstaffeln, Werften und Flugplätzen des Agrarfluges. Jedem Grundflugplatz (schwarzer Punkt) sind etwa acht zeitweilige Arbeitsflugplätze zugeordnet, die nicht aufgeführt sind. In den 70er Jahren waren mehr als 200 Luftfahrzeuge der Typen Z-37, PZL-106A, M-18 (beide aus Polen) und Ka-26 aus der UdSSR im Einsatz.

Die USA führen sowohl für ihren Landwirtschaftsflug als auch für den Verkehrsflug eine Unfallstatistik. Beim Landwirtschaftsflug ist die Häufigkeit von Vorkommissen 22mal größer. Dabei verteilt sich die Häufigkeit auf folgende Flugphasen:

	Start	Flug	Landung
Agrarflug	21,5%	65,0%	13,5%
Verkehrsflug	17,6%	29,4%	53,0%

Die erkennbaren Unterschiede erklären sich aus Leistungsbelastung und -reserven, aus physischer und psychischer Belastung der Piloten.

Der Landwirtschaftsflug und der Kranflug mit Hubschraubern sind härteste fliegerische Arbeit. Deshalb ist der »Faktor Mensch« beim Verkehrsflug bei der Unfallhäufigkeit mit 50 Prozent vertreten, beim Landwirtschaftsflug aber mit 70 Prozent.

Konstrukteure, Mechaniker, die flugvorbereitenden und -sichernden Personen sowie die Flugmediziner müssen sich in jedem Fall fragen, warum es dazu kam. Die Regel war, daß sich alle ihrer Verantwortung bewußt waren. Als ich 1969 vom Wirtschaftsflug zum Verkehrsflug wechselte, konnte ich befriedigt feststellen, daß die Nordkette vom Stützpunkt Berlin unfallfrei flog.

Bereits 1968 war die Umbenennung des Wirtschaftsfluges in »Agrarflug« erfolgt. Der ehemalige Verkehrsflughafen Leipzig-Mockau wurde als ein weiterer Stützpunkt und damit als selbständiger Betrieb der INTERFLUG am 1. Januar 1970 übernommen. Die Ausbildungsstaffel des Agrarfluges kam zur Betriebsakademie der INTERFLUG und

Ein Z-37 wird mit Dünger beladen. Der Begleittext zum ADN-Foto: »Während der Motor weiter läuft, wird in Minutenschnelle die neue Ladung an Bord genommen und die ›Cmelak‹ kann wieder starten. Auf mehr als 100.000 Hektar brachten die Piloten der Agrarluftflotte in diesem Frühjahr Dünger aus. Auch im südthüringischen Bezirk ist das Verteilen der Pflanzennährstoffe aus der Luft eine ganz normale Feldarbeit geworden. Diese Ladung ist für die Wintersaaten der Kooperativen Pflanzenproduktion (KAP) Beinerstedt im Kreis Hildburghausen vorgesehen.«

übernahm die Ausbildung des fliegenden und des technischen Personals. Auf diese Weise erhielt der Betrieb Agrarflug in Mockau eine eigene Fliegerschule, an der bald auch ausländische Kursanten ausgebildet wurden.

Zu Leipzig-Mockau haben meine Frau und ich eine ganz persönliche Beziehung. Kurt Schinkewitz, der erste Flugkapitän des Wirtschaftsfluges, überzeugte mich – natürlich im Auftrag der Direktion der Deutschen Lufthansa Ost –, als erstes Paar des Wirtschaftsfluges »sozialistisch« zu heiraten. Mann und Frau sollten vor der Belegschaft das Versprechen abgeben, sich für die Entwicklung des Wirtschaftsfluges zu engagieren. Was bedeutete: Für den Mann, den Piloten, kam erst der Beruf, und dann die Familie, um die sich vornehmlich die Frau kümmern sollte. Was also fortschrittlich klang, war im Kern ein Rückschritt auf dem Wege zur Gleichberechtigung. Wir stimmten beide zu, weil wir das damals so nicht sahen und unterbrachen im Sommer 1960 unseren Urlaub in Prerow. Wir wurden mit einer IL-14P von Barth nach Leipzig-Mockau geflogen und im dortigen Standesamt getraut. Die Kollegen vom Flughafen standen Spalier. Mit dem Lufthansa-Bus wurde die Hochzeitsgesellschaft und eine Abordnung der Belegschaft zum Mittagessen in den »Roten Salon« des Leipziger Hauptbahnhofes gefahren.

1960: Die erste Betriebshochzeit im Wirtschaftsflug und die zweite bei der Deutschen Lufthansa (Ost). Vom Flughafen Leipzig-Mockau geht es gleich zum Standesamt Mockau.

Veteranen des Wirtschaftsfluges: Günter Fischer, Helmut Schütz, Klaus Breiler (v. l. n. r.)

Für alle war es eine feierliche Trauung. Ich betrachtete sie gleichsam als Teil einer Mission, an die ich fest glaubte. Und meine Frau Inge glaubte damals noch, was ich ihr erzählte.

1969, nach dreimaligem Wohnortwechsel. beendete ich diese Mission und begann beim Betrieb Verkehrsflug.

Die Flugkapitäne Sachse, Prager, Breiler vom Verkehrsflug werden vom Staffelleiter der Agrarflugstaffel Halle, Flugkapitän Heinz Müller, zu einem Treffen in Wernigerode eingeladen. Die gemeinsame Vergangenheit bei der INTERFLUG verbindet uns.

Der Autor und sein Fluglehrer (li.), Juli 2007

Die erste Etappe meines Fliegerlebens – von 1957 bis 1969 – war eine Schule fürs Leben und eine Extrembelastung für meine Familie.

Mit den Landwirtschaftsfliegern fühle ich mich nach wie vor verbunden.

Ich erinnere mich an unseren Auftrag aus den Anfangsjahren: Die Arbeiterklasse unterstützte die Land- und Forstwirtschaft mit Flugzeugen zur Steigerung der Arbeitsproduktivität, zur Ergänzung der Bodentechnik und zur Verminderung der schweren körperlichen Arbeiten. Das Überangebot an Agrarflugleistungen – nach der Wende nun zu kostendeckenden Preisen – hatte katastrophale Folgen für die 1.500 Mitarbeiter des Betriebes Agrarflug.

Beim Aufbau der Zivilen Luftfahrt in der DDR war das Mitdenken und Mitmachen ausdrücklich erwünscht und notwendig. In den achtziger Jahren war das Mitdenken unter unseren Vordenkern bei der INTERFLUG nicht immer sinnvoll. Nach 16 Jahren vereinigter Luftfahrt müssen wir erleben, daß ein Mitdenken unerwünscht und ein Mitmachen für viele Menschen unmöglich geworden ist. Das ist für viele Luftfahrtveteranen nicht einfach.

Lufthansa gegen Lufthansa: eine deutsch-deutsche Geschichte

Mit der Namensgebung »Deutsche Lufthansa« hat man in der DDR einen Fehler gemacht und sich somit viele Probleme eingehandelt. Spätestens ab August 1955 war man sich in Berlin bewußt, daß es mit der international registrierten »Deutsche Lufthansa AG« mit Sitz in der Bundesrepublik Deutschland zwei deutsche Fluggesellschaften mit demselben Namen gab, was eigentlich nicht zulässig war. »Formaljuristisch gesehen befinden wir uns in einer Situation, nach der selbst unsere eigenen Gerichte uns das Recht auf Führung des Namens Deutsche Lufthansa und des stilisierten Kranichs als Warenzeichen untersagen müssen«, ließ Arthur Pieck Ministerpräsident Otto Grotewohl wissen.

Am 25. Mai 1954 beantragte die Deutsche Lufthansa AG (BRD) beim Amt für Patent- und Erfindungswesen der DDR, zugleich auch Warenregister, die Reaktivierung des Namens »Deutsche Lufthansa«

Während einige Maschinen bereits den Schriftzug INTERFLUG tragen – allerdings noch nicht in der schon bald einheitlichen Form –, benutzen andere noch die alte Kennung, etwa die im Hintergrund wartende IL-14P.
Links: Auch wenn den gestickten Wettbewerbswimpel noch den Kranich ziert und der Schriftzug »Deutsche Lufthansa« zu lesen ist, hat sich das Thema 1963 erledigt. Die DDR-Führung beschließt die Liquidierung der Fluggesellschaft, die in der bereits existierenden zweiten, der INTERFLUG, aufgehen soll.

sowie des Kranichs als Firmenzeichen. Zu diesem Antrag gehörte, daß der Antragsteller künftig keinerlei Diskriminierung, etwa Enteignung oder Beschlagnahmung von Eigentum der Gesellschaft, auf dem Gebiet der DDR unterworfen werden durfte. Die Deutsche Lufthansa AG hatte nie aufgehört, als Rechtsobjekt zu bestehen, und sie war weder in der BRD noch in der DDR in ihrem Geschäftsvermögen eingeschränkt.

Das Patentamt der DDR gab dem Antrag statt. Aufgrund des Madrider Abkommens* hatte die Deutsche Lufthansa AG Namen und Zeichen international registrieren lassen, bevor sie 1951, 25 Jahre nach Gründung, in die Liquidation gegangen war. Die am 6. Januar 1954 in Köln gegründete »Aktiengesellschaft für Luftverkehrsbedarf« (LUFTAG) erwarb im August 1954 diese Markenrechte der Deutschen Lufthansa AG in Liquidation inklusive Kranich-Logo und Flagge für 30.000 DM und nannte sich fortan »Deutsche Lufthansa AG«. Der Antrag ans DDR-Patentamt vom 25. Mai 1954 enthielt auch die Mitteilung über die Verlegung des traditionellen Firmensitzes der »alten« Lufthansa von Berlin-Tempelhof nach Köln. Das Patentamt bestätigte den Eingang des Antrages aus Köln am 30. September 1954, ließ aber seine Entscheidung in dieser Sache offen.

* Das Madrider Abkommen über die internationale Registrierung von Marken wurde am 14. April 1891 geschlossen und im Laufe der Jahre wiederholt überarbeitet. Ihm gehören inzwischen 43 Staaten an. Das internationale Markenregister wird in Genf geführt.

Die DLH der DDR reichte ihrerseits im Januar 1956 beim Patentamt einen eigenen Antrag ein. Die Einrichtung datierte diesen zurück auf den 10. Juli 1955. Trotz dieser gewiß politisch motivierten Korrektur war die Lufthansa aus dem Westen ein wenig schneller gewesen.

Im Mai 1958 hatte die DDR-Führung die Gründung einer zweiten Fluggesellschaft der DDR beschlossen, was am 18. September 1958 geschieht. Die INTERFLUG soll, als sich ein Konflikt wegen des Namens »Deutsche Lufthansa« anbahnt, vornehmlich Flughäfen im Westen ansteuern. Da spekuliert Berlin noch auf den glücklichen Ausgang des Streits um den Namen. Als sich jedoch abzeichnet, daß man unterliegen würde, werden am 1. September 1963 beide Luftverkehrsbetriebe zusammengelegt. Fortan gibt es nur noch die INTERFLUG.
In der DDR wird der Vorgang dezent verschwiegen. In der Chronik der INTERFLUG, die 1985 – aus Anlaß des 30. Geburtstages der »zivilen Luftfahrt der DDR« – publiziert wird, taucht der Name »Deutsche Lufthansa« nicht ein einziges Mal auf. So wird suggeriert, als sei die INTERFLUG bereits seit 1955 existent.

Es gab also objektiv ein Problem.

So kam es Sommer 1956 zu einem Treffen von Vertretern der Lufthansa Ost und der Lufthansa West, um einen möglichen Streit bereits im Vorfeld beizulegen und die beiden Unternehmen unterscheidbar zu machen.

Die Führung der Deutschen Lufthansa (Ost) auf einer Pressekonferenz, 25. Januar 1956. Stehend, mit Zigarette, Hauptdirektor Arthur Pieck. Rechts neben ihm Karl Heiland, Direktor für Kultur, und Fritz Horn, Direktor des Flugbetriebs.
Links neben Pieck: Willi Rösner, der Leiter des Flughafens Berlin-Schönefeld.

Den West-Vorschlag, sich den Markt in eine östliche und eine westliche Hälfte aufzuteilen, wies Direktor Karl Heiland als eine unbefriedigende Lösung zurück. Er forderte stattdessen »gegenseitiges Verstehen und Abstimmen«. Nach Klärung staatlicher Fragen könne die DLH West beispielsweise Berlin-Schönefeld anfliegen und die DLH Ost Frankfurt am Main, München und Düsseldorf. Er schlug ein Übereinkommen vor, wie es sie in der Schiffahrt, bei der Bahn und im Kraftverkehr gab. Das kam für die Westseite nicht in Betracht. Ein Regierungsabkommen hätte die Anerkennung der DDR bedeutet, die konsequent von Bonn abgelehnt wurde. Bekanntlich befand sich die Deutsche Lufthansa AG zu 100 Prozent im Staatsbesitz der Bundesrepublik Deutschland. Es kam zu keiner Einigung.

Im Oktober 1956 kündigte die DLH West rechtliche Schritte an. Sie wollte die BRD mit Westberlin in der Luft verbinden. Der Viermächtestatus sollte unangetastet bleiben. Dennoch plädierte Hans-Christoph Seebohm, seit 1949 Bundesminister für Verkehr, statt Schönefeld den im amerikanischen Sektor liegenden Flughafen Tempelhof anzufliegen. Der SPD-Bundestagsabgeordnete Helmut Schmidt – in Hamburg einst Verkehrsdezernent – plädierte hingegen für einen Vertrag mit der sowjetischen Aeroflot.

Am 20. November 1956 trafen sich Schmidt und sein Fraktionskollege Hans Hermsdorf, der persönliche Referent des SPD-Vorsitzenden und Fraktionschefs Erich Ollenhauer, mit Karl Heiland und Hans Groß, um den Spielraum auszuloten. Beide Seiten sahen eine Zusammenarbeit

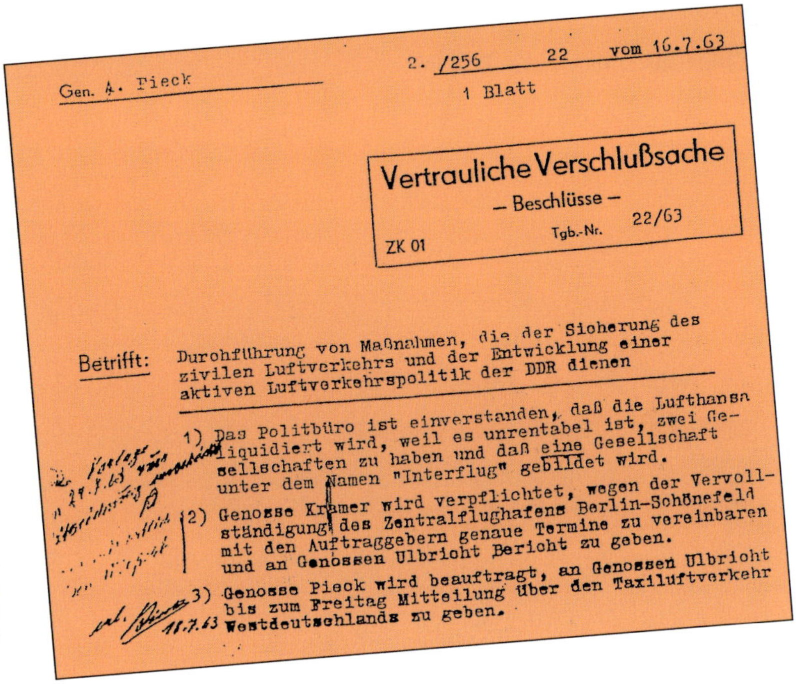

Gen. A. Pieck

2. /256 22 vom 16.7.63

1 Blatt

Vertrauliche Verschlußsache

– Beschlüsse –

ZK 01 Tgb.-Nr. 22/63

Betrifft: Durchführung von Maßnahmen, die der Sicherung des zivilen Luftverkehrs und der Entwicklung einer aktiven Luftverkehrspolitik der DDR dienen

1) Das Politbüro ist einverstanden, daß die Lufthansa liquidiert wird, weil es unrentabel ist, zwei Gesellschaften zu haben und daß eine Gesellschaft unter dem Namen "Interflug" gebildet wird.

2) Genosse Kramer wird verpflichtet, wegen der Vervollständigung des Zentralflughafens Berlin-Schönefeld mit den Auftraggebern genaue Termine zu vereinbaren und an Genossen Ulbricht Bericht zu geben.

3) Genosse Pieck wird beauftragt, an Genossen Ulbricht bis zum Freitag Mitteilung über den Taxiluftverkehr Westdeutschlands zu geben.

Beschluß der Partei- und Staatsführung der DDR zur Liquidierung der Deutschen Lufthansa und deren Aufgehen in der INTERFLUG, 16. Juli 1963.

der Gesellschaften gleichen Namens etwa in Gestalt eines Generalverkaufsabkommens. Auch Heiland hielt die Aufnahme eines innerdeutschen Flugverkehrs für denkbar, was aber die Billigung durch beide Regierungen voraussetzte.

Allerdings hatten die SPD-Politiker und die DDR die Rechnung ohne den Wirt gemacht.

Schon wenige Tage später, Anfang Dezember 1956, legte nämlich die DLH West offiziell bei der in Montreal ansässigen *International Air Transport Association* (IATA) Protest ein. Die Internationale Flug-Transport-Vereinigung wacht als Dachverband der Fluggesellschaften über den sicheren, planmäßigen und wirtschaftlichen Transport von Menschen und Gütern in der Luft und fördert nach seinem Selbstverständnis die Zusammenarbeit aller an internationalen Lufttransportdiensten beteiligten Unternehmen. Im wesentlichen aber sorgt sie für die Vereinheitlichung der Tickets und der Gepäckbeförderung. So kann der Passagier mit einer einzigen Buchung problemlos mit mehreren Fluggesellschaften reisen und muß sich dabei auch nicht um das Gepäck kümmern. Ähnliches gilt auch für die Frachtabfertigung. Die IATA organisiert (mit Ausnahme der USA) weltweit die Abrechnung der Flugtickets, die von Reisebüros mit IATA-Lizenz ausgestellt werden. Der DLH-Protest ging konkret an das in Genf sitzende IATA Clearing-House (ICH), die Abrechnungszentrale der IATA-Luftverkehrsgesellschaften.

Am 18. Dezember 1956 beantragte im Auftrag der Lufthansa AG ein Rechtsanwalt die Löschung der DLH Ost zum 15. Januar 1957 aus dem Register und die Untersagung, die Marke und das Logo zu nutzen.

Unmittelbarer Anlaß für diese Intervention war die Landung einer IL-14P in Wien. Die Maschine der Deutschen Lufthansa Ost hatte dort neben einer Convair 440 der Lufthansa West gestanden, was Hans M. Bongers, Chef der DLH West, derart verärgerte, daß er diesen Vorstoß bei der IATA unternahm. Zudem erwirkte die Lufthansa West per Einstweiliger Verfügung des Wiener Handelsgerichtes, daß dem ostdeutschen Luftfahrtunternehmen verboten wurde, Namen und Kranich zu führen – zumindest wenn es in Wien landete. Ohne Reaktion der DDR kam es zu einem entsprechenden Urteil. In Kopenhagen kam es am 23. Mai 1958 zu einem analogen Gerichtsspruch.

Vor diesem Hintergrund beschloß die DDR-Führung die Gründung einer zweiten Luftfahrtgesellschaft. Darauf hatten sich am 13. März 1958 bei einem Treffen der für Sicherheitsfragen zuständige ZK-Sekretär Erich Honecker, zu jener Zeit der zweite Mann hinter Ulbricht, Verkehrsminister Erwin Kramer, Heinz Keßler, Chef der Luftstreitkräfte/Luftvertei-

Im Flugbuch werden die absolvierten Flüge mit technischen Angaben einschließlich der Besatzung nachgewiesen. Die Eintragungen werden überprüft und bestätigt

Betanken einer L-60 der Deutschen Lufthansa mit Pflanzenschutzmitteln,
Stützpunkt Magdeburg.

digung der NVA, und DLH-Chef Arthur Pieck verständigt. Diese zweite Gesellschaft sollte vornehmlich Flughäfen im westlichen Ausland ansteuern und den Namen »INTERFLUG« tragen. Hingegen sollte die Deutsche Lufthansa Ost weiterhin existieren, Verhandlungen in dieser Sache sollten nur auf Regierungsebene geführt werden.

Nach Auffassung der DDR-Führung waren – aufgrund der Enteignung von Vermögensteilen der Deutschen Lufthansa AG von 1926 in der sowjetischen Besatzungszone nach 1945 – keine Voraussetzungen dafür gegeben, daß eine Deutsche Lufthansa AG vom DDR-Patentamt registriert werden würde. Anfang Februar 1957 faßte das ZK der SED einen entsprechenden Beschluß, der dazu führte, daß am 12. Juni 1957 ein Verfahren zur Löschung der Lufthansa AG aus dem Warenzeichenregister der DDR eröffnet wurde. Diese Streichung erfolgte am 12. März 1958.

Am 18. September 1958 wurde die INTERFLUG, Gesellschaft für inter-

Berlin-Schönefeld: vorn eine IL-14 der sowjetischen Aeroflot. Farbiges Foto oben: Eine IL-14 und eine AN-24 mit INTERFLUG-Kennung. Im Hintergrund die alte Abfertigungshalle in Schönefeld.

nationalen Flugverkehr mbH, konstituiert. Die Lufthansa (Ost) stellte mit 1,1 Millionen Mark die Mehrheit der insgesamt zwei Millionen Mark Grundkapital und mit Arthur Pieck den Hauptgeschäftsführer.

Am 22. Dezember 1962 sollte in Jugoslawien ein weiterer Prozeß in Sachen Lufthansa stattfinden. Angesichts der drohenden rechtlichen Niederlage der Lufthansa (Ost) gegenüber der Lufthansa (West) in die-

DEUTSCHE LUFTHANSA

Ausgerollt! Die Deutsche Lufthansa (Ost) ist nach knapp acht Jahren Geschichte. Von nun an gibt es nur noch die INTERFLUG.

sem Verfahren begann der Rückzug in die aufgebaute Auffangstellung. Im Juli 1963 erklärte sich das SED-Politbüro aufgrund einer von Verkehrsminister Kramer am 24. Juni eingereichten Vorlage damit einverstanden, »daß die Lufthansa liquidiert wird, weil es unrentabel ist, zwei Gesellschaften zu haben, und daß eine Gesellschaft unter dem Namen *INTERFLUG* gebildet wird«.

Am 1. September 1963 wurden die beiden Luftverkehrsbetriebe der Deutschen Demokratischen Republik in einem volkseigenen Betrieb zusamengelegt und mit der personellen Spitze der Deutschen Lufthansa (Ost), aber unter der Firmenbezeichnung *INTERFLUG,* weitergeführt.

Mein Wechsel zum Verkehrsflug

Die Lufthansa hat in Bremen eine Schule für Verkehrsflieger, der Agrarflug bildete sein Personal in Leipzig aus. Als ich 1969 zum Verkehrsflug wechselte*, hatte die INTERFLUG noch immer keine vergleichbare Einrichtung. Erst 1974 sollte der Rat für gegenseitige Wirtschaftshilfe (RGW) beschließen, im sowjetischen Uljanowsk ein gemeinsames Ausbildungszentrum für das Luftfahrtpersonal der sozialistischen Staaten zu errichten. 1983 wurde der erste Bauabschnitt eingeweiht: eine 3.800 Meter-Piste mit ILS-Cat II-Ausrüstung, zwei große Unterrichtskomplexe mit Trainingseinrichtungen sowie ein 700-Bettenhotel. Die DDR beteiligte sich daran mit 60 Millionen Transfer-Rubel. Finanzielle Nachforderungen von sowjetischer Seite, als zweite Ausbaustufe umschrieben, wurden 1986 von der DDR abgelehnt. Sogenannte FFSs (*Full Flight Simulator*) und Lerncomputer mit Touch Screen-Bildschirmen, zu jener Zeit bereits internationaler Standard, standen nicht zur Verfügung. Damit hatte die DDR für 20 Jahre die Ausbildungskosten für jährlich 30 Piloten »vorfinanziert«.

Trotzdem: Die gute fachliche Qualifikation war ein Markenzeichen der INTERFLUG. Die theoretische Ausbildung wurde durch die Betriebs-

* Flugkapitän Werner Perlick, bei dem Klaus Breiler als 2. Pilot auf der AN-24 flog, war einer seiner wichtigen Lehrer beim Verkehrsflug. Der erfahrene, stille und intelligente Mann meisterte zwei kritische Situationen. Auf einem Inlandflug von Barth nach Berlin versuchte ein bewaffneter Matrose die AN-24 zu entführen. Er schoß durch die verschlossene Cockpittür, und als auch die versuchte Geiselnahme der Stewardess durch das besonnenen Handeln der Passagiere vereitelt wurde, erschoß der Fahnenflüchtige erst seine Freundin und dann sich. 1989 überstand Perlick das Unglück mit der IL-62, als die Maschine bei Waßmannsdorf über die Bahn hinausschoß und ausbrannte.

Blockierung des Höhenruders führte zu Flugzeugunglück

Erste Ergebnisse der Tätigkeit der Untersuchungskommission

Berlin (ADN). Die Untersuchungskommission zur Feststellung der Ursache des Flugzeugunglücks in Berlin-Schönefeld am 17. Juni hat im Ergebnis ihrer Arbeit ermittelt, daß die Besatzungsmitglieder, das Flugzeug und der Flughafen den internationalen Luftfahrtsnormen entsprachen und damit die Bedingungen für die Durchführung des Fluges gegeben waren.

Zu dem Flugzeugunglück kam es durch Blockierung des Höhenruders zum Zeitpunkt des Abhebens von der Startbahn. Die Handlungen der Besatzung entsprachen während des Starts nach Inhalt und Zeitpunkt den Vorschriften.

Die Untersuchungskommission setzt die Ursachenermittlung für die Blockierung des Höhenruders fort.

Unten: Die Fluggruppe um Flugkapitän Karl-Heinz Roß vor der Schulmaschine IL-14P, 1969/70. Die Schulung erfolgt bis zum Alleinflug, allerdings gibt es keinen Lizenzeintrag, da die IL-14P bereits ausgemustert ist.

schule der IF organisiert, Fachkräfte aus dem großen ingenieurtechnischen Potential des Luftverkehrsunternehmen standen als Lektoren zur Verfügung. Meine fliegerische Erstausbildung zum Verkehrsflieger erfolgte auf der IL-14. Instrukteure der Flugstaffeln setzten die Schulung fort. So wurde ich denn nach meinem Wechsel nicht nur ausgebildet, sondern umgeschult. Binnen fünf Jahren wurde ich – fußend auf meiner Ausbildung an der IL-14 – auf der AN-24, der TU-134, der TU-134A sowie der IL-18 qualifiziert.

Iljuschin IL-14; Lizenzbau in der DDR und ČSR als Avia-14 mit Druckkabine und Zusatztanks an den Tragflächenenden; gebaut werden etwa 3.200 Flugzeuge.

Die Theorieausbildung erfolgte in den Fächern Triebwerk, Zelle, Funkausrüstung, Elektroausrüstung, Funknavigationsausrüstung, Flugzeuggeräte, Aerodynamik/Flugmechanik. Dort wurde auch mündlich und/oder schriftlich geprüft. Flugbetriebsanleitungen sowie Sicherheits- und Rettungsausrüstungen waren Hörfächer. Das Lernen war beschwerlich. Wir mußten viel mitschreiben und Funktionsdarstellungen abzeichnen, weil es keine Materialien gab. Zudem wurde aus meiner Sicht viel zu viele unnötige Details vermittelt. Ich erinnere mich, daß ich den Lektor im Fach Triebwerk AN-24 ironisch fragte, warum ich die Funktion der Steuerkante 04 im Kraftstoffkommandogerät kennen müsse. Er fand das nicht lustig, konnte es aber auch nicht überzeugend begründen.

Als Nachweis für die Ausbildung bei den Luftstreitkräften diente je Typ ein Arbeitsbuch, und nach erfolgreicher Prüfung gab es traditionell das Flugzeugführerabzeichen. Bei der INTERFLUG gab es Zeugnisse.

Die fliegerische Ausbildung erfolgte nach bewährtem Programm. Fachbelege und Prüfungsprotokolle wurden in der »Fliegerakte« abgelegt. Als Nachweis für die fliegerische Ausbildung dienten Eintragungen im Flugbuch und in den Erlaubnisscheinen. Geraume Zeit wurden die Nachweise nach Ablauf ihrer Gültigkeit eingezogen. Später durfte man die ungültig gestempelten Lizenzen behalten.

Die Antonow-2: unverwüstlich, robust, der größte einmotorige Doppeldecker der Welt. Bis 2004 wurden etwa 18.000 Maschinen gebaut. Bild oben: zum traditionellen Oldtimer-Treffen in Daxford (Großbritannien), 2006.

Rechts: BRD- und DDR-Funksprecherlaubnis. Ost heißt deutsch, englisch, russisch – im Westen genügen deutscher und englischer Funksprechverkehr.

Unten: Das traditionelle Flugzeugführerabzeichen der NVA 1959 in gestickter Ausführung.

Rechts: Das jüngste traditionelle Treffen der Verkehrsflieger 2007, stets organisiert vom Senior-Bordingenieur Wolfgang Schulze (mit Bierglas).

Unterwegs mit der IL-18

Im Vergleich mit den erfolgreichen sowjetischen Flugzeugtypen der Konstruktionsbüros von Tupolew, Antonow und Jakowlew war die Iljuschin 18 (IL-18) vom sowjetischen Generalkonstrukteur Iljuschin (mit seinem Testpiloten Kokkinaki und dem Triebwerkskonstrukteur Iwtschenko) deutlich besser. Es war das wirtschaftlichste Passagierflugzeug mit der größten Reichweite und hatte die besten Start- und Landeparameter. Nicht grundlos war die viermotorige IL-18 über einen langen Zeitraum das wichtigste und zuverlässigste Passagierflugzeug in den RGW-Ländern. Mehr als 600 Maschinen wurden seit Ende der 50er Jahre in vielen Varianten gebaut.

INTERFLUG

Eine IL-18 mit der Besatzung unter Flugkapitän Gerhard Fries (dritter von rechts). Er fliegt als erster deutscher Kommandant am 13. März 1957. Bis dahin waren stets sowjetische Instrukteure mit an Bord.
Oben: Schriftzug auf der Klappe des Uniformhemdes.

Die IL-18 stellte 22 Weltrekorde auf. Auf der Weltausstellung in Brüssel 1958 erhielt sie eine Goldmedaille und den Grand Prix. Vergleichbar legendäre Flugzeuge waren die Vickers »Viscount« und »Vanguard« sowie die speziell für Landstreckenflüge ausgelegte Bristol »Britannia«.

Im Gegensatz zur langen Lebensdauer der Flugzeugzelle der IL-18 standen die kurzen Laufzeiten der Triebwerke. Doch die Leistung von 16.000 PS bei einem Verbrauch von 2,4 Tonnen Kerosin pro Flugstunde überzeugte. Auch im Düsenzeitalter war sie noch vielseitig einsetzbar.

Nach dreimonatiger gründlicher theoretischer Ausbildung begann meine Schulung auf dem rechten Sitz der IL-18, nach vier Wochen folgten Prüfung und Erteilung der Lizenz als Copilot. Danach begann das Kommandantentraining: Start mit drei Triebwerken, im Flug Ausfall eines weiteren Triebwerkes. Mit zwei Triebwerken durchstarten und landen. Das

Training auch extremer Notsituationen gehörte wesentlich zur fliegerischen Ausbildung. Nach zwei Monaten Streckenausbildung erfolgten der Kontroll- und der Prüfungsflug. Mit Beginn des Sommerflugplanes im Mai 1975 begann die Arbeit im Linienflugverkehr im In- und Ausland.

Am 30. August 1975 hatte ich meinen ersten Turbulenzflug als Kommandant. Was dabei geschah, konnten die DDR-Bürger am 6. August 1976 ein wenig nebulös in der Zeitung nachlesen. Flugkapitän Kurt Fischer, Direktor für Flugbetrieb der INTERFLUG, antwortete auf die Frage: »Was versteht man eigentlich unter Klarluftturbulenz beim Flug?« folgendes : »In der 20jährigen Geschichte der INTERFLUG ist es erst ein einziges Mal passiert, daß die Besatzung eine solche Klarluftturbulenz zu meistern hatte: Ende August 1975 geriet ein Flugzeug vom Typ IL-18, das Urlauber vom Flughafen Berlin-Schönefeld nach der rumänischen Schwarzmeerküste bringen sollte, nachts 22.28 Uhr in 7.600 Metern Flughöhe über Budapest bei völlig wolkenlosem Himmel in eine derartige Situation. Die Flugzeugbesatzung, die vorschriftsmäßig angeschnallt ihren Dienst versah, führte die Maschine, die ihre volle Flugtauglichkeit behielt, sicher aus der Turbulenzzone heraus.«

Als Kommandant jener Maschine ergänze ich wie folgt: Die Turbulenz machte sich in drei bis vier heftigen vertikalen Schlägen bemerkbar. Wie

Nicht immer geht es so ruhig zu. Mitunter gerät ein Flugzeug auch in Turbulenzen – und anschließend der Flugkapitän, weil er nach Ansicht der Leitung in Berlin falsch gehandelt hat.

stets in solchen Situationen verabschiedete sich der Autopilot. Ich übernahm die Steuerung und überprüfte die Ruderwirkung. Alles war normal. Ich sprach über Telefon mit der Chefin in der Kabine. Ihre Auskunft veranlaßte mich, den Schaden in der Kabine zu besichtigen. Es gab einige defekte Stecktische und Chaos auf dem Kabinenboden, da gerade das Essen ausgegeben worden war. Es gab aber keine Verletzten. Darum entschied ich, zum Zielflughafen Constanta weiterzufliegen, wo bereits 100 Passa-

giere auf uns warteten. Nach der Landung veranlaßte ich eine technische Sonderkontrolle und eine gründliche Kabinenreinigung. Mit 30 Minuten Verspätung begann der Rückflug. Beim Rückflug registrierten wir keinerlei Turbulenz über dem Pflichtmeldepunkt, wie die Wetterkarten, die wir an Bord hatten, es prognostiziert hatten.

Eine IL-18 der INTERFLUG im Landeanflug, die Fahrwerke sind ausgefahren. Die Landung ist Handarbeit mit Abfangen, Ausschweben, Aufsetzen und Ausrollen.

Nach der Ankunft in Berlin-Schönefeld machte ich Meldung. Nun begann der Ärger. Der Direktor für Flugbetrieb war der Meinung, ich hätte auf dem nächsten Airport, also Budapest, notlanden müssen. Für den erbetenen Rapport am folgenden Tag bekam ich Flugsperre. Anhand meiner Wetterkarten zeigte ich ihm, daß der Verlauf der Isobaren (Linien gleichen Luftdrucks) und der Isoklinen (Linien gleicher Windgeschwindigkeit) keine Rückschlüsse auf eine Turbulenz zuließ. Die Frage, woher die Turbulenz gekommen war, konnte also nicht geklärt werden.

Ich erkundigte mich, ob er die Forderung nach einer Notlandung auch erhoben hätte, wenn der nächste Flugplatz nicht Budapest, sondern Wien gewesen wäre. Der Direktor interpretierte meine Frage als Provokation und entließ mich mit der Androhung einer erzieherischen Maßnahme. Die hätte es gewiß gegeben, wenn nicht unmittelbar danach am 1. September 1975 eine TU-134A in Leipzig-Schkeuditz verunglückt wäre. Die DM-SCD kam aus Stuttgart und brachte Messegäste nach Leipzig. Bei schlechten Sichtbedingungen sank die Maschine im Landeanflug unzulässigerweise unter die Entscheidungshöhe von 60 Metern. Das Flugzeug kollidierte mit der Antenne des Middle-Markers und schlug auf die Erde. 23 der 29 Fluggäste sowie drei Flugbegleiterinnen konnten nur noch tot geborgen werden. Ein weiterer Fluggast erlag später seinen Verletzungen. Der Unfall ließ den Konflikt zwischen dem Direktor und mir in den Hintergrund tre-

Mützen der INTERFLUG:
für graue Uniform, für blaue Uniform und mit INTERFLUG-Logo.

Die wichtigsten Dokumente des Piloten: die Erlaubnisscheine (rechts, unten sind sie aufgeschlagen und die Einträge lesbar) und das Flugbuch.

ten. Wochen später wurde die angekündigte Strafe zu einem öffentlichen Lob. Die INTERFLUG brauchte gute Nachrichten, aus dem Getadelten wurde plötzlich ein Held.

Hinzu kam sicherlich auch der Wechsel an der Spitze der INTERFLUG. Am 1. Juli 1975 war Generalmajor Dr. Klaus Henkes (1929-2003) zum

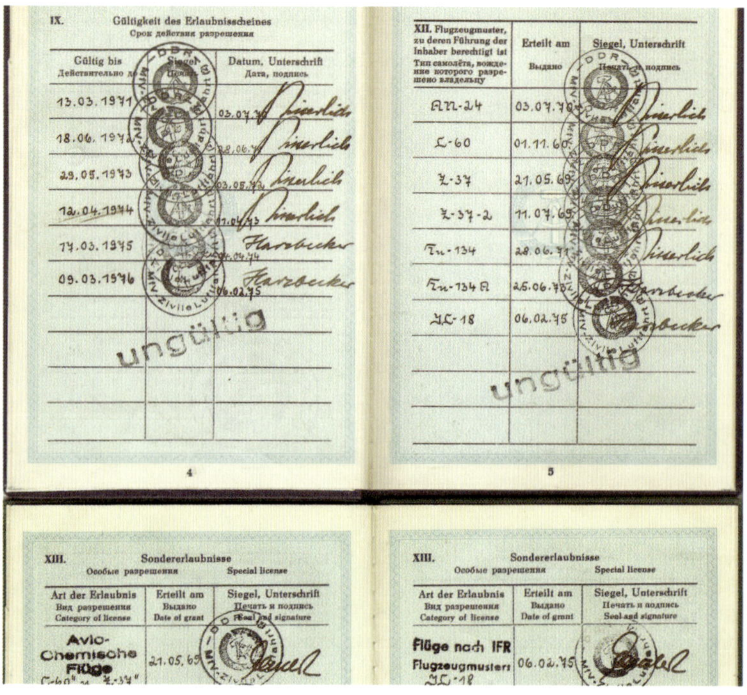

Jeder Pilot muß selbständig ein privates Flugbuch führen. Zum Luftfahrzeug hingegen gehört – wie bei der Schiffahrt, wo es Logbuch heißt – das Bordbuch. Das Flugbuch dient dem Nachweis der Flugstunden, welcher für die Verlängerung der Pilotenlizenz erforderlich ist. Für die Erlangung von zusätzlichen Lizenzen (Nachtflug, Bannerschlepp, Fluglehrer, Sprühflugzeug) muß ebenfalls ein Nachweis über eine bestimmte Mindestzahl von Flugstunden geführt werden.

Stellvertreter des Ministers für Verkehrswesen und zum Leiter der Hauptverwaltung Zivilluftfahrt berufen worden. Er sah mein Flugvorkommnis völlig anders und erklärte, daß die INTERFLUG genau solche Piloten wie mich brauche. Bei einer großen Konferenz mit leitendem Personal wurde ich ans Mikrofon gerufen, um über diesen Turbulenzflug zu berichten. Inzwischen glaubte ich die Ursache zu wissen, denn 14 Tage später, beim einem vergleichbaren Flug mit gleicher Großwetterlage am selben Luftkreuz, widerfuhr mir ähnliches. Ich hörte, wie ein Flugzeug die Erlaubnis zum weiteren Steigen und zum Frequenzwechsel erhielt. Ich schaltete zum Mithören auf die gleiche Frequenz. Die kreuzende Maschine war eine Flugfläche, also 300 Meter über uns. Nach seiner Pflichtmeldung fragte ich den Piloten nach seinem Flugzeugtyp. Die Antwort: Boeing 747. Nun wurde mir klar, daß die vermeintliche *Clear Air Turbulence* (CAT) die sich

absenkende Wirbelschleppe eines Großraumflugzeuges mit vier Triebwerken war. Angesichts des von mir erlebten Zwischenfalls und der nachfolgenden Reaktion überraschte es schon, daß weitaus dramatischere Vorgänge kein Echo in der Führungsetage fanden.

Am 18. März 1983 – unsere IL-18-Staffel erfüllte inzwischen die Aufgaben einer Verkehrsfliegerschule – befand ich mich in meiner Eigenschaft als Fluglehrer an Bord. Die Maschine wurde von Reiner Knäblein geflogen, der an der Kommandanten-Ausbildung teilnahm. Er steuerte die Maschine beim Anflug auf Erfurt allein. Ich war auf dem Weg ins Cockpit, als sich ein anderer unvorhergesehener Vorfall ereignete.

Eine IL-18 der INTERFLUG wird auf einem tschechischen Flugplatz bei Sonnenaufgang für den Flug vorbereitet.
Oben eine TU-134A, darunter eine L-410 UVP.

Eine ganz »normale Begegnung«

Von Flugkapitän Reiner Knäblein

Am 18. März 1983 war ich als angehender Kommandant auf einem meiner letzten Einweisungsflüge mit meinem Instrukteur Klaus Breiler auf einem sogenannten »Budapest-Turn« unterwegs. Der Flugeinsatz bestand aus vier Teilabschnitten, sogenannten Legs, und führte von Berlin-Schönefeld nach Budapest. Von dort in die thüringische Bezirksstadt Erfurt und zurück nach Budapest, um schließlich wieder am Ausgangsflughafen Berlin-Schönefeld zu enden.

Der Start war morgens um 8.12 Uhr in Berlin-Schönefeld (SXF) erfolgt. Die ersten beiden Flüge verliefen normal, die Wetterverhältnisse waren durchwachsen, und ich hatte eine erfahrene Crew dabei. Der Instrukteur ließ uns als Team arbeiten und beobachtete die Flugabläufe. Auf dem zweiten Teilabschnitt flogen wir mit unserer IL-18 (DDR-STF) von Budapest nach Erfurt über Prag, Dresden, vorbei an Karl-Marx-Stadt und Gera. Kurz vor 12.00 Uhr, wir hatten unsere Reiseflughöhe schon geraume Zeit verlassen, passierten wir das Hermsdorfer Kreuz und erreichten Weimar in der vorgeschriebenen Flughöhe von 1.060 Metern. Am Himmel zogen einzelne, teilweise aufgefächerte Cumulus-Wolken und kleinere Wolkenbänke in etwa 800 bis 3.000 Metern Höhe dahin, so wie in der Vorhersage angegeben.

Beim Start. Sauber hebt die IL-18 von der Piste ab.

Der Meldepunkt »abeam Weimar« (querab Weimar) wurde in exakt 1.060 m Höhe nach Platzdruck von Erfurt überflogen, erst danach war das weitere Sinken erlaubt. Er lag ziemlich genau über dem Hubschrauberplatz der sowjetischen Einheiten, die bei Nohra stationiert waren. Die Luftraumbestimmungen gestatteten den sowjetischen Hubschraubern über ihrem Landeplatz und der Umgebung auf maximal 700 Meter aufsteigen zu dürfen. So betrug der Höhenabstand zu den Erfurt anfliegenden Verkehrsflugzeugen mindestens 360 Meter. Das war die vorgeschriebene Höhenstaffelung.

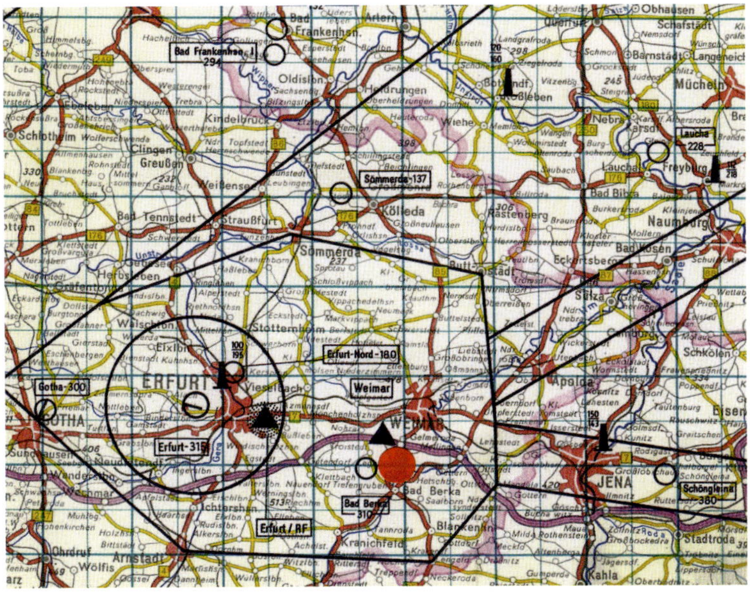

Ausschnitt aus der Such- und Rettungskarte der DDR. Die Stelle des Fastzusammenstoßes mit dem Hubschrauber ist mit dem roten Punkt markiert. Zu erkennen sind ferner die beiden Luftstraßen, die zum Naheinflugbereich des Flughafen Erfurt führen, Nach der Landung, wenn eine gefährliche Situation gemeistert wurde, hebt die Diskussion an: Wo melden wir das Vorkommnis, und hat das Konsequenzen für den Verursacher?
Unten: Gesticktes INTERFLUG-Zeichen, das an der grauen Uniform getragen wird.

Mein Instrukteur war in die Passagierkabine gegangen, der Copilot kontrollierte die Geräte, sprach mit dem Tower, und ich sah aus dem Cockpitfenster. Eine einzelne Quellwolke türmte sich ziemlich genau über dem Pflichtmeldepunkt auf. Plötzlich entdeckte ich an der rechten Wolkenkante einen dunklen Schatten. Instinktiv drückte ich den Notabschalter des Autopiloten und riß das Flugzeug mit großer Schräglage nach links. Mit Passagieren macht man solche ruckartigen Steuerbewegungen nicht.

Die Cumulus-Wolke raste zusammen mit dem schwarzen Schatten scheinbar auf uns zu. Der schwarze Schatten entpuppte sich als ein Hubschrauber, der mindestes 300 Meter über dem Limit war. Knapp flog er rechts an uns vorbei. Auch wenn alles gut gegangen war, handelte es sich um eine deutliche Verletzung der geltenden Regeln. Er hatte den ihm zugewiesenen Luftraum verlassen.

Klaus Breiler, inzwischen im Cockpit zurück, erkundigte sich erregt, was der Anlaß für dieses abrupte Manöver gewesen sei. Ich schilderte ihm den Vorfall. Danach gaben wir der Erfurter Flugsicherung eine kurze Information, da der Landeanflug bereits begonnen hatte. Wir landeten ohne weitere Probleme auf dem Flughafen Erfurt-Bindersleben und begaben uns nach der Landung auf den Tower, um dort einen sogenannten Airmiss-Report über die gefährliche Annäherung zu geben. In Berlin wurde die gleiche Meldung ausgefertigt.

Bei solchen Vorfällen, an denen sowjetisches Fluggerät beteiligt war, kam nie etwas nach. Der Sachverhalt wurde aus politischen Gründen unter den Teppich gekehrt. Vielleicht gab es eine Information nach Wünsdorf, vielleicht auch nicht. Diesmal verstieß ich gegen die Regel: Ich fragte nach. Zunächst bei der Erfurter Flugsicherung. Antwort: »Keinerlei Reaktion vom Hubschraubergeschwader.« Also redete ich mit einem Mitarbeiter der Erfurter SED-Bezirksleitung, von dem ich wußte, daß er bei Feiertagen an Veranstaltungen der Sowjetarmee teilnahm. Am 7. Oktober 1983, am Gründungstag der DDR, fand eine solche Zusammenkunft statt, an der auch der Geschwaderkommandeur teilnahm. Er wurde auf das Vorkommnis angesprochen, von dem er offensichtlich nichts wußte. Vier Wochen später erhielt die Erfurter Flugsicherung eine Information von der Gruppe der Sowjetischen Streitkräfte (GSSD), daß es eine Untersuchung des Vorfalls in Nohra gegeben habe. Der Kommandant des betreffenden Hubschraubers sei bereits in die Sowjetunion

Am 1. Juni 1976 war endlich ein größeres Gebäude für die Passagierabfertigung in Berlin-Schönefeld übergeben worden. Im Bild auch fünf TU-134 und eine IL-62 der INTERFLUG. Oben: Das europäische Streckennetz der INTERFLUG 1988.

zurückgeschickt und suspendiert worden, der Copilot habe eine Flugsperre von einem Jahr erhalten.

Ich empfand das als eine Genugtuung, daß ein »Beinahe-Unglück« mit 70 Passagieren und einer INTERFLUG-Crew auf diese Weise doch noch verfolgt worden war. Unbeantwortet jedoch blieb die Frage, ob und, falls ja, wo die Meldung über die Zwischenfall bereits auf dem Weg in die sowjetische Einheit hängengeblieben war.

Zu den zurecht kritisierten Fehlern der DDR gehörte ihre Informationspolitik. Die Neigung war unübersehbar, unangenehme Nachrichten, die nicht in das sozialistische Bild zu passen schienen, besser zu verschweigen, als sie an die große Glocke zu hängen. Das wurde mit dem Hinweis auf die Hysterie, mit der in der Bundesrepublik manche Nachricht zum Skandal aufgepustet wurde, entschuldigt. Panikmache ist uns fremd, wir wollen die Menschen nicht verunsichern, ihnen Angst machen, hieß es. Aber das war ja nur die halbe Wahrheit. Die andere Hälfte: Indem man Nachrichten zurückhielt, öffnete man Spekulationen und Gerüchten Tür und Tor. Denn wo Wissen fehlt, schießt die Phantasie ins Kraut.

Bekanntlich stürzte am 14. August 1972 bei Königs Wusterhausen eine IL-62 ab, 156 Menschen fanden den Tod. Es war das schwerste Flugzeugunglück in der Geschichte der DDR. Obgleich die Untersuchungen minutiös waren und alles, aber auch wirklich alles erfaßt und dokumentiert wurde, blieben die Fakten bis zum Ende der DDR als eine Art Staatsgeheimnis unter Verschluß. Erst 1994 publizierte der Luftfahrtjournalist Karl-Dieter Seifert Auszüge aus dem geheimen Unfallbericht. Zugleich machte er sichtbar, wie und warum Zusammenhänge verschleiert worden waren.

»Moderner Ikarus«, Gemälde von Rolf Schubert, im Burg Beeskow zu sehen.

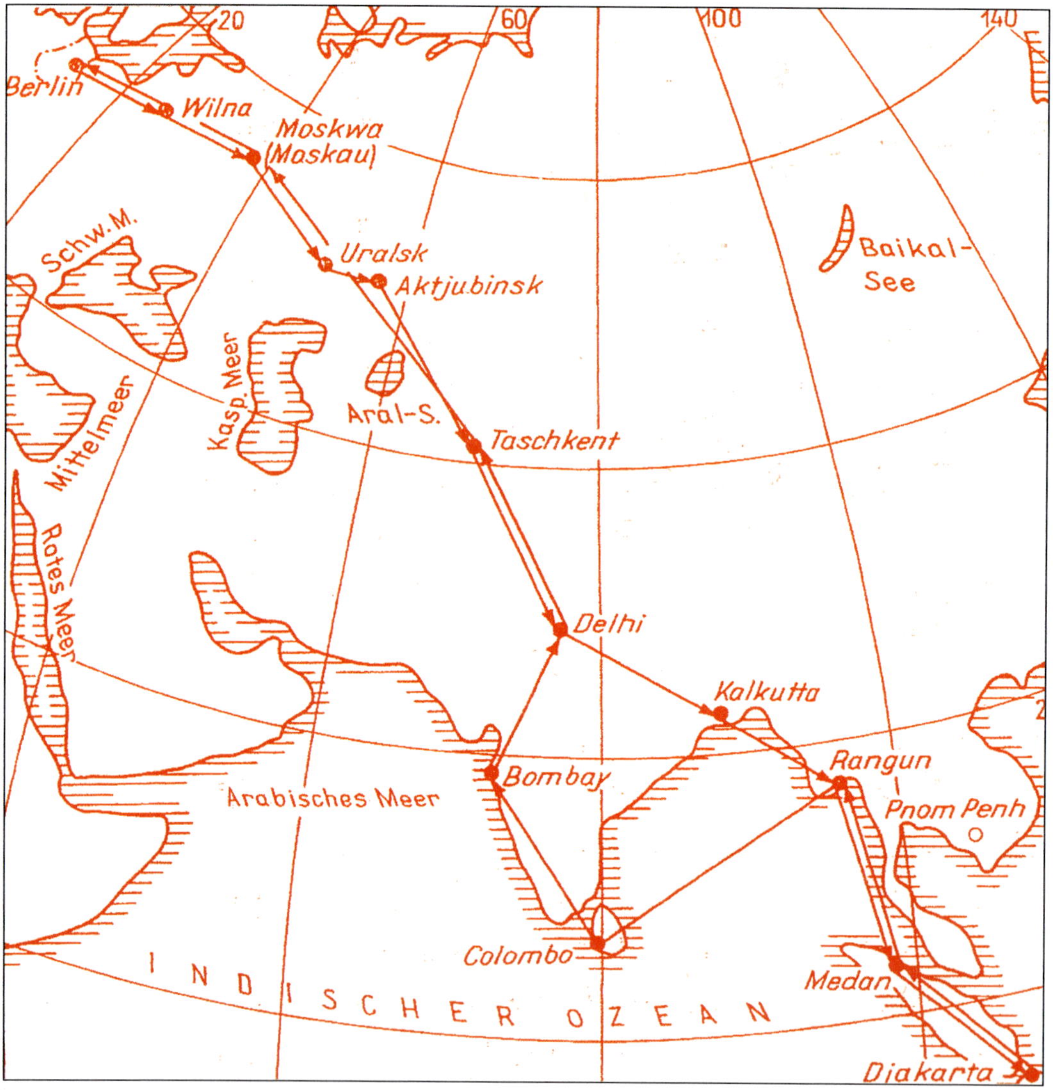

Reiseroute der DDR-Regierungsdelegation, die im Januar/Februar 1964 politische Gespräche in Südostasien führt. Die offiziellen Staatsbesuche in Indien, Ceylon, Burma, Kambodscha und Indonesien bedeuten nicht nur auf außenpolitischer Ebene eine Premiere für die DDR.

19. Januar 1964: Der erste Äquator-Überflug einer INTERFLUG-Maschine

Am 8. März 1960 flog die erste IL-14 mit Urlaubern von Dresden nach Constanta am Schwarzen Meer. Im Jahr darauf begann der Bedarfsflugverkehr mit der IL-18 für Touristen zur Schwarzmeerküste Bulgariens und Rumäniens. Und nach Einrichtung des Grenzkontrollpunktes »Rudower Chaussee« am 15. Juni 1963 kamen von Westberlin »Transitreisende« nach Berlin-Schönefeld, die ebenfalls die preiswerten Urlaubsflüge mit der INTERFLUG nutzten. Daneben bedienten wir auch die kombinierten Flug-Schiff-Reisen, in die unsere FDGB-Ferienschiffe »Völkerfreundschaft« und »Fritz Heckert« eingebunden waren.

Vom 16. Januar bis 22. Februar 1964 war eine IL-18 mit einer Regierungsdelegation in Südostasien unterwegs. Damit betrat nicht nur die DDR politisches Neuland – auch für die INTERFLUG war es eine Premiere. Der Flug mit Vizepremier Bruno Leuschner und seinem Gefolge wurde von der Crew intensiv vorbereitet. Es sollte nach Indonesien, Kambodscha, Burma, Ceylon und Indien gehen. Die Flugrouten waren für uns so unbekannt wie die Flughäfen und die klimatischen Bedingungen. Zur Vorbereitung gehörten einige technische Kontrollflüge, die Übernahme einer Reservefunkstation und einer kompletten Radaranlage, von Ersatzteilen wie Öl- und Kraftstoffpumpen, Batterien, einer Schleppstange mit 150 Kilo Gewicht und Seenotausrüstung ... Allein diese Zuladung wog etwa anderthalb Tonnen. Der betriebene Aufwand war immens.

Mit einer Regierungsdelegation in Fernost

Aus dem Tage- und Flugbuch von Flugkapitän Kurt Wagner

16. Januar 1964: Der Navigator sagt die Geschwindigkeit an. 220, 230 Kilometer in der Stunde, die DM-STC hebt um 10.17 Uhr ab. Das Abflugverfahren beginnt. Die erste Etappe ist unsere Standardstrecke nach Moskau. Um 15.36 Uhr Ortszeit, nach 1.642 Kilometer Flug, setzten wir in Scheremetjewo zum ersten Stopp bei minus 16 Grad Celsius auf. Wir hatten die gesamte Verpflegung und Getränke *frostfrei* eingelagert.

18. Januar, 00.12 Uhr: Start nach Taschkent. Gegen 2.20 Uhr überfliegen wir Uralsk, die Grenze zwischen Europa und Asien. In 8.000 Metern beträgt die Außentemperatur minus 50 Grad, die Innentemperatur in der Kabine 24, die Passagiere schlafen. In der Nähe des Aralsees passieren wir ein Starkwindfeld von der Wüste Kysil Kum mit über 250 km/h. Auch in 8.300 und 7.700 Metern Höhe, in die wir versuchen auszuweichen, haben wir die gleiche Turbulenz. Die Schaukelei geht weiter bis kurz vor der Landung. Nach 3.035 Kilometern und dem Passieren von drei Zeitzonen

Blouson der INTERFLUG.
Unten: Eine IL-18 in sogenannter Übergangsbemalung.

erfolgt die Landung gegen 8.00 Uhr Ortszeit. Betankung und Kontrolle am Flugzeug durch das Wartungspersonal, ein sowjetischer Navigator kommt an Bord. Er kennt die Besonderheiten der Streckenführung nach Neu-Delhi, einer Strecke ohne funktechnische Hilfsmittel. Der Weiterflug erfolgt um 9.47 Uhr Ortszeit.

Nach 20 Minuten kommen die ersten Vier- bis Fünftausender in Sicht, das Vorgebirge des Pamir. Dann das riesige Himalaja-Gebirge, bis über 8.000 Meter hoch. Wir steigen auf die Sicherheitshöhe von 9.500 Meter. Für ein Flugzeug mit Propeller-Turbinen-Luft-Strahltriebwerken (PTL) mit diesem hohen Fluggewicht von über 60 Tonnen eine ungewöhnliche Flughöhe und eine enorme Leistung. Von dort oben haben wir bei klarer Sicht einen einzigartigen Blick: schroffe Felsen, Gletscher und Schnee, soweit das Auge reicht. Nach drei Stunden Flugzeit, bereits über indischem Territorium, kommen zwei Eisriesen auf uns zu, die bis 7.700 Meter reichen. Danach haben wir Funkkontakt mit Neu-Delhi. 100 Meilen (180 Kilometer) vorm Flughafen beginnen die Vorbereitungen zur Landung, wir gehen zum Sinkflug über. 14.08 Uhr Ortzeit setzten wir nach 2.074 Kilometer auf der Piste auf.

Nachdem die Passagiere von Bord gegangen sind, beginnt für die Besatzung die Phase der Nachbereitung: Kabinenreinigung, Entladung des Bordbuffets, Bestellungen für den nächsten Tag … In zehn Stunden soll es weitergehen. Herr Stehr von unserer Handelsvertretung begleitet uns zum Hotel. Im Bett liegend, gehe ich noch einmal den Flug durch. Dabei

Der Hindukusch, das Gebirge in Zentralasien, von oben. Er gehört zu den Faltengebirgen, die mit dem Eindringen der Indischen Platte in das zentralasiatische Festland aufgeworfen werden, sein Wachstum hält an. Der größte, in Afghanistan gelegene Teil des Hindukusch besteht aus trockenen, ca. 4000 bis 5000 m hohen Bergen. Seine Ausdehnung in Ost-West-Richtung beträgt rund 1200 km, in der Breite sind es rund 240 km.

DDR-Vizepremier Bruno Leuschner (1910-1965) wird von Lakshmi Menon, der Außenministerin Indiens, in Neu-Delhi willkommen geheißen. Die weiße Mütze im Hintergrund gehört zu Flugkapitän Kurt Wagner. Die Reise der DDR-Delegation ist ein Versuch, die von der BRD-Regierung praktizierte außenpolitische Isolation zu durchbrechen. Mit dem Alleinvertretungsanspruch (»Hallstein-Doktrin«) wird insbesondere auf die Länder der Dritten Welt Druck ausgeübt, um sie an der Herstellung normaler zwischenstaatlicher Beziehungen zur DDR zu hindern. In Medien der BRD und Westberlins wird, um die DDR zu diffamieren, das Kürzel nur in Anführungszeichen gesetzt. Das veranlaßt Freunde der DDR in Westberlin zu dieser Aktion:

fällt mir ein, daß wir zwar die Erlaubnis zum Endanflug erhielten, aber nicht das »You are cleared to land«, also die Landeerlaubnis, erhalten hatten. Unser Gast-Navigator klärt mich auf Nachfrage auf. Ursache ist ein hier bekanntes Funkloch, in welchem die Ansage verschwand.

Gegen 22.00 Uhr kehren wir zum Airport zurück, 24.00 Uhr ist Planstart nach Rangun. Bei der Wetterberatung erfahren wir »Rangoon fog«, Ausweichhafen Kalkutta: »Calcutta fog« – also ebenfalls Nebel. Wir verschieben den Start um fünf Stunden und kehren in das Hotel zurück, um noch drei Stunden zu schlafen. Vor uns liegen 5.000 Kilometer.

19. Januar 1964: Äußerst hilfsbereite Menschen unterstützen unsere Startvorbereitung. Start: 5.24 Uhr. Wir steigen bis 7.800 Meter, Kurs 90 Grad. Bis Kalkutta fliegen wir parallel zum Himalaja und erleben einen unvergeßlichen Sonnenaufgang. 7.55 Uhr überfliegen wir die 8-Millionen-Stadt, nach zehn Minuten das Flußdelta von Ganges und Brahmaputra, das so groß ist wie die ganze DDR.

Auf dem Bildschirm des Radars sind Flußläufe und die Küste am Golf von Bengalen sichtbar. Zum ersten Mal geht es jetzt auf die offene See. Nun verlassen wir die internationale Luftstraße mit Kurs nach Süden, da Pakistan uns keine Überflugsrechte gewährt hat. Wir halten einen Sicherheitsabstand zur Grenze.

Nach etwa dreieinhalb Stunden erfolgt die Landung auf einer 2.400 Meter langen, leicht abfallenden Piste. Die Anfrage der Flugsicherung von Airport Rangun, ob wir eine hohe Persönlichkeit an Bord haben, beantworten wir wahrheitsgemäß mit ja. Wir beabsichtigen eine *Fuel-Stopp*-Landung, eine technische Zwischenlandung zum Tanken. In Europa verlassen die Passagiere aus Sicherheitsgründen dabei das Flugzeug. In unserem Fall dürfen die Passagiere nicht aussteigen. Das ist jedoch keine politische Diskriminierung, sondern ein Privileg: Man möchte den »hohen Per-

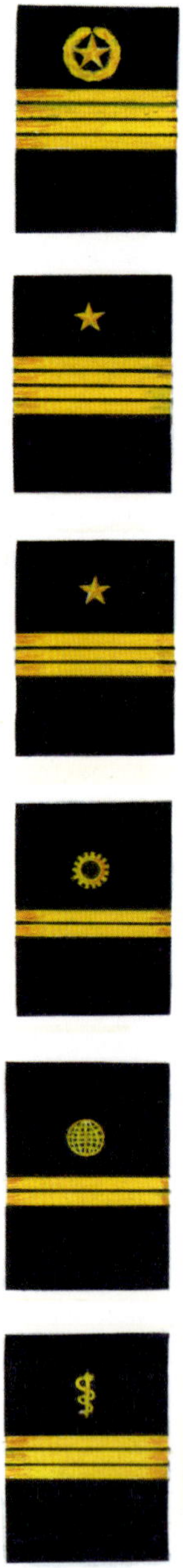

sönlichkeiten« diese Übung ersparen. Dennoch gibt es Ungemach. Der Tankmeister will die Erlaubnis von Shell in London sehen. Wir möchten aber in bar bezahlen und zeigen unser Bündel US-Dollar. Das erregt sein Mißtrauen, weil so etwas ein wenig unüblich ist. Im Normalfall öffnet uns Barzahlung Tür, Tor und Kraftstoffschläuche, hier nicht. Unsere Handelsvertretung vermittelt, und wir erhalten endlich 18 Tonnen Kraftstoff. Draußen brütet feucht-schwüle Hitze von 30 Grad, in der Kabine steigen ebenfalls die Temperaturen.

13.10 Uhr sind wir wieder in der Luft, wir fliegen Südkurs Richtung Äquator. Die hohen Temperaturen beeinflussen das Steigen auf 8.000 Meter erheblich. Die Nullgrad-Grenze liegt bei 6.000 Metern. Vor uns liegen die nächsten 2.904 Kilometer. Zwischen Rangun und der Insel Sumatra gibt es wieder keine Navigationsmittel. Der Vergleich der Karte mit dem Radarbild ist nun wichtig.

In der Höhe Thailands verlassen wir die Luftstraße, um nicht in den Luftraum dieses SEATO-Landes* einzufliegen. Links und rechts von uns blitzt es heftig. Gewitter in den Tropen verlangen besondere Vorsicht, sie

Rangabzeichen der INTERFLUG, die am Ärmel getragen werden, von oben nach unten: Flugkapitän, 1. und 2. Flugzeugführer, Bordingenieur, Navigator und Bordarzt.
Rechte Seite: Stewardess

werden von Turbulenzen, Hagel, Vereisung und statischen Auf- und Entladungen begleitet. Nach drei Stunden nähern wir uns Sumatra. Über der Insel hängt eine Gewitterwolke neben der anderen. Wir haben Funkkontakt zu Singapur und bitten, daß man Djarkata informiert. Wir können nicht, wie angekündigt, Medan anfliegen und müssen wegen des Gewitters unseren Kurs 20 Kilometer nördlich außerhalb der Luftstraße fortsetzen. Unserer Bitte wird nicht entsprochen, die Mitteilung bleibt auf der Strecke. Es herrschen starke politische Spannungen zwischen Indonesien und Malaysia, die offenkundig auch uns tangieren.

Wir umfliegen die Gewitter und passieren schließlich als erstes Flugzeug aus der DDR den Äquator. Diesen historischen Moment begießen unsere Fluggäste mit einer Runde Cognac. Nach kurzer Dämmerungszeit beginnt die Tropennacht. Beim Sinkflug tauchen wir in eine harmlose Schichtbewölkung ohne Gewitterechos im Radarbild. Die Landung in Djakarta erfolgt bei 35 Grad Celsius und 97 Prozent Luftfeuchtigkeit. Gegen 19.00 Uhr öffnen wir unsere gut klimatisierte Kabine. Unter saunaähnlichen Bedingungen wird unsere Delegation von Vertretern der indonesischen Regierung zum ersten offiziellen Besuch herzlich begrüßt. An den folgenden Tagen wird verhandelt, wir haben einige Tage frei und werden von den Gastgebern rührend umsorgt.

* Die SEATO existierte von 1954 bis 1977, sie war die von der USA gegründete asiatische Variante der NATO. Das erklärte Ziel war, »die Ausbreitung des Kommunismus in Südostasien zu stoppen«. Der SEATO gehörten an: USA, Australien und Neuseeland, Frankreich (bis 1974), Großbritannien, Pakistan, die Philippinen und Thailand (bis 1975).
Die Allianz unterstützte die USA zwar formal im Vietnamkrieg, nahm aber selbst nicht daran teil und löste sich danach auf.

27. Januar 1964: Wir verabschieden unsere Delegation – sie fliegt mit einer TU-104 der ČSA nach Kambodscha weiter, da wir keine Erlaubnis erhielten, diese Strecke zu fliegen. In Rangun sollen wir die Delegation wieder aufnehmen. Bei 40 Grad über Null bereiten wir die IL-18 zur Überführung vor.

Wir nehmen angenehme Erinnerungen von Indonesien mit nach Hause. Der seltene Fall eines so langen Auslandsaufenthalts machte eine Äquatorfeier beim Repräsentanten der Aeroflot möglich. Und: Wir sind zum Abendessen von der Flughafengewerkschaft eingeladen.

Das Staatswappen mit Hammer, Zirkel und Ährenkranz wird per Gesetz vom 26. September 1955 bestimmt. Doch erst mit einem weiteren Gesetz am 1. Oktober 1959 kommt das Staatswappen auf die schwarz-rot-goldene Fahne – ein Beleg dafür, daß die DDR noch immer an der Möglichkeit einer deutsch-deutschen Vereinigung festhält. Das öffentliche Vorzeigen der DDR-Flagge wird bis Ende der 60er Jahre in der Bundesrepublik Deutschland und Westberlin als ein Verstoß gegen Verfassung und öffentliche Ordnung angesehen und durch polizeiliche Maßnahmen verhindert (siehe Erklärung der Innenminister von Bund und Ländern vom Oktober 1959). Erst 1969 verfügt die Bundesregierung, »daß die Polizei nirgendwo mehr gegen die Verwendung von Flagge und Wappen der DDR einschreiten sollte«.

28. Januar 1964: Gegen 6.00 Uhr starten wir mit Rückenwind. Wegen der hohen Temperaturen ist die Startanrollstrecke trotz geringer Startmasse ungewöhnlich lang. Nach etwa fünf Stunden erreichen wir Rangun.

6. Februar 1964: Die mitgereisten Spezialisten und Mechaniker arbeiten von 8 bis 16 Uhr und führen die fällige 25-Stundenkontrolle am Flugzeug durch. Am Vortage besuchten wir die Besatzung des DDR-Frachters »Frieden«, der im Hafen von Rangun liegt. Heute kommen 17 Mann zu uns. Wir bieten gut gewärmtes Bier und Cognac und fühlen uns zusammengehörig. Nicht nur wegen der Fremde.

7. Februar 1964: 11.40 Uhr – die Küste Burmas verschwindet unter uns. Wir fliegen 1.500 Kilometer über Wasser nach Colombo auf Ceylon. Die ersten 700 Kilometer fliegen wir nach der Frequenz des Rundfunksenders von Rangun. Nach drei Stunden ist »Land in Sicht«, aber nur im Radar. 14.03 Uhr Landung auf der nur 1.840 Meter langen Piste von Colombo, das erfordert vollste Konzentration und starkes Bremsen nach dem Aufsetzen. Unsere Delegation wird herzlich empfangen. Langwierige Verhandlungen bedeuten für uns sieben freie Tage.

14. Februar 1964: Wegen der kurzen Startbahn wollen wir so früh wie möglich bei geringeren Außentemperaturen starten. Eine richtige Entscheidung. Die Strecke nach Neu-Delhi über Bombay beträgt 2.768 Kilometer. Herrliches Wetter auch beim Überflug von Bombay, der laut Aussage unserer Schiffsbesatzung schönsten Stadt Indiens. Nach knapp fünf Stunden erfolgt die Landung in Neu Delhi – wieder ohne Landeerlaubnis. Draußen umfangen uns angenehme 22° Grad. Der Leiter der DDR-Regierungsdelegation wird vom indischen Staatsminister für Auswärtige Angelegenheiten begrüßt. Frau Lakshmi Menon schüttelt Herrn Bruno Leuschner auf der Rollbahn die Hand.

21. Februar 1964: Start 9.13 Uhr, wir fliegen 9.000 Meter hoch. Wegen der Böen und dem Relief müssen wir auf die für ein PTL-Flugzeug ungewöhnliche Höhe von 10.400 Metern steigen. Zugefrorene Seen reflektieren die Radarimpulse wie festes Land. Die schwierige Aufgabe wird von unserem Navigator gut bewältigt. Landung in Taschkent 13.44 Uhr Ortszeit. Start Richtung Moskau 15.16 Uhr. Nach fünf Stunden und 28 Minuten landen wir in Moskau.

22. Februar 1964: Ohne wesentliche Defekte landen wir nach 26.000 Kilometer Flug wieder in Berlin-Schönefeld. Die Techniker zu Hause, die beiden Mechaniker, der Radaringenieur und der Funker Heinz Martin haben sich ein Lob verdient. Unser Dank geht auch an die Mitarbeiter der Aeroflot, die uns stets halfen.

Fazit: Dieser Flug sollte der längste Sonderflug einer INTERFLUG-Besatzung gewesen sein, wie sich herausstellte.

Flugkapitän Wagner traf ich später in Bamako (Mali) als Repräsentant der INTERFLUG wieder.

Die Leistungsspange für das fliegende Personal: Jedesmal, wenn eine Million Kilometer unfallfrei absolviert sind, gibt es einen neuen Anhänger für das Abzeichen. Deshalb nennt man sie »Millionenspange«.

Blick ins Cockpit einer IL-62.

Solidaritäts- und Sonderflüge

Die Geschichte der INTERFLUG ist eng verbunden mit der Geschichte der Solidaritätsbewegung in der DDR. Tätige Solidarität war Wesensmerkmal und Herzensbedürfnis der DDR-Bürger. Solidaritätsflüge besaßen beim fliegenden Personal einen besonderen Stellenwert. Oftmals mußten wir unbekannte Flugplätze anfliegen, was mit einem höheren Aufwand bei der Flugvorbereitung verbunden war. Bei kurzfristigen Hilfsflügen mußten Einsatzpläne verändert werden. Dafür hatte jeder Verständnis, denn es ging um schnelle Hilfen bei Naturkatastrophen und um Unterstützung beim Kampf gegen Hunger und Not. Nicht zuletzt halfen wir nationalen Befreiungsbewegungen, die für Menschenwürde und gesellschaftlichen Fortschritt kämpften. Insofern leisteten wir global einen wichtigen Beitrag, daß bislang unterdrückte oder unverschuldet in Not geratene Völker ihre Lage verbessern konnten. In vielen Teilen der Welt erinnert man sich dankbar dessen noch immer. Einige Einsätze der INTERFLUG:

28. März 1964: Sonderflug nach Ulan-Bator zur Unterstützung bei der Überwindung einer Naturkatastrophe.

29. März 1964: Solidaritätsflug in die Jemenitische Arabische Republik.

12. bis 24. Mai 1965: Solidaritätsflüge nach Hanoi.

1985 fliegt die INTERFLUG junge Äthiopier nach Moskau zu den dort stattfindenden Weltfestspielen der Jugend und Studenten.

22. Juli 1969: Sonderflug mit Kindern ermorderter Palästinenser, die in der DDR Ferien machten.

8. Januar 1972: Solidaritätsflug nach Bangladesh, nachdem dort riesige Überschwemmungen das Land verwüstet hatten.

12. bis 16. Juli 1973: Jugenddelegationen afrikanischer Staaten werden nach Tunis zum Panafrikanischen Treffen geflogen.

17. Juli 1973: Mehrere Flugzeuge bringen Hilfsgüter des DRK nach Bamako, Addis Abeba und Quagadougou in die von Dürre heimgesuchte Sahelzone.

September 1973: Hilfsgüter für die Opfer einer Überschwemmungskatastrophe werden nach Lahore (Pakistan) geflogen.

4. November 1973: Eröffnung der Solidaritätslinie Berlin-Taschkent-Dacca-Hanoi, mit 11.000 Kilometer die damals längste und schwierigste Flugstrecke. In Vietnam ist der Krieg gegen die US-Aggressoren in die entscheidende Phase getreten.

24. März bis 24. April 1974: Repatriierungsflüge im Auftrag der UNO von Bangladesh nach Pakistan.

1974: Sicherstellung des Berufsflugverkehrs der DDR-Hochseeflotte von und nach Island und England. Der Austausch von Besatzungen unserer Fischfangflotte (später kamen Südamerika und Angola hinzu) wurde nachfolgend zu einer Daueraufgabe. Nach 90 Tagen auf See, an Bord eines Fang- und Verarbeitungsschiffes, wurden die Besatzungen ausgewechselt. So sicherte die INTERFLUG die kontinuierliche Versorgung der DDR mit Seefisch und den Fischern bessere Arbeitsbedingungen.

Juni 1975: Beginn des Berufsflugverkehrs nach Kiew zur Erdöl-Pipeline »Drushba«. Am 25. Mai 1977 wurde der fünfzigtausendste Passagier an die Trasse befördert. Am 7. Oktober 1978 wurde diese Aufgabe der INTERFLUG, mit der die DDR sich ihren Erdölbedarf sicherte, erfolgreich beendet. Ich selbst, Klaus Breiler, flog 24mal Trassenbauer von Berlin-Schönefeld nach Kiew.

November 1976 bis April 1977: Die INTERFLUG leistete mit der IL-18 eine besondere Form der Hilfe. Wir übernahmen auf Bitte Prags für die befreundete Airline ČSA in dieser Zeit den gesamten Inlandflugverkehr zwischen Prag, Ostrava, Košice, Poprad und Bratislava, weil sie wegen Typenumstellung dazu selbst nicht mehr in der Lage war. Die Kabine war jeweils mit einer Stewardess der INTERFLUG und der ČSA besetzt. Ich selbst war vom 3. November bis zum 10. Dezember 1976 und vom 3. bis zum 15. April 1977 im Einsatz. Die Einweisung der mir folgenden Besatzungen gehörte dazu. Insgesamt wurden 400 Flugstunden für die ČSA geflogen. Wir nannten es sozialistische Hilfe.

18. bis 25. Juli 1977: Eine IL-18 der INTERFLUG mit Flugkapitän Peter Schulze überquert erstmals den Südatlantik und bringt 5,2 t Impfstoffe nach Argentinien. Dabei wird eine Strecke von 16.500 km zurückgelegt.

10. Oktober 1980: Nach einem Erdbeben in Nordalgerien fliegen wir Hilfsgüter nach Nordafrika …

Auch die anderen fliegenden Betriebe der INTERFLUG, der Agrarflug und der Industrieflug, leisteten internationale Hilfe.

Der Autor mit seinem kleinen Freund aus Assab in Äthiopien, den die Crew mit Kindersachen aus der DDR einkleidete.

Eine tschechische und eine deutsche Stewardess betreuen 1976/77 auf den Inland-Flügen die Passagiere gemeinsam.

Nahezu ein halbes Jahr leistet die INTERFLUG der ČSA Hilfe. Prag hatte Berlin gebeten, von November 1976 bis April 1977 den gesamten Inlandverkehr in der Tschechoslowakei zu übernehmen. Die eigene Fluggesellschaft hat technische Probleme, die sie selbst nicht lösen kann. Klaus Breiler ist einmal fünf, ein andermal zwei Wochen im Einsatz. Hier mit Co-Pilot Dr. Ulrich Unger.

Schulterklappen für Uniformhemden der INTERFLUG beim fliegenden Personal, von links nach rechts: zweimal Flugkapitän, Flugzeugführer und Bordarzt, Bordingenieur und Navigator, Pilot zur Ausbildung.

Rangabzeichen des Leitungspersonals:

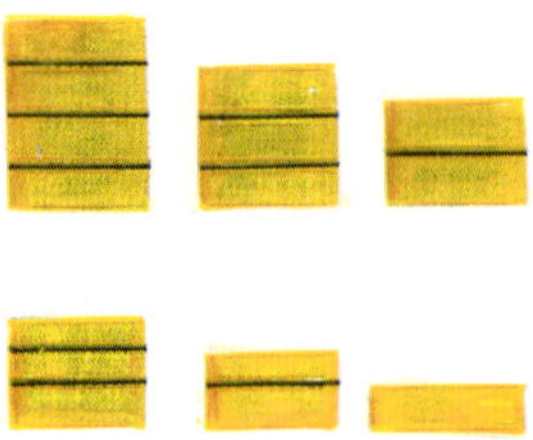

Stellv. des Ministers und Leiter der HVZL; Generaldirektor der INTERFLUG und Stellv. Leiter der HVZL; Leiter der Abteilung Flugbetrieb der HVZL; Leiter des Flughafens; Technischer Leiter der Vk Flughäfen; Ingenieur für Schulflugzeuge.

Zu den bemerkenswertesten Einsätzen zählten Solidaritätsflüge innerhalb der Volksrepublik Angola. Dabei stürzte, als ein Triebwerk beim Start ausfiel, eine Maschine ab, die gesamte Besatzung verlor ihr Leben. Der Kommandant, Dieter Hartmann, war mein Weggefährte und Freund seit der Fliegerschule. Wir wohnten im gleichen Hochhaus in Berlin-Köpenick, unsere Familien waren freundschaftlich verbunden. Am 6. April 1979 gaben wir ihm und seiner Crew das letzte Geleit.

Afghanistan

1976 stand für die INTERFLUG erstmals Kabul auf dem Programm. Dieses Kapitel ist sicher von besonderem Interesse, weil inzwischen die Bundesluftwaffe »hinten am Hindukusch« die Freiheit verteidigt. Unser Einsatz – wie auch nachfolgende Flüge – dienten einer humanitären Mission. Er hatte auch etwas mit der BRD zu tun.

Auf Ersuchen der in Filderstadt ansässigen Deutschen Rettungsflugwacht e. V. (DRF) holten wir im Juli 1976 eine Westberliner Reisegruppe mit einer TU-134A aus Kabul. Bei einem Busunfall im Landesinneren waren 32 Personen teilweise schwer verletzt worden. Die DRF charterte eine Maschine der INTERFLUG. Die Maschine nahm zunächst in Stuttgart Tragen und medizinisches Personal an Bord. Wir flogen die Verletzten von Kabul nach Berlin-Schönefeld, von dort wurden sie in Krankenwagen und ohne Grenzkontrolle in Kliniken nach Westberlin transportiert.

Vier Jahre später, im Januar 1980, brachen wir zum ersten Solidaritätsflug von Schönefeld nach Kabul auf. Einer unserer erfahrenen Flugkapitäne, Werner Lohmann, wies mich als Kommandant ein. Er kannte die Besonderheiten dieses Flugplatzes am Hindukusch-Gebirge. Die DDR-

Nachrichtenagentur ADN meldete: »Eine Sondermaschine der INTERFLUG mit einer aus Medikamenten, medizinischen Geräten, Blutplasma und Nahrungsmittelkonzentraten bestehenden Solidaritätssendung aus der DDR an Bord traf am 16. Januar in Kabul ein. Infolge heftigen Schneetreibens hatte die Maschine erst nach mehrstündiger Verspätung landen können.«

Wir waren in Schönefeld am 15. Januar um 3.32 Uhr mit der DM-STH gestartet, am 17. Januar um 12.43 Uhr setzten wir in Schönefeld wieder auf. Die reine Flugzeit betrug 18:29 Stunden, die Arbeitszeit 44:10, die Strecke (hin und zurück): 11.620 Kilometer, Zwischenlandung in Taschkent. Mit fast sieben Stunden Verspätung landeten wir in Kabul. Der Flugplatz war wegen Schneefall geschlossen worden.

Die Landebahn von Kabul aus der Luft im Anflug auf den Kessel, in welchem die afghanische Hauptstadt liegt.

An Bord befand sich auch ein Vertreter des ZK der SED, der die Solidaritätsgüter offiziell übergeben sollte. In Kabul wartete unser Botschafter und Regierungsvertreter, um uns zu begrüßen. Großer Bahnhof also.

Seit Jahren tobte in Afghanistan ein Bürgerkrieg, der seit 1978 eskalierte, als eine »Demokratische Volkspartei Afghanistans« mit Bodenreform, Bildungsprogamm und anderen fortschrittlichen Maßnahmen eine Umgestaltung der feudalen Gesellschaft begann. Die Verweltlichung der islamischen Strukturen und die Vertreibung ehemals privilegierter Gruppen führten zu einem breiten Widerstand, der insbesondere von der CIA

Die Landebahn in Kabul – und dann die Entladung der Solidaritätsgüter aus der IL-18 auf dem Airport Kabul.

inspiriert und unterstützt wurde. In jener Zeit entstanden rund 30 Mudschahedin-Gruppen. Nachdem im September 1979 der pro-sowjetische Staats- und Parteichef Taraki gestürzt und ermordet worden war, marschierten am 25. Dezember 1979 sowjetische Truppen in Afghanistan ein. Der völkerrechtswidrige Versuch, den Bürgerkrieg von außen zu beenden, führte nicht nur zu Protesten in der westlichen und in der islamischen Welt.

Er hatte einen nahezu zehn Jahre währenden Krieg zur Folge, den etwa eine bis anderthalb Millionen Afghanen und rund 15.000 sowjetische Soldaten mit dem Leben bezahlten. Mit den Folgen hat die Völkergemeinschaft noch heute zu kämpfen.

Am 3. Juli 1979 hatte US-Präsident Carter eine geheime Direktive zur Unterstützung der islamischen Gotteskrieger unterzeichnet. Deren Unterstützung wurde im Kampf gegen die sowjetischen Truppen forciert. Der damalige Sicherheitsberater des US-Präsidenten, Zbigniew Brzeziński, rühmte sich 1998 der »exzellenten Idee«, die Russen in die »afghanische Falle« gelockt zu haben, also in einen aussichtslosen und zermürbenden Krieg ähnlich jenem der USA in Vietnam. Tatsächlich sollte sich die Sowjetunion bis zu ihrem Rückzug 1988 im Afghanistan-Krieg engagieren, was sie nach Brzezińskis Auffassung so stark demoralisierte und wirtschaftlich schwächte, daß sie letztlich auseinanderbrach. Kritische Beobachter der US-Außenpolitik werten darum Brzezińskis Darstellung als Beleg für die zentrale Rolle der USA bei der Eskalation des Afghanistankonflikts, dessen Folgen das Land zu Grunde richteten und bis heute nachwirken.

Die Kriegshilfen kamen etwa zur Hälfte von den USA und zur Hälfte von Saudi-Arabien. Sie beliefen sich auf mehrere hundert Millionen Dollar pro Jahr. Die Waffen stammten unter anderem aus China, Ägypten, Israel, den USA und Großbritannien. Sie wurden von der CIA nach Pakistan geliefert, von wo sie an die Stützpunkte der Mudschahedin-Führer verteilt wurden. Nach dem sowjetischen Rückzug sollte ein blutiger Krieg um die Macht in Afghanistan entbrennen, der von den verschiedenen Mudschahedin-Führern mit äußerster Härte ausgetragen wurde und der sich schließlich auch gegen die USA kehrte. Es war wie in Goethes »Zauberlehrling«: Sie wurden die Geister nicht los, die sie gerufen hatten …

Die Buddha-Stauen von Bamiyan im 2.500 Meter hoch gelegenen Tal von Bamiyan, etwa 230 km nordwestlich von Kabul. Die um 500 u. Z. aus Sandstein gemeißelten Statuen (die kleine 34,5 m, die große 55 m) gelten als die größten stehenden Buddhas der Welt. Sie wurden 2001 von den Taliban zerstört. Heute liegen die Reste der Statuen in und vor den Nischen. Ob die Statuen wieder aufgebaut werden, wird kontrovers diskutiert. Die Bewohner der Region sprechen sich für eine Wiedererrichtung aus. Eine Restaurierung könnte die Skulpturen auch als Kulturdenkmal erhalten oder den Tourismus fördern. Andere Überlegungen gehen dahin, den Ort als Mahnmal menschlicher Barbarei so zu belassen, wie er ist. Seit März 2004 arbeitet ein Restauratorenteam der deutschen Abteilung des *International Council on Monuments and Sites* (ICOMOS), finanziert vom deutschen Auswärtigen Amt, an der Bergung und der Dokumentation der Felsfragmente.

Das aber ist noch alles Zukunft, als wir an jenem 16. Januar 1980 über dem gesperrten Flugplatz von Kabul mit Hilfsgütern kreisen. Unsere Anfrage an den Airport, wann mit der Öffnung zu rechnen sei, bleibt unbeantwortet. Schließlich kommen wir doch nach unten und landen unbeschadet. Später soll sich das nicht so einfach vollziehen: Die »Widerstandskämpfer« sind auch im Besitz von Raketen, mit denen sie auf Flugzeuge zielen.

Afghanische Schulkinder warten auf die Bücher, die in der von der DDR eingerichteten Druckerei produziert werden sollen. Doch ein Anschlag der »Widerstandskämpfer« vereitelt das: Vier LKW - Ladungen mit gespendetem Papier, die im August 1983 von der INTERFLUG nach Kabul geflogen wurden, werden beim Transport durch die Stadt in die Luft gejagt.

Im Juli 1981 bin ich wieder in Kabul. Es handelt sich um einen sogenannten K2-Flug, weil auch Politiker der DDR an Bord sind. Wir fliegen mit einer Doppelbesatzung, ich bin der verantwortliche Kommandant. An Bord haben wir Teile von Druckereimaschinen. Die DDR will damit in Kabul eine Druckerei einrichten, die insbesondere Schulbücher drucken soll. So hoffen wir und die Funktionäre bei der feierlichen Übergabe der

letzten Aggregate, einen wirksamen Beitrag zur Überwindung des Analphabetentums in Afghanistan zu leisten. Die Landung im Talkessel von Kabul wird von sowjetischen Kampfhubschraubern vom Typ Mi-24 gesichert. In den Bergen lauern Gotteskrieger und schießen mit tragbaren Boden-Luft-Raketen »Stinger« auf anfliegende Flugzeuge. Wie einige AN-26-Wracks zeigen: mit Erfolg. Selbst der Stadtrand ist nicht mehr sicher. Unser Botschafter erscheint mit einem schwer bewaffneten Personenschützer aus der DDR. Sie berichten uns von unvorstellbaren Grausamkeiten an sowjetischen Soldaten.

Dreieinhalb Jahre später steuert auch Reinhard Knäblein Kabul an, er bringt Hilfsgüter und Papier für die Druckerei. Dafür haben die DDR-Bürger gespendet. Er berichtet: »Am 23. August 1983 fliege ich als Copilot mit einer vierköpfigen Crew von Taschkent nach Kabul. Die Strecke

Aufstieg aus dem Talkessel, in welchem Kabul liegt. In der Hauptstadt leben an die fünf Millionen Menschen.
Der höchste Punkt des Landes ist der Gipfel des 7.485 m hohen Noshak im Hindukusch. In der Flußebene des Amudarja an der Grenze zu Turkmenistan befindet sich mit 285 m über NN die tiefstgelegene Stelle Afghanistans.

mit einer Flugzeit von eineinhalb Stunden ist relativ kurz. Die Hochebene von Kabul wird hufeisenförmig von hohen Bergen umschlossen, so daß die Flugzeuge in Spiralen niedergehen oder aufsteigen. Das Problem dabei: Länger als zehn Minuten hat man die angrenzenden Berge »neben sich«, in denen oft die im Westen als »Freiheitskämpfer« bezeichneten Terroristen lauern. Inzwischen werden von den Flugzeugen zum Selbstschutz Leuchtkörper verschossen, die die anfliegenden Stinger-Raketen mit ihren Wärmesuchköpfen ablenken sollen. Das Risiko bleibt. Uns wird mulmig.

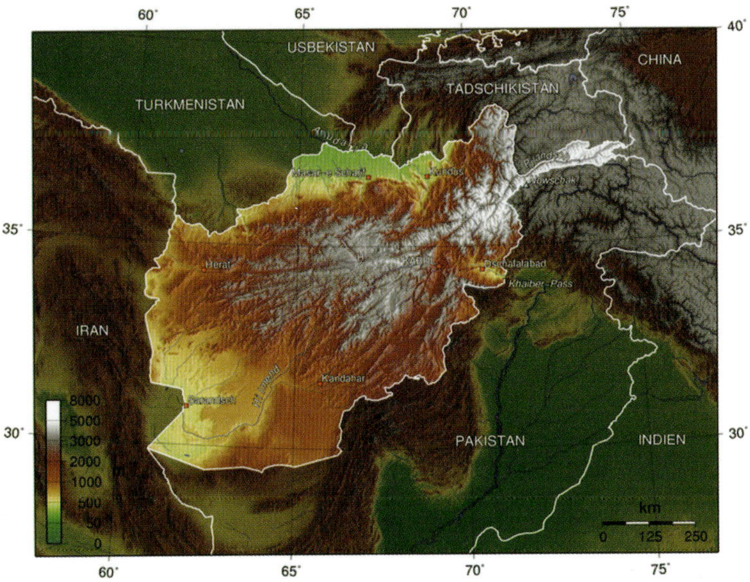

Topographische Karte von Afghanistan zur Verdeutlichung der Geographie des 652.090 Quadratkilometer großen Binnenlandes, in welchem geschätzte (da nie gezählt) 30 Millionen Menschen leben.
Weniger als zehn Prozent der Landesfläche liegen unterhalb 600 Meter. Die Gebirge des Hindukusch (bis 7.500 m hoch) und des Sefid Kuh erstrecken sich nahezu über das ganze Land.

DM-STM im Landeanflug auf Kabul. Unten: Kabul Airport Tower. Rechts: Die berühmte Mittagskanone aus der Kolonialzeit, in den 80er Jahren zerstört, darunter Kabuls Große Moschee.

Paschtunische Nomaden, die Kuchis (gesprochen Kutschies). Sie leben mit ihren Kamelen im Sommer auf Weideflächen in den Bergen Zentralafghanistans und ziehen mit ihnen zum Winter in wärmere Gebiete. In Afghanistan leben etwa zwei Millionen Nomaden.

Unten: Die Große Moschee von Herat, der zweitgrößten Stadt des Landes nach Kabul mit etwa einer Viertelmillion Einwohner. Herat war lange Zeit ein Zentrum der persisch-muslimischen Kulturwelt. Besonders bekannt ist die Stadt für ihre bedeutende Kunst- und Literaturtradition.

Und immer wieder: Berge, Berge und kaum Vegetation.

REISEREPORTAGEN AUS ALLER WELT

Bericht in der FDGB-Zeitung *Tribüne* über einen Flug nach Kabul mit Solidaritätsgütern, die von Gewerkschaftsmitgliedern in der DDR gespendet worden waren.

Anflug auf Kabul, Hauptstadt der Demokratischen Republik Afghanistan. Die majestätische, wildzerklüftete Gebirgskette des Hindukusch mit den schneebedeckten, bis über 7000 Meter hohen Gipfeln liegt noch unter uns. Als die Sondermaschine der INTERFLUG, die „Delta-Mike-Sierra-Tango-Mike", die DM-STM, zur Landung ansetzt, liegt die Kabul-Ebene im herrlichen Sonnenschein. Es ist Ende Februar. Der Schnee war weggetaut. Noch Tage zuvor hatte Kabul eine Schneedecke von einem halben Meter gemeldet. Der Flugplatz der Hauptstadt, von Bergen gewaltigen Ausmaßes umgeben, ist schwierig anzufliegen. Die Crew von Flugkapitän Klaus Breiler, sehr erfahren im Meistern komplizierter Situationen, setzt zu einer butterweichen Landung an. Nach zehnstündiger Flugzeit von Berlin über Taschkent wurde das Ziel erreicht, der Flug Nummer 3022 beendet. Es war auch diesmal wieder eine besondere Fracht, die sich an Bord der INTERFLUG-Sondermaschine vom Typ IL 18-D befand: Solidaritätsgüter, die aus Spenden der nahezu 9 Millionen Mitglieder des FDGB zusammengestellt wurden.

Schon beim Ausrollen der Maschine sehe ich eine aufgeregte Menschenmenge, die der IL 18 einen herzlichen Empfang bereitet. DDR-Botschafter Kraft Bumbel überreicht die Sendung an Vertreter der afghanischen Regierung. An Bord waren 200 Schülerexperimentiergeräte für die Fächer Physik, Biologie und Chemie vom VEB Metallbau und Labormöbelwerk Apolda, 3 Tonnen Arzneimittel, vor allem Antibiotika, Vitaminpräparate und schmerzstillende Mittel aus dem VEB Berlin-Chemie, dem VEB Arzneimittelwerk Dresden, dem VEB Jenapharm und dem VEB Fahlberg-List Magdeburg, des weiteren Verbandsmaterial und 2000 Anoraks. Botschafter Bumbel unterstrich bei der Übergabe, daß dieser Solidaritätsbeweis erneut die Haltung der Werktätigen der DDR zu dem antiimperialistischen Kampf des afghanischen Volkes zum Ausdruck bringt.

Afghane mit Pferd und Sonntagsschmuck.

Doch auch zu ebener Erde ist man nicht sicher. Die sowjetischen Einheiten haben drei Sicherungslinien und -kreise um Kabul mit Sperren und Kontrollstellen gebildet. Zwischen dem zweiten und dem dritten Sicherheitskreis, am Rande der Stadt, befindet sich die von der DDR erbaute Druckerei. Die entsprechenden Transportfahrzeuge haben also ebenfalls noch einmal einen gefährlichen Weg vor sich, bevor vor allem das Druckerei-Papier seinen Bestimmungsort erreicht.

Wir landen im Schutz der Dunkelheit, Taschkent in der Usbekischen SSR verließen wir um 00.25 Uhr. Unser Spiral-Sinkflug verläuft ohne besondere Vorkommnisse, der Flughafen ist um 2.05 Uhr Ortszeit stockfinster. Es wird alles per Hand ausgeladen, das dauert etwa drei Stunden. Wir schlendern im Terminal und auch außerhalb herum und schlagen die Zeit tot. Obgleich es Nacht ist, sind einige Pelz- und Lederverkäufer unterwegs. Ein Kollege erliegt dem Drängen und will eine Pelzmütze erwerben, im Geldbeutel des Verkäufers sehen wir eine Pistole blitzen. Unser einheimischer Begleiter zieht uns beiseite. ›Wenn Sie bei ihm eine Pelzmütze kaufen, bezahlen Sie möglicherweise die Rakete, die Ihr Flugzeug beim Abflug von Kabul trifft. Da werden Sie gewiß noch viel Freude mit der Mütze haben …‹

Gegen 4.30 Uhr, der Morgen graut, ist das Flugzeug entladen. Die Hilfsgüter und auch die Papierrollen sind auf Lastkraftwagen verstaut. Wir können starten. Vor uns geht ein sowjetischer Hubschrauber in die Luft und verschießt Leuchtspurgeschosse in großer Anzahl und in verschiedenen Ebenen. Nach etwa 15 Minuten haben wir die sichere Flughöhe von 5.500

Metern erreicht und schwenken Richtung Norden, nach Termez und weiter nach Taschkent, wo wir um 6.24 Uhr sicher landen. Etwas müde und immer noch berührt von den Ereignissen der Nacht fahren wir zu unserem Hotel »Usbekistan« ins Zentrum von Taschkent.

Am nächsten Morgen bekommen wir von unserem Vertreter in Taschkent zu hören, daß ein Teil unserer Hilfssendung »verloren« gegangen sei. Die vier LKW mit dem Papier sind innerhalb des zweiten Sicherungsringes auf Minen gefahren …«

Februar 1979: Die beiden Besatzungen der Kommandanten Siegfried Straub und Dieter Oehme vor ihrer IL-18 in Beira/Mocambique. Dort hatte ein Wirbelsturm die Nordprovinzen verwüstet. Die INTERFLUG brachte Spenden aus der DDR.

Äthiopien

Seit Menschengedenken wird in Äthiopien gehungert, wenn der Regen ausbleibt. 1973/74 fallen 200.000 Menschen der Dürre zum Opfer. Hungersnot und Ölkrise lösen Massenproteste und Streiks aus, Teile der Armee revoltieren. Am 12. September 1974 wird Kaiser Haile Selassie gestürzt. Ein Revolutionsrat unter Führung von Major Mengistu Haile Mariam übernimmt die Macht und ruft eine sozialistische Volksrepublik aus. Neben ethnischen Konflikten gibt es nunmehr auch Angriffe von außen. Mit Unterstützung der Sowjetunion und Kubas kann 1977/78 eine Invasion seitens Somalias, das von den USA unterstützt wird, erfolgreich abgewehrt werden. Doch die Probleme bleiben.

Über Jahre bleiben die Niederschläge in der Sahelzone aus, das führt in zwanzig afrikanischen Ländern zu Mißernten und Hungersnöten. Am

Auch in anderen Teilen Afrikas wird Hilfe benötigt: Hier werden Solidaritätsgüter in Algier aus einer IL-18 entladen. 1980 gab es weltweit viele Erdbeben, bei denen etwa 20.000 Menschen ihr Leben verloren. Das schwerste Beben (7,7 auf der Richterskala) verwüstet El-Asnam in Algerien, dabei sterben rund 5.000 Menschen. Die DDR-Bevölkerung spendet Medikamente, Decken und Zelte, die von der INTERFLUG befördert werden. Die Besatzung: Schott, Breiler, Landgraf, Mittag, Stock, Kahn, Settmacher, Otto, Ständer.

schwersten trifft es Äthiopien. 1984/85 verhungern etwa eine Million Menschen. Das Elend wird verstärkt durch den Krieg mit den Seperatisten in Eritrea, der seit den 60er Jahren tobt.

Die staatliche Organisation für Nothilfeoperationen wendet sich an die UN-Vollversammlung. Dem Hilfsappell der UNO folgen die europäischen Staaten und Kanada. Die Nahrungsmittel der internationalen Gemeinschaft werden im Hafen von Assab gelöscht und mit etwa 1.500 Lkw sowie 80 Flugzeugen und Hubschraubern ins Land, das fast zwölfmal so groß ist wie die DDR, gebracht. Der stellvertretende UNO-Generalsekretär K. Jansson schätzt Ende 1985 ein, daß die Rettungsaktion trotz äußerst komplizierter geographischer und verkehrstechnischer Bedingungen erfolgreich verlaufen ist. Über 7,5 Millionen Menschen in den Dürregebieten sind regelmäßig versorgt worden. 19 Nothilfezentren, 161 Ernährungsstützpunkte und 299 Verteilungsstationen sind entstanden. 280 ausländische Ärzte und Schwestern helfen. Über 580.000 Menschen sind umgesiedelt und 270.000 Hektar Neuland erschlossen worden.

<u>1. Einsatz (5.-21.11.1984):</u>
DDR-STI und DDR-STK
Besatzungen Breiler, Trepke, Dittmann, Schlegel.
17 Einsatztage, 26 Flüge, 24.275 Flugkilometer, 128 t Fracht

<u>2. Einsatz (4.12.1984-16.1.1985):</u>
DDR-STM und DDR-STK
Besatzungen Breiler, Trepke, Eisenach, Walter.
44 Einsatztage, 130 Flüge, 70.305 Flugkilometer, 787 t Fracht

<u>3. Einsatz (12.2.-22.3.1985):</u>
DDR-STK
Besatzungen Breiler, Wittke, Eisenach, Walter.
39 Einsatztage, 105 Flüge, 62.945 Flugkilometer, 586 t Fracht

<u>4. Einsatz (6.8.-6.9.1985):</u>
DDR-STM
Besatzungen Breiler, Dönitz, Hilbig, Rössel.
32 Einsatztage, 72 Flüge, 44.380 Flugkilometer, 313 t Fracht.

Karte von Äthiopien. Die DDR leistet dem Appell der UNO mit Maschinen der INTERFLUG und der NVA Folge. Sie fliegen innerhalb des Landes Lebensmittel und Menschen. Basislager ist die Hafenstadt Assab, die Fliegerstaffel der INTERFLUG mit Piloten und Technikern kommt in Dire Dawa unter. Geflogen wird nach Addis Abeba, Axum, Asmara, Mekele, Jimma und Gode.

Anflug auf Addis Abeba, Landerichtung 07. Wie zu sehen ist, blieb manche Maschine liegen.

Die DDR ist präsent mit international erfahrenen Besatzungen der INTERFLUG (IL-18) und mit Transportfliegern der NVA (AN-26). Die westeuropäischen Länder helfen mit militärischen Lufttransportgeschwadern, die auch den Palettenabwurf beherrschen. Während die NVA in Assab stationiert ist, praktizieren INTERFLUG und Bundesluftwaffe in Dire Dawa friedliche Koexistenz. Nachdem sich beide Seiten wechselseitig von der Leistungsfähigkeit ihres Personals bei der Beherrschung der Flugtechnik überzeugt haben, herrschen gegenseitige Anerkennung. Beide Seiten, welch Zufall, haben überdies »einen« militärischen Vorgesetzten: Beide sind im Range eines Oberst, und beide heißen Heinz.

Auf dem Flugplatz in Dire Dawa und auch anderswo gibt es im Interesse des humanitären Einsatzes keine deutsch-deutschen Rangeleien. Die Flieger der Bundesluftwaffe, von INTERFLUG und NVA verstehen sich.
Unten: Abzeichen des Lufttransportgeschwaders 62.

In Dire Dawa sind die INTERFLUG-Besatzungen und Techniker Selbstversorger, gelegentlich bringen die Genossen von der NVA in Containern aus Assab etwas vorbei. In der Regel ißt man aus der Dose und im Freien. In diesem Falle sind die Frauen aus der DDR-Botschaft mit einer warmen Mahlzeit vorbeigekommen – die DDR-Community steht solidarisch zusammen. Rechts: Besuch in einer Schule in Dire Dawa und Übergabe von Lehrmaterialien, die in der DDR gespendet worden sind.

Die INTERFLUG und die Transamerika sind die einzigen zivilen Luftverkehrsgesellschaften bei dieser einjährigen UNO-Mission. Zum Einsatz kommen Hochdecker-Frachter mit Heckklappe. Den größten Maschinenpark stellt die Sowjetunion mit Frachtern vom Typ AN-12 und Hubschraubern Mi-8. Nur die INTERFLUG fliegt mit dem Passagierflugzeug IL-18 als Tiefdecker auch auf unbefestigten Pisten. Für Besatzungen und Techniker ist das eine besondere Herausforderung. Ebenso die Unterkunft.

Nach acht Wochen Einsatz kehrt die erste Staffel zum Jahreswechsel in die Heimat zurück. Klaus Breilers Besatzung und die einer NVA-Maschine beginnen zu Weihnachten den zweiten Einsatz unter Leitung von »Fedja« Heichler, einem Flugkapitän der DDR-Regierungsstaffel.

Während die Helfer der Bundesluftwaffe im besten Hotel von Dire Dawa, der viertgrößten Stadt Äthiopiens, untergebracht sind und gepflegtes Hotelessen verspeisen, kommen wir von der INTERFLUG in Baracken am Stadtrand von Dire Dawa unter. Wir sind Selbstversorger und leben aus Konserven und von dem, was mit Containern vom NVA-Koch aus Assab herübergebracht wird. In Addis Abeba überraschen uns die Frauen unseres Botschaftspersonals gelegentlich mit einer warmen Mahlzeit, oder die Besatzungen unserer Linienmaschine bringen Bier aus der Heimat mit.

Die Vertreter unserer Luftstreitkräfte sind in einer Baracke auf dem Hafengelände von Assab untergebracht. Wegen der Not im Land müssen sie sich ebenfalls selber versorgen.

Nach acht Wochen Einsatz kehrt eine Staffel zum verdienten Weihnachtsurlaub in die DDR zurück. Meine Besatzung und unser Techniker und Triebwerksingenieur Holger Litzenberg bleiben über den Jahreswechsel. Die Weihnachtsgrüße von unserem Fluggruppenleiter Siegfried Prager übermittelt die Besatzung einer AN-26 der NVA, die ebenfalls über den Jahreswechsel Versorgungsflüge vornimmt.

Eines von fünf Nothilfelager bei Gode aus der Luft. Mehr als 3.000 Flüchtlinge, vornehmlich aus Bürgerkriegsregionen in Somalia, leben hier in Zelten und sind auf die Hilfe der internationalen Gemeinschaft angewiesen.
Unten: Die Teilnehmer des Äthiopieneinsatzes tragen diesen Aufnäher an der Uniform.

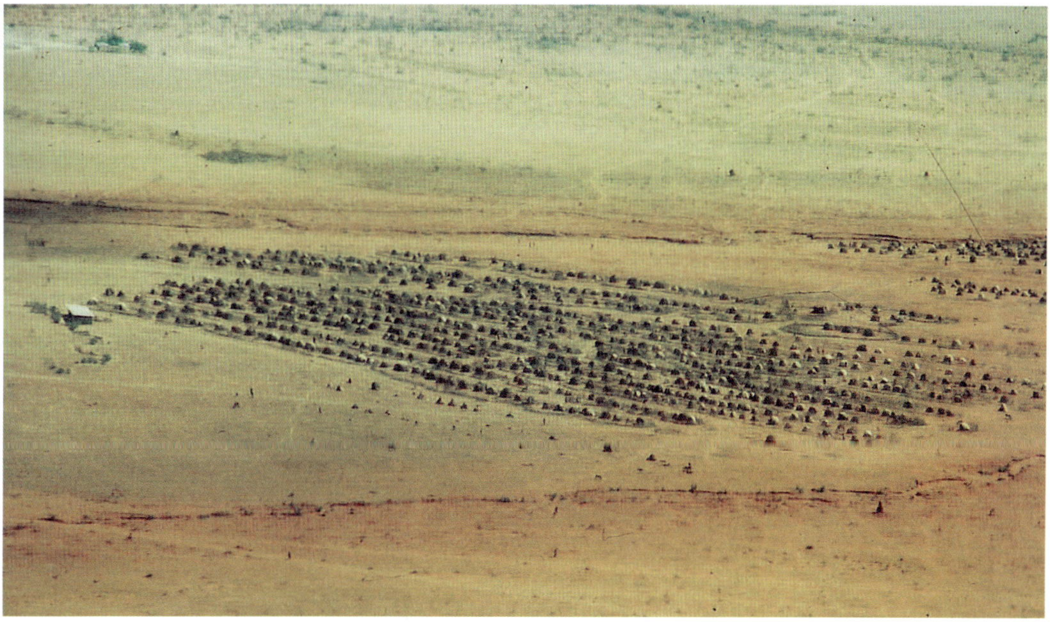

Wir besuchen zwei von fünf Nothilfelagern in der Nähe des Flugplatzes Gode. Das erste Lager existiert bereits mehrere Jahre, dort leben vornehmlich Kriegsflüchtlinge aus Somalia. Das zweite Lager entstand im August 1984. Nach 250 Kilometern Fußmarsch hatten sich etwa 3.000 Hungernde dort niedergelassen. Sie kommen aus elf Stämmen und sprechen elf verschiedene Sprachen. Ich kenne Hunger aus der Nachkriegszeit. Doch das sich Kinder nach einem einzelnen Weizenkorn bücken, sehe ich hier zum ersten Mal.

Im Flüchtlingslager Gode.
Unten: Besatzungen der INTERFLUG und der NVA in Äthiopien.
In Dire Dawa besucht uns mehrmals Karlheinz Böhm, der sich mit seiner Stiftung Menschen für Menschen einen Namen gemacht hatte. Der österreichische Schauspieler ist sehr freundlich und umgänglich, er dankt uns für die Unterstützung. Als sich im Herbst 2004 einige Äthiopienflieger treffen und eine Mütze herumgeht, sammeln wir 285 Euro, die wir an Böhms Stiftung überweisen. Es kommt ein Brief aus München. Es sei gut zu wissen, »daß Sie in all den Jahren den Gedanken an die Hilfsbedürftigen in Äthiopien nicht aus den Augen verloren haben.«
Der freundliche Brief endet mit dem schlichten Satz: »Danke, daß Sie diesen Weg mit uns gehen, als Menschen für Menschen!«

Bei diesem UNO-Einsatz in Äthiopien bin ich 132 Einsatztage in Ostafrika. Ich absolviere 333 Flüge und bin 376 Stunden in der Luft. Ich befördere Hilfsgüter und Nahrungsmittel und auch etwa tausend Menschen, zumeist Umsiedler und Hilfspersonal.

Auch der kanadische Botschafter ist unter meinen Fluggästen. Ich fliege wochenlang kanadischen Weizen nach Gode, er will einmal die Lager sehen und die Menschen, denen wir unmittelbar helfen. Wir zeigen ihm und seiner Begleitung die Nothilfelager von oben, dann gehen wir in die Camps. Seine Exzellenz ist erschüttert und klopft uns beim Rückflug anerkennend auf die Schultern.

Trotz der aktuellen Not entwickelt sich Äthiopien: In Addis Abeba gibt es eine Universität (oben) und ein Denkmal von Karl Marx, zu welchem Erich Honecker bei seinem Staatsbesuch am 13. November 1979 den Grundstein gelegt hatte. Wie es hieß, war es das einzige Denkmal in Afrika für den Mann aus Trier. Unten: E. H. und Mengistu Haile Mariam.

Die Schotterpiste von Makale ist nicht nur schlimm für die Reifen, sondern auch für Maschine und Tragflächen. Die Steine werden von den Rädern aufgewirbelt und schlagen mitunter Dellen und Löcher in Luftschrauben und Landeklappen.
Und einmal sackt auf der Piste von Assab das Bugrad derart ab, daß die Maschine nicht mehr aus eigener Kraft manövrieren kann.

Sowohl Bugfahrwerk (oben) als auch Hauptfahrwerk stecken tief im afrikanischen Sand.

Zwei Panzer der äthiopischen Armee ziehen die IL-18 aus dem Sand, nachdem das Bugrad freigeschaufelt worden war. Die Panzer waren leichter zu bekommen als die Bretter zum Unterlegen. Mit Fingerspitzengefühl und Umsicht gelingt die Bergung ohne Schäden am Flugzeug. Die Besatzungen sind gewarnt – es soll der einzige dramatische Zwischenfall dieser Art in Äthiopien bleiben.

Nach 5.900 Kilometern und 10:07 Flugstunden treffen die beiden INTERFLUG-Besatzungen der DDR-STK und DDR STI nach einem Zwischenstopp in Kairo in Addis Abeba ein.

In manchen Landesteilen Äthiopiens hat es vier Jahre lang nicht nicht geregnet. Aber dort, wo es regnet, sprießt innerhalb von Stunden eine üppige Vegetation. Im Schnitt werden zwölf Tonnen Weizen mit einem Flug befördert. Es werden aber auch Passagiere mitgenommen. Aus Sicherheitsgründen werden diese zumindest oberflächlich kontrolliert. Was auch gerechtfertigt ist. Einmal findet man eine Pistole, ein andermal ein Messer, wie Flugkapitän Breiler zeigt. Den Besitzern wurden die Waffen nach Ankunft in Dire Dawa (Bild Mitte: Ansicht des Flugplatzes aus der Luft) wieder ausgehändigt.

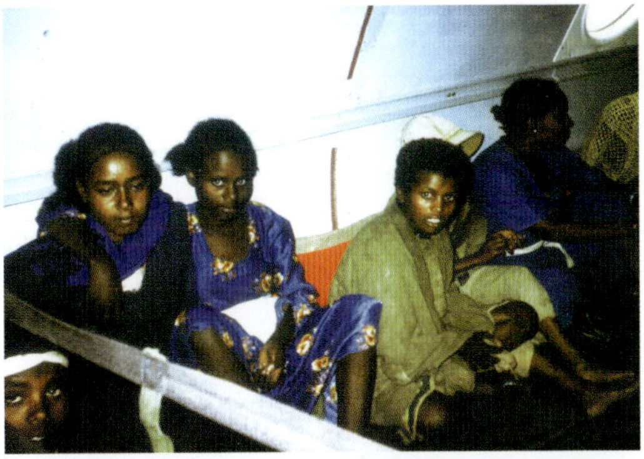

Leiter statt Gangway, unsere Techniker schwitzen. Aber die Stimmung ist gut, weil man helfen kann. Die kleine DDR spielt in der internationalen Fliegerstaffel eine gute Rolle.

Eine Antonow der NVA in sehr ungewöhnlicher Bemalung auf der Rollbahn in Dire Wawa. (Die NVA verfügt seit 1980 über insgesamt zwölf AN-26, von denen vier in Äthiopien eingesetzt werden. Mit und ohne »Kriegsbemalung«.) Rechts: Eine IL-18 wird beladen: die Säcke mit Weizen werden per Hand durch die Luke gehoben.

Weizensäcke aus Kananda werden von der Beladenmannschaft in Assab an Bord gebracht, und auf den Weizensäcken nehmen mitunter auch Passagiere Platz.

Ein abgestürzter LKW mit Anhänger: Die Ladung Weizen ist bis aufs letzte Korn »verschwunden«. Links: die Entlader vom Flugplatz Gode.

1. März: Tag der NVA! Auch fern der Heimat wird gefeiert. Gemeinsam. Erst mit einem Appell, dann leger bei Oberst Heinz, schließlich auch bei den Kollegen-Kameraden aus der BRD (rechts). Unten: In Assab: Start einer IL-18, darunter eine AN-26 nach Anlassen der Hilfsturbine.

Die erkennbar ramponierte Piste von Assab, auf der ins Landesinnere gestartet wird. Unten: Eine belgische Herkules steigt in die Luft. Darunter der »Tower« von Assab: ein windschiefer Bretterverschlag neben einer Lagerhalle.

Hungernde Kinder in einem Camp im Landesinnern, die sehnsüchtig auf die Flugzeuge mit den Lebensmitteln warten.
Unten: Eine AN-26 der NVA wird durch die Heckklappe entladen.

Eines der beiden Nothilfecamps in Gode unweit des Flughafens. Dort leben etwa 10.000 Menschen in solchen mit Planen abgedeckten Hütten und bringen selbst Kinder zur Welt. Das eine Lager existiert bereits fünf Jahre und ist von Flüchtlingen aus Somalia errichtet worden. Somalia, seit 1960 unabhängig, einst eine britisch und italienisch beherrschte Kolonie, hatte 1977/78 einen Krieg um die äthiopische Region Ogaden geführt. Die Sowjetunion unterstützte Äthiopien in diesem Verteidigungskrieg, worauf sich Somalia mit den USA verbündete. Gegen das diktatorische Regime von Siad Barre kämpfen zunehmend mehr Rebellengruppen, was schließlich zu dessen Sturz 1991 führen wird.
Vor diesen kriegerischen Auseinandersetzungen flüchten viele Somali ins benachbarte Äthiopien, was die Notlage dort aufgrund der Dürre noch vergrößert.

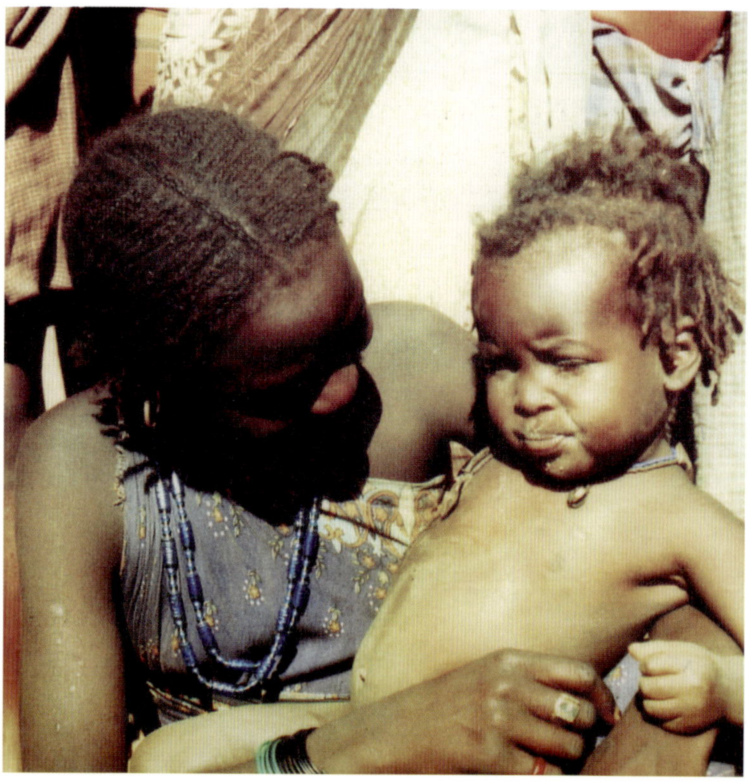

Vor einer Hütte in Gode. In solchen Momenten erleben die Angehörigen der INTERFLUG hautnah, was tatsächlich Not und Menschenrechte, Freiheit und Menschenwürde bedeuteten. Da relativierten sich die Probleme, die man daheim hatte, sie schrumpften auf ein vergleichsweise lächerliches Maß.

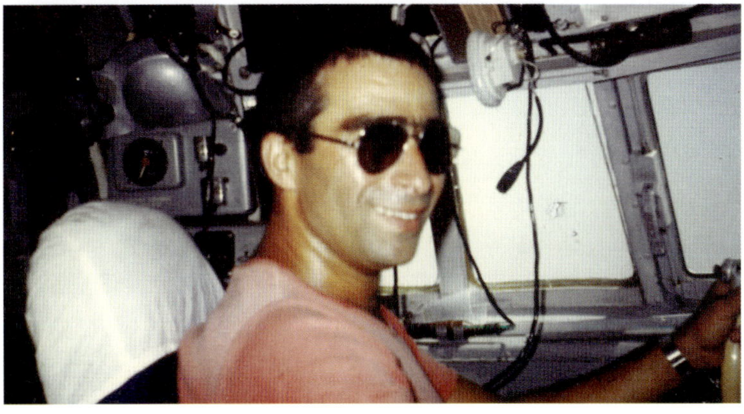

Eine IL-18 mit Weizen an Bord im Anflug auf den Flughafen von Dire Dawa; gut sichtbar das ausgetrocknete Flußbett.

Links: Flugkapitän Ulli Kohl, damals INTERFLUG, später Condor.

Landsleute aus der DDR: In Allemaja bilden die Agrar- und Forstwissenschaftler Äthiopier vor Ort aus. Die Ausbildungsstätte ist eine Außenstelle der Universität von Addis Abeba (Foto ganz unten). Die Besatzungen der IL-18 ziehen stets zum Gruß einen Vollkreis über das Gebäude, und wenn sie dazu mit den Tragflächen wackeln, heißt das: »Wir haben Verpflegung für euch, besucht uns!« Bei einem dieser Visiten im INTERFLUG-Camp in Dire Dawa (unten) entsteht das nebenstehende Foto.

Flüchtlinge werden mit Hab und Gut von Addis Abeba nach Gode befördert. Während die Männer die wenigen Habseligkeiten in der Maschine verstauen, warten Frauen und Kinder geduldig draußen auf der Piste. Dann besteigen sie über eine Leiter die IL-18 und hocken sich auf dem Boden nieder. Für diese Menschen ist es der erste und vermutlich einzige Flug ihres Lebens.

Der Airport der äthiopischen Hauptstadt. Dort werden von den internationalen Hilfsorganisationen Flüchtlinge und Lebensmittel aufgenommen und ins Land geflogen, von dem die DDR-Helfer das meiste nur aus der Luft sehen: verdorrte Erde, Notlager, kaum Vegetation. Und Kirchen! Äthiopien gilt nach Armenien als zweitältester stark durch das Christentum geprägter Staat der Erde. Das Christentum verbreitete sich hier bereits im 4. Jahrhundert. Rund 45 % der Äthiopier sind äthiopisch-orthodoxe Christen, 40 % Muslime, ca. 6 bis 10 % evangelische und katholische Christen. Etwa 5 % gehören Naturreligionen an. Im Land gibt es etwa 15.000 Kirchen und über 800 Klöster.
Mitte: Die Kirche St. Gabriel in Kolubi. Dort feiern Christen und Moslems regelmäßig gemeinsam Volksfeste unter freiem Himmel mit Musik und Tanz und traditionellen Sprechgesängen.

Der Internationale Flughafen von Addis Abeba mit seinen zivilen und militärischen Abstellflächen. Hier war die Royal Air Force von Großbritannien stationiert.

Für die Philatelisten ist die INTERFLUG natürlich auch im Einsatz. Die Besatzungen sorgen für einen Tagesstempel auf dem Postamt in Dire Dawa.

Wir sind eine internationale Fliegerstaffel: IL-18 der INTERFLUG, Transall der Bundesluftwaffe und eine Herkules der Transamerica. Am 29. November 1985 treffen sich alle Kolleginnen und Kollegen, die an dem Einsatz in Äthiopien aktiv beteiligt waren (Foto unten).
Rechts: Blick ins Cockpit der IL-18 beim Einsatz am Horn von Afrika, links Flugkapitän Klaus Breiler, daneben sein Co-Pilot »Mischa« Dönitz.

Alle sind mit Leidenschaft und Herzblut im Kampf gegen Hunger und Not dabei. Und bei bestimmten Anlässen verewigen sich die Mitglieder der Besatzung und die Techniker auf einem Wimpel mit Unterschrift. So auf diesem oben abgebildeten, als sie am 9. Dezember 1984 von Dire Dawa nach Gode 42.670 kg Weizen transportieren – Spitzenresultat mit der DDR-STM.

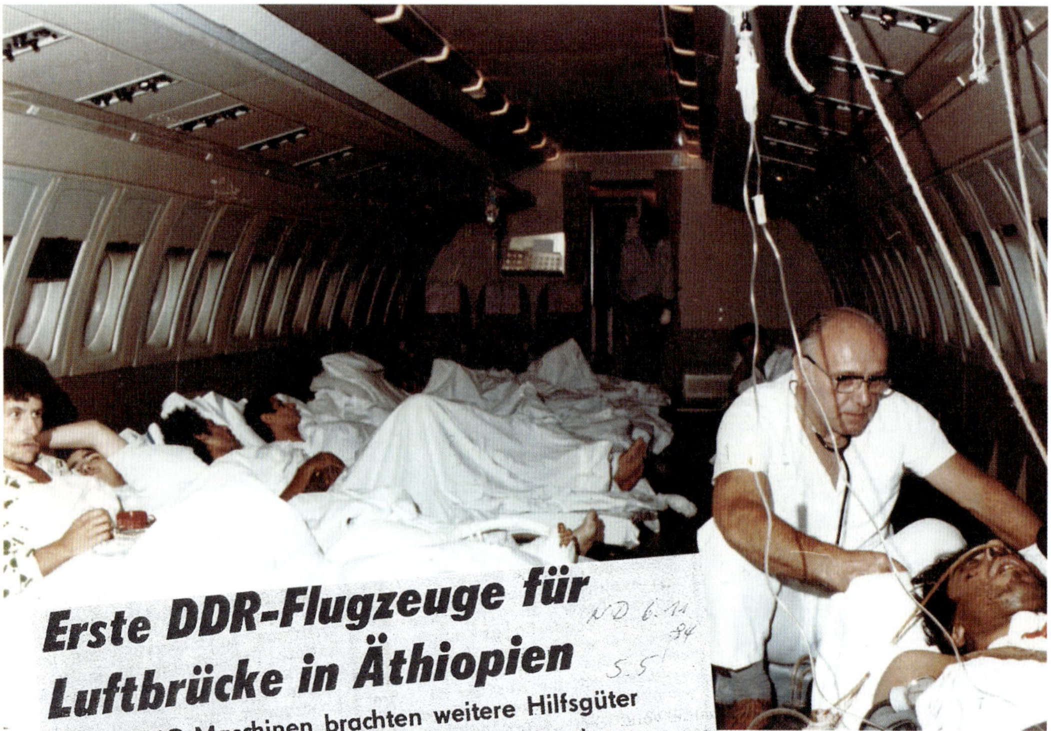

Erste DDR-Flugzeuge für Luftbrücke in Äthiopien

INTERFLUG-Maschinen brachten weitere Hilfsgüter

Von ADN-Sonderkorrespondent Hans-Joachim Thebud

Addis Abeba. Die ersten zwei von insgesamt vier Flugzeugen der INTERFLUG, die sich an der internationalen Luftbrücke in die Dürregebiete Äthiopiens beteiligen, landeten am Montagabend in Addis Abeba.

An Bord einer der IL 18 übergab Geschäftsträger a. i. Peter Gonschorek die Maschinen zur Nutzung an den amtierenden Vorsitzenden der staatlichen Hilfs- und Rehabilitationskommission (RRC), Habte-Mariam Ayenachew. Die Beteiligung von DDR-Maschinen mit ihren Besatzungen an der Luftbrücke sei ebenso Beweis der solidarischen Haltung der DDR für das befreundete Äthiopien wie die weitere Übersendung von Hilfsgütern, sagte der DDR-Geschäftsträger. Im Rahmen ihrer 20-Millionen-Mark-Soforthilfe entsende die DDR unter anderem rund 3000 Tonnen Nahrungsmittel, 35 Lastkraftwagen W 50, Pharmazeutika, Verbandsmaterial, Zelte und Decken.

Habte-Mariam Ayenachew, der namens der äthiopischen Regierung herzlich dankte, erklärte, daß man mit diesem weiteren Beweis der solidarischen Haltung der DDR das Programm zur Bekämpfung der Dürrefolgen effektiver verwirklichen könne. IL 18-Kommandant Rainer Plesse betonte die Bereitschaft der beiden Flugzeugbesatzungen, alles in ihren Kräften Stehende für den schnellen Transport von Hilfsgütern in die betroffenen Gebiete zu tun.

Zwei weitere INTERFLUG-Maschinen vom Typ AN 26 treffen am heutigen Dienstag in Äthiopien ein. Alle vier DDR-Flugzeuge werden in der Hafenstadt Assab am Roten Meer stationiert und von dort aus zu Flügen nach Makale in der nördlichen Verwaltungsregion Tigray eingesetzt.

Am Montagvormittag war die dritte Sondermaschine der INTERFLUG mit Hilfsgütern für die von der Dürre Betroffenen an Bord in Addis Abeba gelandet. Die 20,7 Tonnen Nahrungsmittel wurden umgehend auf bereitstehende LKW geladen und in das zentrale Depot der RRC in die Stadt Nazareth, auf der Strecke zwischen Addis Abeba und den Dürregebieten, transportiert.

Am selben Tag trafen weitere Hilfssendungen, unter anderem vom Vatikan, aus Kanada, den USA und der BRD ein. Regierungsvertreter begrüßten eine Gruppe von Ärzten und Krankenschwestern aus Libyen.

Die Medien der DDR berichten regelmäßig über den Einsatz der INTERFLUG in Äthiopien. So meldet das *Neue Deutschland* am 6. November 1984 zwar die Ankunft der INTERFLUG-Maschinen, nicht aber die der NVA.

Foto oben:
Am 23. Juli 1982 bringt die INTERFLUG mit Bevölkerungsspenden finanzierte Hilfsgüter nach Damaskus und nimmt 50 verwundete Palästinenser und Libanesen an Bord, die von Dr. Günter Brandt (Krankenhaus Köpenick) auf dem Flug nach Berlin versorgt werden. Tage zuvor waren Israels Truppen in den benachbarten Libanon eingefallen, um die PLO von dort zu vertreiben. Der Westen Beiruts wird zehn Wochen lang belagert und bombardiert.

Unmittelbar nachdem die französische Concorde in den trüben Himmel entschwunden ist, startet auch die PanAm mit den Kunstschätzen aus Dresden. Klaus Breiler wirft einen Blick hinterdrein in der Hoffnung, daß es nicht der letzte gewesen ist. Auch solche Jumbos stürzen ab.

USA (DDR-Kunst)

Im Frühjahr 1978 erhielt ich einen ungewöhnlichen Auftrag. In den USA sollte DDR-Kunst gezeigt werden, und ich sollte zwischen dem 22. und 26. April viermal von Dresden nach London-Heathrow fliegen. Meine Fracht waren Gemälde, Plastiken und Porzellane, die in Washington, New York und San Francisco gezeigt werden sollten. Die Dresdner Kunstschätze wurden von Vertretern der Staatlichen Kunstsammlungen begleitet. Wir nahmen nur jeweils etwa vier Tonnen Fracht an Bord, um die Versicherungssumme nicht zu überschreiten.

Natürlich hofft jeder, daß sie nicht in Anspruch genommen werden muß, denn letztlich ist Kunst unbezahlbar und damit unersetzlich, doch auszuschließen ist es nie: Ein Restrisiko bleibt immer.

Nach dem Kunstdünger nun also Kunstwerke. Ich war, wie man sieht, flexibel.

Die Kunst-Transporte sind perfekt organisiert. In London übernehmen Sicherheitsbeamte sofort nach unserer Ankunft die Fracht, die in eine Boeing 747 der PanAm verladen wird. Wie es der Zufall will, erlebe ich den Start eine Concorde, dann fliegt die PanAm davon. Ich halte alles mit meiner Kamera fest. Den Rest erfahre ich aus der Presse. Die Nachrichtenagentur ADN berichtet von der Eröffnung der Ausstellung »Die Pracht Dresdens – fünf Jahrhunderte Kunstsammlung – eine Ausstellung aus der Deutschen Demokratischen Republik« in Washington. Der DDR-Kulturminister überbrachte, wie es sich gehörte, die Grüße des Staatsratsvorsitzenden und sprach die Hoffnung aus, daß »die Kunstschätze aus Dresden einen sichtbaren Beweis liefern für die Realisierbarkeit der friedlichen Koexistenz zwischen Staaten mit unterschiedlichen sozialen Ordnungen«. Die DDR betrachte die Ausstellung, die 700 Kunstwerke aus acht verschiedenen Dresdner Museen zeige, »als einen Beitrag zur Verständigung zwischen unseren Völkern, als weiteren Schritt zur Verbesserung der Beziehungen zwischen der DDR und den USA im Geiste der Schlußakte von Helsinki«.

Als die Amerikaner sich noch über die Kunstschätze aus der DDR freuen, freuen wir uns über den ersten Deutschen im All: Sigmund Jähn aus Morgenröthe-Rautenkranz. Der Fliegerkosmonaut und ehemalige NVA-Jadgflieger besucht seine Kollegen von der INTERFLUG und nimmt auf dem Pilotensessel in einem TU-134-Simulator Platz.

Der Direktor des New Yorker Metropolitan Museum of Art, der extra zur Eröffnung nach Washington gekommen war, erklärte, die New Yorker freuten sich schon darauf, im Herbst die DDR-Schau ebenfalls sehen zu können. Danach gehe sie nach San Francisco. Washingtons Bürgermeister bedankte sich beim DDR-Kulturminister für die »große Ehre«, die seiner Stadt mit dieser Exposition zuteil werde. Die Washingtoner betrachteten sie »als Brücke der Verständigung im Leben unserer Völker«. Als ich das las, war ich ein wenig stolz darauf, daran beteiligt gewesen zu sein.

Nahezu dreißig Jahre später teilt die »Bundeszentrale für politische Bildung« auf ihrer Homepage mit: »Kulturelle Kontakte zu den USA entwickelten sich bereits in der zweiten Hälfte der 60er Jahre. Zu den ersten namhaften DDR-Künstlerinnen und -Künstlern, die Anfang der 70er Jahre die USA besuchten, gehörten der Schriftsteller Günter Kunert und die Autorin Christa Wolf, die Brechtinterpretin Gisela May sowie das Leipziger Gewandhausorchester unter der Leitung von Kurt Masur. Der wohl wichtigste kulturelle Beitrag Ostdeutschlands in den Vereinigten Staaten war die glanzvolle Kunstausstellung ›Die Pracht Dresdens‹, die 1978/79 in Washington, New York und San Francisco von zirka 1,5 Millionen Kunstinteressierten bestaunt wurde. Obwohl die DDR diese Ausstellung nutzen wollte, um sich als erfolgreicher und weltoffener deutscher Staat zu präsentieren, wurde dieses Ereignis ironischerweise von einem Großteil des amerikanischen Publikums mit *Germany*, also mit der Bundesrepublik Deutschland, assoziiert.

Ärmelzeichen der Fluglotsen.

In Akademikerkreisen der USA entwickelte sich seit Mitte der 60er Jahre, als die DDR sich dauerhaft zu etablieren schien, ein gewisses Interesse an diesem anderen deutschen Staat. Vor allem interessierte die DDR-Literatur, die Bildungs-, Sozial- und Kirchenpolitik sowie die Effektivität der Planwirtschaft. Seit 1974 wurden in Conway, New Hampshire, alljährlich Symposien zur DDR durchgeführt. 1983 folgte die Gründung der *German Studies Association*, des größten Fachverbands von Deutschland-Experten, sowie die Einrichtung des *American Institute for Contemporary German Studies* in Washington, die beide auch den ostdeutschen Staat zum Forschungsgegenstand hatten. Obwohl nie ein Kulturabkommen zwischen beiden Ländern zustande kam, gehörten die Kultur- und Wissenschaftsbeziehungen zum intensivsten Feld im Verhältnis USA-DDR.«

Warten auf den Crew-Bus, der die Besatzung zum Flugplatz bringt. In Wien steigen die INTERFLUG-Besatzungen immer in einem Hotel ab, das den bezeichnenden Namen »Jesuitenmühle« trägt..

Frachtflüge von Wien nach Bagdad und Teheran

Mit Zuverlässigkeit, Pünktlichkeit und korrektem Verhalten im Ausland haben wir uns im internationalen Luftverkehr einen guten Ruf erarbeitet. Wir fliegen zudem kostengünstig. Wir sind sogar in der Lage, 120.000 Hühnerküken zu befördern. Ein Geflügelhof bei Wien möchte, daß wir mehrmals diese Menge in den Mittleren Osten fliegen, mal nach Bagdad, mal nach Teheran. 20.000 kalkuliert man als Verlust, wir sollen nach der Ankunft die toten Küken aussortieren und entsorgen lassen. Entsprechend der Leistungsfähigkeit unserer Klimaanlage können wir laut Vertrag den Transport von 80.000 Küken garantieren. Von den 120.000 eingeladenen Küken überleben etwa 20.000 diesen Transport nicht. Für den Vertragspartner bedeutet dies: IF hat 20.000 kostenfrei transportiert. So lernen wir den Kapitalismus näher kennen.

In der Kabine staubt es. Es ist laut, heiß und eng. Wir machen einen Drecks-Job. Aber was macht man nicht alles für Devisen.*

In Teheran herrschen inzwischen die Ajatollahs und Mullahs. Die Funk- und Navigationsanlagen arbeiten unzuverlässig. Und wir dürfen nur außer-

* 1985 hole ich Tomaten aus Antalya, sie sind für die türkischen Händler in Westberlin bestimmt. Die DDR ist kurdenfreundlich. In Berlin geht eine Bombendrohung ein. Eigentlich müßte man den Flug absagen, doch die DDR braucht das Geld. Mit zwei simplen Metalldedektoren und einem Besatzungsmitglied stehe ich schließlich am Förderband und prüfe jede Tomatenkiste. Wir finden nichts. Doch bedeutet das auch, daß wir sicher sein können?
Erst hinterher kann man sich sicher sein, daß es blinder Alarm war.

halb der Verkehrszeiten landen und entladen, also nachts. In einem drittklassigen Hotel schlafen wir die vorschriebenen sechs Stunden, dann geht es so schnell wie möglich wieder nach Wien zurück. Die Betten in der Donaumetropole entschädigen uns.

Aufträge wie jene in den Orient haben allerdings mitunter auch angenehme Seiten – wenn Zeit war, nutzt man es für Sightseeing. Ein paar Kilometer nördlich von Bagdad liegt die Vorstadt Kadhimain mit der Goldenen Moschee (Foto rechts). Dort befinden sich die Grabmäler des 5. und 6. Imams der Schiiten, die sie zu einem bekannten Wallfahrtsort gemacht haben. Oben: Eingang zum Airport von Bagdad, unten: Und einmal war die IL-18 weg. Sie wurde entdeckt hinter einem irakischen Jumbo.

Herrliche Mosaik- und Goldschmiedearbeiten zeugen von der hohen Kultur dieses Volkes.

S. 123: Der Haupteingang zur islamischen Universität und zum Grabmal. Wir besuchen das Heiligtum des Islam in Bagdad mit angepaßtem Verhalten.

سلام عليكم بما صبرتم فنعم عقبى الدار

DDR-Solidaritätsgüter in Maputo übergeben

Maputo (ADN-Korr.). Der erste Teil einer neuen umfangreichen Lieferung von Solidaritätsgütern aus der DDR zur Unterstützung des Volkes Moçambiques ist am Sonntag auf dem internationalen Flughafen von Maputo eingetroffen. Die zehn Tonnen Kindernahrung und Kinderkleidung wurden vom Geschäftsträger a. i. der DDR, Bernd Huettner, an die Direktorin im Ministerium für Binnenhandel Moçambiques, Isabel Munguambe, übergeben. Weitere Solidaritätsgüter der Werktätigen der DDR, darunter Stoffe, Konfektion, Sportartikel, Schuhe und Haushaltsartikel, werden auf dem Seeweg nach Maputo gebracht.

Klaus Breiler fliegt mit einer IL-18 Solidaritätsgüter auch nach Mocambique und läßt sich vor dem Büro der INTERFLUG in Maputo ablichten. Auf dem Flugplatz entdeckt er allerdings auch eine Maschine der sowjetischen Aeroflot, die allerdings nicht, wie üblich, blau, sondern rot wie die Maschinen der INTERFLUG gestrichen ist. Es handelte sich wahrscheinlich um die geheime fliegende Relaisstation, von der aus in Baikonur gestartete Kosmosflüge verfolgt werden.

Luanda, Hauptstatd Angolas, im Anflug. Kleines Foto: das INTERFLUG-Büro in Kairo, Ägypten. Unten: Der Airport in Luanda.

Im August 1977 führte uns ein weiterer Einsatz nach Mocambique. Unweit Maputos, in der Provinzstadt Tete, hatte es ein Grubenunglück gegeben. Über 100 Kumpel waren nach einer Methangas-Explosion untertage verschüttet worden. Die private Geschäftsleitung der Mine mißachtete die einfachsten Sicherheitsbestimmungen. Es ging um die Wiederherstellung der für den jungen Nationalstaat wichtigen Grube. 50 Männer um Dr. Kurt Haisler aus Freiberg waren die Helden dieser Hilfsaktion. Die INTERFLUG übernahm die logistischen Aufgaben.

Als Honecker 1979 mehrere afrikanische Staaten besuchte, wurde die Bitte nach bergtechnischer Hilfe von Mocambique erneuert. Die DDR entsprach dem und engagierte sich in der Grube Chiponga III.

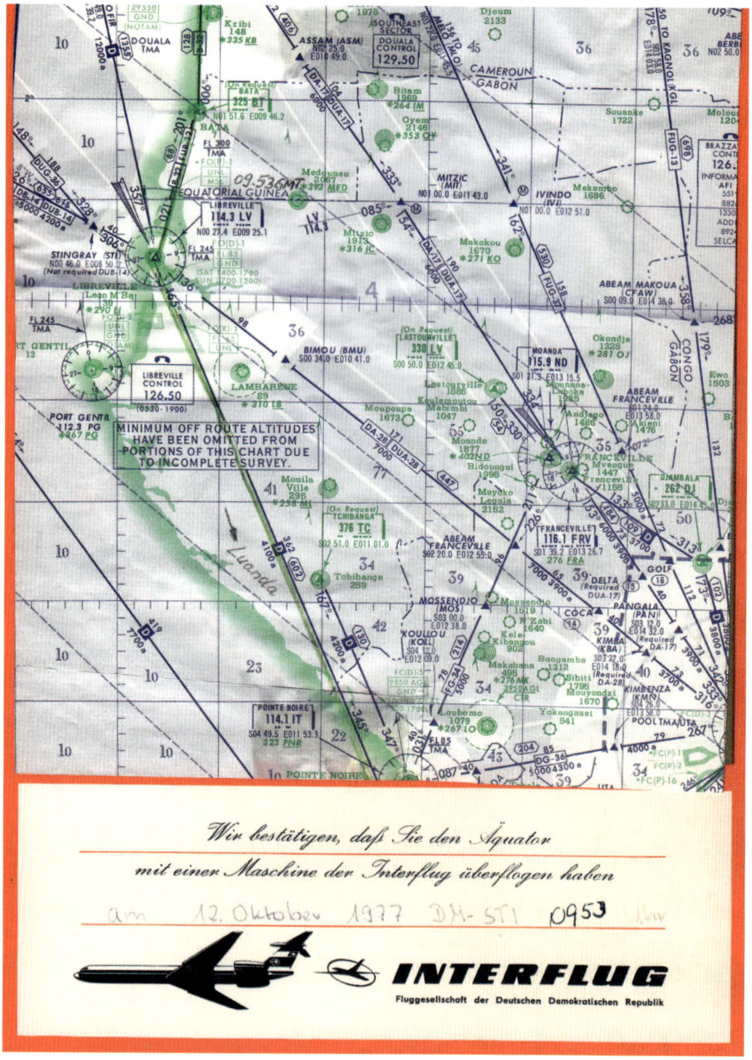

Wer den Äquator erstmals überfliegt, bekommt dies bestätigt, selbst wenn man der Flugkapitän ist. Klaus Breiler passiert die Linie am 12. Oktober 1977 um 9.53 Ortszeit auf dem Flug von Berlin nach Luanda – unweit von Lambarene, wo einst der Friedensnobelpreisträger Albert Schweitzer sein Urwaldhospital eingerichtet hatte, das noch immer existiert. Die Besatzungsmitglieder trennen die entsprechende Stelle aus der Flugkarte und bestätigen per Unterschrift ihre Zeugenaussage: Erhard Lehmann, H. Tauchnitz, Willi Sommerfeld, B. Wirthwein und die Stewardess Ingrid Altrichter.
Dieser Flug stand unter keinem glücklichen Stern: Im italienischen Luftraum fiel erst die eine, dann auch die zweite Kreiselanlage aus. Die Maschine mußte nach Berlin zurückkehren, wurde repariert und 24 Stunden später erneut gestartet – und dann der Äquator endlich überflogen.

In geheimer Mission im Süden Afrikas

Solidarität zu üben bedeutet nicht nur Hilfe bei Naturkatastrophen und in Notsituationen. Nach dem Selbstverständnis der DDR gehörte zur Solidarität auch die Unterstützung all jener, die sich aus ihrem Elend selber erlösen wollen. Nationalen Befreiungsbewegungen wurde materiell und ideell unter die Arme gegriffen, *wo* wir es konnten und *so* wir es konnten. Denn die Spendenbereitschaft der DDR-Bürger war größer als das Vermögen des Landes. Geld konnte man nicht schicken. Man brauchte vor Ort Lebensmittel, Medizin, Technik. Doch da herrschte im eigenen Lande bekanntermaßen Mangel.

Im Hafen von Luanda liegen die Schiffe auf Reede und warten darauf, ent- oder beladen zu werden.
Unten: Ein DDR-Frachter löscht Solidaritätsgüter.

Ministerium für Verkehrswesen
Stellvertreter des Ministers

Berlin, den 02. März 1979

Genossen Minister A r n d t

Werter Genosse Minister !

Auf Entscheidung des Generalsekretärs der Sozialistischen Einheitspartei Deutschlands führt die INTERFLUG in der Zeit vom 15.03. - 09.05.1979 Frachtcharterflüge zwischen Luanda (VR Angola) und Lusaka (Republik Sambia) durch.
Der Auftrag zur Vorbereitung und Durchführung wurde der INTERFLUG durch das Zentralkomitee der SED, Genossen Hubert Egemann mündlich erteilt.
Als Partner der INTERFLUG wurde das Solidaritätskomitee der DDR benannt.
Nach Beginn der Einsätze sollen die Gesamtkosten in Valuta der Lybischen Volksjamahiriya in Rechnung gestellt werden.
Die Valutakosten der INTERFLUG müßten vorerst durch das MfV verauslagt werden.
Ich beabsichtige, die Aufgabe mit einer IL-18, 2 Besatzungen und 5 Technikern mit Stationierung in Luanda durchzuführen.
In Luanda und Lusaka wird je ein Stationsleiter für alle organisatorischen Probleme mit den Flughafenbehörden und der ZAPO eingesetzt.
Es soll täglich ein Flug zwischen Luanda und Lusaka erfolgen.

- 2 -

- 2 -

Für den genannten Zeitraum sollen ca. 500 t Fracht befördert werden.
Der Einsatz beginnt ab Berlin am 12.03.1979.
Ich bitte um Ihre Bestätigung.

Mit sozialistischem Gruß

Dr. Henkes
Generalmajor

Der Chef der INTERFLUG informiert der Verkehrsminister der DDR, daß die Aktion von Lybien finanziert wird. Parallel dazu werden auf diplomatischem Wege die Botschaften der DDR in Angola und Sambia über die Operation in Kenntnis gesetzt.

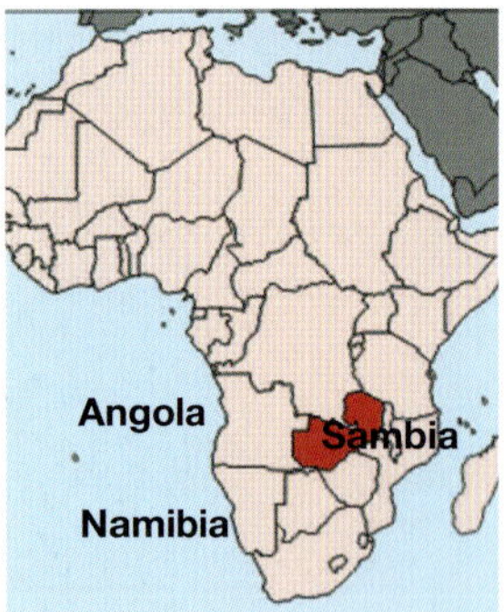

Die Karte von Afrika, aus der die geographische Lage ersichtlich ist, in welcher die Geschichte spielt. Angola darf auf gar keinen Fall als Beteiligter erkennbar werden, weshalb Sambia als Umweg genommen wird.

Dennoch kommt immer einiges zusammen, was dann die INTERFLUG und die Deutsche Seereederei in Rostock in die jeweiligen Regionen befördern.

Anfang 1979 beschließt die Partei- und Staatsführung, die Hilfe auf den Süden Afrikas zu konzentrieren. Die einstige portugiesische Kolonie Angola ist (wie auch Mocambique oder die Kapverden) mit dem Zusammenbruch des profaschistischen Salazar-Regimes 1974 unabhängig geworden. Unterschiedliche politische Gruppierungen kämpfen um die Macht im Land, aus Sicht der DDR fortschrittliche Kräfte rufen eine Volksrepublik Angola aus – sie gilt es zu unterstützen.

Der Leiter der IL-18-Staffel, Flugkapitän Kapphahn, erhält den Auftrag, vier Besatzungen auszuwählen. Die Kommandanten Schuschies, Hartmann, Erhardt und Wagner sollen mit ihren Besatzungen und Maschinen 500 Tonnen Fracht, die per Schiff nach Luanda in Angola gebracht werden, vom militärischen Teil des dortigen Flughafens nach Lusaka in Sambia transportieren.

Im an Angola grenzenden Namibia, dem vormaligen Deutsch-Südwestafrika, kämpft seit 1960 die SWAPO gegen die Vormundschaft Südafrikas. Das Apartheidregime hat das Land gegen den Willen der Weltgemeinschaft gewissermaßen wirtschaftlich okkupiert. Die Kisten, die die

Die Schiffsbesatzungen aus Rostock werden in Luanda ausgetauscht. Und auch die IL-18-Crew übernachtet auf Schiffen aus der DDR, die im Hafen liegen.
Unten: die Laufbahnabzeichen des fliegenden Personals, von oben nach unten:
Flugkapitän,
Flugzeugführer,
Navigator,
Bordingenieur,
Bordfunker (nur zweitweise benutzt),
Bordarzt.

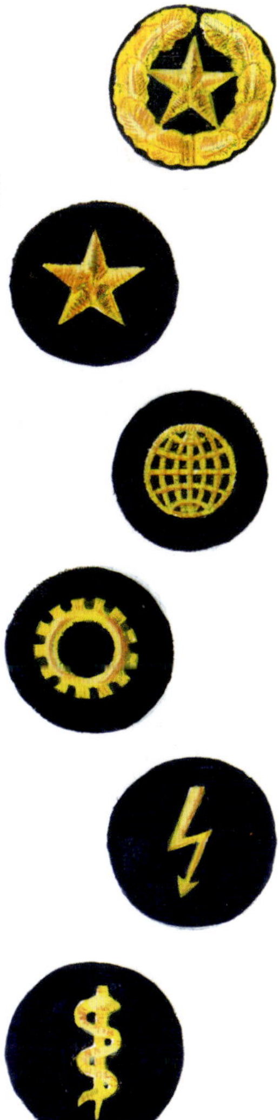

INTERFLUG
Direktor Verkehrsflug   Berlin, den 6.3.79

Leiter der
Hauptverwaltung für Zivile Luftfahrt
Gen. K. Diedrich

Informationen an die Botschaften der DDR in der Volksrepublik Angola und der Rephblik Sambia

Ich bitte Sie, die Botschafter der DDR in der Volksrepublik Angola und der Republik Sambia über folgenden Sachverhalt zu informieren:

Im Auftrag der Regierung der DDR (Solidaritätskomitee), führt die INTERFLUG in der Zeit vom 15.3.1979 bis 9.5.1979 50 Frachtflüge zwischen Luanda und Lusaka durch. Auftraggeber ist die ZAPU. Bei der Fracht handelt es sich um spezielle Güter und Lebensmittel.

Beauftragter des Generaldirektors der INTERFLUG, ist für diese Aktion der Genosse Kurt Fischer, Leiter der Betriebsvertretung Luanda der INTERFLUG.
Es werden zusätzlich 15 Kollegen in Luanda stationiert. Ein Kollege wird in Lusaka stationiert. Periodisch werden die Kollegen ausgetauscht.

Wilport

Maschinen der INTERFLUG unbemerkt befördern sollen, sind für die Südwestafrikanische Volksorganisation (SWAPO) bestimmt.

Vorbereitung und Sicherstellung dieser Mission erfolgen durch die dafür zuständigen Stellen. Auch die Berechnung der benötigten Valuta gehört dazu. Direktor Wegener, zuständig für Flugleistungsverkauf, berechnet die Kosten. Für die 50 geplanten Flüge mit jeweils zehn Tonnen Fracht werden 1.430.000 D-Mark benötigt. Der Einsatz soll am 12. März 1979 in

Berlin beginnen. Es startet eine IL-18 unter dem Kommando von Schuschies, sein Copilot ist Reinhard Knäblein. Dieser berichtet:

»Am 12. März um 8.07 Uhr starten wir mit einer Frachtvariante der IL-18. Die Passagiersitze sind ausgebaut, um Transportfläche für Fracht zu gewinnen. Die Maschine hat keine besonderen Luken oder Rollböden für große oder schwere Frachtstücke. Wir haben rund 10 Tonnen Hilfsgüter wie Zelte, Decken und Nahrungsmittel an Bord. Die Crew besteht aus einem Navigator und Flugingenieur, dem Flugkapitän Schuschies und mir als Copilot sowie dem »Loadmaster« (Lademeister) Ermentraut, der vor Ort die Frachtbeladung sowie Unterbringung der Besatzung organisieren soll. Wir fliegen von Berlin-Schönefeld über Tripoli und Kano in Nigeria nach Luanda.

Der Weiterflug von Luanda nach Lusaka am nächsten Tag zeigt uns,wie mühsam die Maschine mit 60 Tonnen bei 28 Grad Celsius und hoher Luftfeuchtigkeit in die Luft kommt. Wir steigen mit maximal 2 bis 3 Metern in der Sekunde – mehr ist nicht drin.

In Lusaka landen wir abends bei 30 Grad. Auf dem Flughafen gibt es keinerlei technische Hilfsmittel wie Hydraulik-Lift oder Gabelstapler. Die drei LKW vom Typ »Scania« müssen an die Luken unseres Flugzeugs heranfahren. Auch Gummipuffer für die relativ hohen Ladebordwände der LKW sind nicht vorhanden, und so beobachten wir skeptisch die fünf winkenden Einweiser und die einheimischen Fahrer, die offensichtlich erst seit kurzem auf diesen Fahrzeugen sitzen. Alles mutet abenteuerlich an. Während ich an der vorderen Ladeluke das Schlimmste verhindern will, knallt es bereits hinten – ein LKW hat mit seiner Bordwand unseren Flugzeugrumpf eingedrückt. Glücklicherweise erweist sich die Beschädigung als nicht so gravierend, der hermetische Bereich (Druckkabine) ist nicht in Mitleidenschaft gezogen.

1985 wird die INTERFLUG mit dem Karl-Marx-Orden ausgezeichnet. Das ist zwar eine beachtliche Würdigung der Leistungen aller Mitarbeiter, aber insbesondere jene, die sich bei Solidaritätseinsätzen auszeichnen, tun dies mit Idealismus und aus innerem Antrieb.

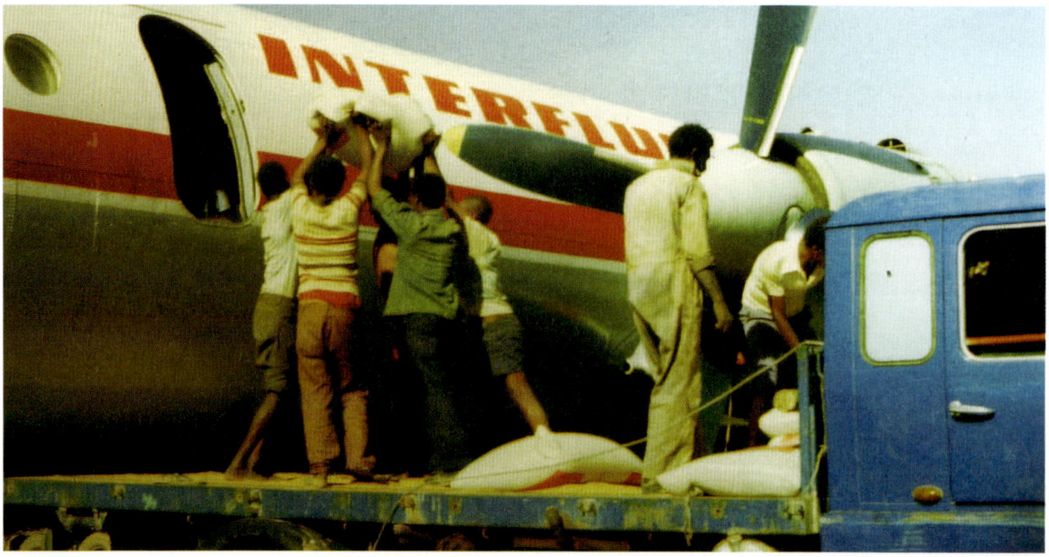

Inzwischen ist es stockdunkel. Ich setze mich selbst ans Steuer des 23-Tonners, übe kurz auf der Abstellfläche das Vor- und Zurückfahren sowie die Bremsfunktion und lasse mich dann von unserem Flugingenieur per Taschenlampe an die hintere Frachtluke dirigieren. Wenn mich jetzt unsere INTERFLUG-Direktoren oder andere Leiter sehen würden, gäbe es ein Disziplinarverfahren. Doch Berlin ist weit weg.

Nach der Entladung ist aber noch lange nicht Schluß. Ich beginne mit drei einheimischen Fahrern und einer Taschenlampe das gefühlvolle Fahren mit exakter Einweisung auf dem Rollfeld zu trainieren. Nicht ganz uneigennützig, denn ich werde mindestens noch siebenmal hier in Lusaka Transportgüter umladen.

Verkehrsminister Otto Arndt (1920-1992) dankt den Mitarbeitern der INTERFLUG.
Arndt steht 19 Jahre, bis 1989, an der Spitze des Ministeriums und ist zugleich Generaldirektor der Deutschen Reichsbahn.
Unten: Ärmelband der Luftfahrtinspektion.

Der zweite Flug bringt die ersten Schwierigkeiten. Unter den per Schiff in Luanda angelieferten Zelten, Decken und grünen Holzkisten sind mehrere Tonnen Lebensmittelkonserven, die ebenfalls nach Lusaka sollen. Unser Lademeister in Luanda rauft sich die wenigen Haare. Auf den Frachtpapieren für diese Hilfsgüter sind keine Gewichte eingetragen. Wir aber müssen wissen, wie schwer sie konkret sind, um unsere Maschine nicht zu überladen. Auch auf den Etiketten der einzelnen Konservenbüchsen steht nichts. Eine Waage ist nicht aufzutreiben. Ein Unterschied von 250 oder 500 Gramm bei mehreren tausend Büchsen macht einen Unterschied von drei bis sechs Tonnen für unsere Abflugmasse aus.

Wir legen gemeinsam einen Wert fest. Das maximale Abfluggewicht bei den Bedingungen in Luanda wird auf 58,5 Tonnen beschränkt. Die Startvorbereitungen sind abgeschlossen und die Starterlaubnis wird erteilt. Beim Anrollen ist eine verzögerte Beschleunigung deutlich spürbar, trotz Startmassenbeschränkung und 16.000 PS. Kurz vor dem Ende der Startbahn heben wir endlich ab, die Steigflugrate ist noch geringer als beim letzten Mal. Die Piloten sagen unter solchen Umständen »Sehr weich in den Rudern«, das heißt bei Minimalgeschwindigkeiten reagiert das Flugzeug deutlich schlechter. Offensichtlich war unser Abfluggewicht erheblich höher als von uns geschätzt.

Obwohl wir für das Internationale Rote Kreuz fliegen und am Rumpf entsprechend markiert sind, fliegen wir nachts, um nicht von südafrikanischen Kampfflugzeugen abgefangen oder beschossen zu werden. Die Landung in Lusaka, bei nur wenigen Lampen als Runway-Befeuerung, verläuft normal. Der Entladevorgang gestaltet sich wie beim ersten Mal. Ein LKW donnert mit der Ladebordwand an unseren Flugzeugrumpf. Die Fahrer seien neu, wie man uns entschuldigend erklärt. Ich steige wieder auf den Bock. Parallel zum Ausladevorgang übe ich mit drei Fahrern wieder eine Stunde auf dem Rollfeld.

Eine der schweren Kisten rutsch den Arbeitern beim Herunterheben durch die Hände und knallt auf den Beton. Zum Vorschein kommen drei Maschinengewehre und Munition. Wir sehen uns gleichermaßen fragend wie erstaunt an. Kurz darauf klären uns ein Botschaftsangestellter und ein Vertreter der *Zimbabwe African Peoples Union* (ZAPU), der Befreiungsorganisation von Simbabwe, auf. An der Grenze zwischen Sambia und Namibia existieren Flüchtlingscamps, die durch internationale Hilfssendungen wie die unsrigen unterstützt werden. Diese Zeltlager würden aber häufig von südafrikanischen Kampfhubschraubern beschossen, weil man dort ZAPU-Kämpfer vermutete. Bei solchen Angriffen wären bereits unzählige Frauen und Kinder getötet worden. Die ZAPU organisiere nunmehr mit ausländischer Hilfe den militärischen Schutz dieser Menschen. Das klingt alles sehr plausibel, und später können wir uns bei einem Besuch in einem solchen Camp selbst ein Bild machen. Dennoch sind wir sauer, daß man uns darüber im unklaren gelassen hat, *was* wir dort flogen. Und daß man selbst das Gewicht als »Streng geheim« deklarierte, was uns die bekannten Probleme bereitete. Gegen Mitternacht fallen wir todmüde ins Bett.

Ab dem dritten Flug von Luanda nach Lusaka können wir die Früchte unseres Fahrer-Trainings ernten, die namibischen Kraftfahrer verschonen unsere Maschine vor weiteren Dellen. Manchmal bremsen sie zwar so scharf, daß der Fahrerkopf mit der Innenscheibe kollidiert. »Lieber Kopf an Glas als Auto an Flugzeug«, lachen sie mit breitem Mund. Auch die weiteren Flüge verlaufen im wesentlichen normal und ohne größere Probleme.

Am 21. März 1979 landen wir vorerst zum letzten Mal in Luanda und begrüßen die Ablösung. Wie geplant, ist es Flugkapitän Dieter Hartmann und seine Crew, sie kommen mit der planmäßigen Linienmaschine vom Typ IL-62 der INTERFLUG aus Berlin. Nach einem kurzen Informationsaustausch zwischen unseren beiden Besatzungen reisen wir mit derselben Maschine zurück, während die Besatzung Hartmann die nächsten acht Einsätze mit der IL-18 (DDR-STL) zwischen Luanda und Lusaka absolvieren soll.

Die Hafenstadt Luanda, Angolas Hauptstadt, aus der Satellitenperspektive.

Beim zweiten Flug kommt es zu einem Unglück. Beim Start in Luanda fällt ein Triebwerk aus, die Maschine schießt über die Startbahn hinaus.

In einer Bodensenke geht sie in Flammen auf. Unsere Crew sowie sechs Begleiter sterben. Wir können erst nach zwei Monaten die Hilfsflüge wieder aufnehmen.

Was damals eine ›Vertrauliche Verschlußsache‹ war, las ich fast dreißig Jahre später im Bundesarchiv. Wegen der Geheimhaltung war seinerzeit in den Flugstaffeln der INTERFLUG sehr eingeschränkt informiert worden.

Am 4. April 1979 wurden die Reste der Maschine in vier verplombten Kisten auf dem Seeweg in die DDR gebracht, wo sie am 27. April an Bord der ›Joliot Curie‹ eintrafen. Die Auswertung des Flugschreibers MSRP-12 verriet, daß in der 36. Sekunde nach Startleistung die Segelstellungspumpe des zweiten Triebwerkes arbeitete. Der Leiter der fliegerischen Untersuchungskommission, Flugkapitän Görlich, schreibt zum Unfallher-

Untersuchungskommission
der DDR

Vertrauliche Verschlußsache
Rb I VS-Nr. 64/79
2. Ausfertigung 22 Blatt

17.06.80
8.08.81

B e r i c h t

über das Ergebnis der Untersuchung des Luftfahrzeugunfalles mit dem Luftfahrzeug IL-18, Kennzeichen DM-STL, der INTERFLUG am 26. März 1979 um 12.50.55 Uhr GMT am Flughafen Luanda (VR Angola)

Berlin, den 31 Mai 1979

Bemerkung: Alle Zeitangaben werden auf GMT bezogen.

VVS Rb I 64/79
2. Ausf. Bl. 2

Im Zusammenhang mit Charterflügen der INTERFLUG zwischen Luanda (VR Angola) und Lusaka (Sambia) hatte die Besatzung des Kommandanten Hartmann am 26. 3. 1979 den Auftrag, den Flug Nr. IF 3042 mit Start vom Flughafen Luanda Lebensmittel zum Flughafen Lusaka zu fliegen.

Im Verlauf des Startes auf dem Flughafen Luanda kam es nach Ausfall des 2. Triebwerkes zu einem Startabbruch. Infolge der bis zum Startabbruch erreichten Rollgeschwindigkeit war die verbliebene Reststrecke der Start- und Landebahn (SLB) zum Anhalten des Luftfahrzeuges nicht ausreichend. Mit hoher Geschwindigkeit überrollte das Luftfahrzeug das Ende der SLB. Es kam zur Hindernisberührung, in der weiteren Folge zum Bruch der Zelle und im Zusammenhang mit einem Brand zur vollständigen Zerstörung des Luftfahrzeuges.
Alle Insassen des Luftfahrzeuges wurden tödlich verletzt.

VVS Rb I 64/79
2. Ausf. Bl. 10

4. Schlußfolgerungen

Die Entscheidung, den Start nach Überschreiten von V_1 (Entscheidungsgeschwindigkeit) abzubrechen, war falsch. Diese Entscheidung steht im Widerspruch zur Technologie laut Flughandbuch IL-18.
Die Aufzeichnung des MSRP-12/96 beweist, daß der Kommandant nach Ausfall des 2. Triebwerkes den Start zunächst [illegible] vom Beginn des Anrollens erfolgt die Verstellung des Höhenruders nach + 6°, das heißt, der Kommandant versucht, das Luftfahrzeug abzuheben. Dieser Zeitpunkt entspricht etwa dem des Abhebens bei 60,5 t. Unmittelbar danach erfolgte der Startabbruch, für dessen Erklärung im wesentlichen zwei Varianten sprechen:

- Der Ausfall des 2. Triebwerkes bringt gleichzeitig einen Ausfall des 2. Wechselstromgenerators mit sich. Die Umschaltung auf den Reservegenerator am 4. Triebwerk erfolgte automatisch und dauert in diesem Fall ca. 6 Sekunden.
  Von den Triebwerk-Überwachungsgeräten wird nur das System der Schwingungsmeßeinrichtung IW-41 mit Wechselstrom vom 2. Triebwerk gespeist. Ein Abfall der Spannung und schlagartiges Zuschalten der Versorgung durch den Generator des 4. Triebwerkes führt zu einem kurzzeitigen Ansprechen der Anlage über gefährliche Schwingungen an den Triebwerken. Die Zeiger schlagen aus und die roten Warnlampen flackern kurz auf. Diese Tatsache, obwohl nur kurzzeitig auftretend, kann die Besatzung veranlaßt haben, den Start abzubrechen, da sie Fehler auch an anderen Triebwerken vermuten mußte und diese Erscheinung den Besatzungen nicht bekannt ist. Im Training wird immer nur das 1. und 4. Triebwerk abgeschaltet, um den Schwierigkeitsgrad zu erhöhen.
  Das kurze, in dieser Phase zur Verfügung stehende Zeitlimit erfordert ein schnelles Handeln der Besatzung und läßt keine Analyse, ob echte oder Fehlanzeige, zu.

Aus dem Untersuchungsbericht des Unglücks vom Frühjahr 1979 in Luanda.

gang: Der Start erfolgt auf der Runway 24 in Luanda. Nach 2.148 Metern fällt bei 253 Stundenkilometern das zweite Triebwerk aus. Nach 2.716 Meter wird der Startabbruch eingeleitet. Das aktuelle Startgewicht beträgt 65.500 Kilogramm. Mit diesem Gewicht berechnet Görlich die Abhebestrecke mit 3.175 Metern. Beim maximal möglichen Gewicht von 60.500 kg hätte das Flugzeug bei 2.704 Meter abgehoben.

Zur Benutzung der Bremsanlagen wird festgestellt, daß die Laufflächen der Hauptfahrwerksräder keine Bremsspuren zeigten. Wegen der hohen Geschwindigkeit ist die Rollreibung nahezu Null. Ein Bremsen mit den Luftschrauben (wie beim Frachtflugzeug »Transall« der Bundesluftwaffe) ist bei der IL-18 nicht möglich.

Trotz dieser menschlichen und materiellen Verluste wird der Flugauftrag von den zuständigen Besatzungen erfüllt. Am 10. August 1979 erhalten 53 Mitarbeiter der INTERFLUG auf einem Appell für ihren Einsatz in Angola hohe staatliche Auszeichnungen.«

Ein Bremsen mit dem Propeller, wie es bei anderen Flugzeugen möglich ist, geht bei der IL-18 nicht. Auch das ist eine der Ursachen für das Unglück von Luanda.

Die IL-18: vielseitig einsetzbar und damit reichlich überstrapaziert. Eine verläßliche Maschine.

Die INTERFLUG erfüllte Aufgaben, die eigentlich Transportflieger der NVA hätten erfüllen müssen. Wie schon in Kabul und in Äthiopien wurde die veraltete und eigentlich für diese Aufgaben ungeeignete IL-18 eingesetzt. Die Mannschaften waren aber einsatzbereit, diszipliniert und anpassungsfähig: heute ein Linienflug nach Prag, morgen eine Westberliner Reisegruppe zum Billigurlaub nach Burgas an der Schwarzmeerküste Bulgariens, danach Eintagsküken nach Teheran und UNO-Versorgungsflüge nach Larnaka für Österreichs Friedenstruppen, zwischendurch Werkstatt- oder Prüfflüge, Simulatortraining in Leningrad bei minus 40 Grad Celsius, danach Äquatorüberquerung bei Libreville mit Landung in Luanda in Tropenhitze … Ein breites Einsatzspektrum, so interessant wie anstrengend. Der überwiegende Teil des fliegenden Personals konnte sich nicht aussuchen wann, wohin, was und mit welchem Flugzeugtyp er flog.

Trotz aller Widrigkeiten war es eine schöne, glückliche Zeit. Während die NVA über moderne Technik verfügte und den Kampf gegen den Klassenfeind probte, kämpften wir mit unmoderner Technik tatsächlich mit dem Gegner. Wir waren unmittelbar mit unseren Konkurrenten konfrontiert. Und viele ließen dabei ihr Leben.

Zur Trauerfeier erhielt ich eine Einladung. Der Flugbetriebsdirektor entsprach meiner Bitte, mich für die Totenwache für meinen Freund Dieter

Hartmann einzuteilen. Als Nachbar kümmerte ich mich um seine Familie. Meine Frau übernahm die zeitweilige Betreuung seiner Kinder. Als Gewerkschaftsfunktionär nahm ich Einfluß auf die Regulierung der materiellen Versorgung der Ehefrau durch die DARAG-Versicherung und durch die FAKULTA, eine fakultative Rechtsschutz- und Unterstützungseinrichtung für Werktätige des Verkehrswesens der DDR.

Wie interpretiere ich die Untersuchung? Zunächst verblüfft der kurze Zeitraum – bereits innerhalb von acht Tagen war der Flugschreiber ausgewertet, das ausgefallene Triebwerk ermittelt und verschifft worden. Die erhebliche Überladung des Flugzeuges mit fünf Tonnen wirft die Frage auf nach der Verantwortung und der fachlichen Kompetenz der 15köpfigen Bodencrew in Luanda und somit nach der Einsatzvorbereitung. Korrekte Gewichtsangaben sind in den Tropen von besonderer Bedeutung. Der kurzfristige Mitnahme von sechs Passagieren, Angehörigen der ZAPU, die Frachtüberladung, die extrem hintere Schwerpunktlage des Flugzeuges und die Zerstörung der Flugzeugzelle lassen mehr auf den Transport von speziellen Gütern statt auf Lebensmittel schließen. Die Berechnungen zur Startstrecke im Untersuchungsbericht decken sich nicht mit den Erkenntnissen und Maßnahmen der ersten Crew.

Eine AN-26 der NVA wird mit Weizensäcken beladen.

Ich vermisse die Angaben zur RWY (Runway-Startbahn), SWY (Stopway-Stopfläche) und CWY (Clearway-Freifläche) und zur TODA (take-off distance available – verfügbare Startstrecke) und ASDA (accelerate-stop distance available – verfügbare Startabbruchstrecke).

Die Flugkapitäne Radig (mit grünem T-Shirt) und Breiler sowie ihre Besatzungen und Techniker, Äthiopien 1985.

Die im Abschlußbericht unter Punkt 7.4 getroffenen Schlußfolgerungen lesen sich plausibel. Es ist aus meiner Sicht jedoch bedenklich, wenn seit der Indienststellung der IL-18 im Jahr 1960 die genannten möglichen Fehlsignalisationen an den arbeitenden Triebwerken die Besatzung zu falschen Entscheidungen verleiteten und daß solche Situationen nicht an geeigneten Simulatoren trainiert wurden.

Über die Ursachen des Triebwerksausfalls wurde nichts veröffentlicht. Dies zeugt von einer ungenügenden Zusammenarbeit mit dem Triebwerkshersteller. Ich erinnere mich an einen Flug von Assab nach Asmara in Eritrea während der UNO-Hilfsaktion in Äthiopien. Dort verabschiedete sich ein generalüberholtes Triebwerk nach etwa 20 Stunden Laufzeit. Ich denke an eine explodierende Hilfsturbine während eines Linienfluges nach Tirana in Albanien … Sowjetische Triebwerke waren ein Sorgenkind.

Ich unterstelle, daß unsere Klagen von der Führungsetage der INTERFLUG weitergegeben wurden. Doch Folgen waren bis in die 80er Jahre hinein nicht feststellbar, die Flugzeuge aus der Sowjetunion schon aus Prinzip »charascho« (gut), wenn nicht sogar »otlitschno« (hervorragend).

Betriebszeichen der Hauptverwaltung der Zivilen Luftfahrt der DDR (HVZL).

Kapverden

Die Inselgruppe vor der Westküste Afrikas wurde 1456 von den Portugiesen besetzt und *Cabo Verde* (Grünes Kap) getauft. Doch schon Kolumbus, der 1498 die Inseln sah, befand, daß dieser Name für die eher wüstenartigen Eilande ein wenig übertrieben sei. Bis ins 17. Jahrhundert wurden von dort Sklaven nach Amerika verschifft. 1974, mit dem Sturz des portugiesischen Diktators Salazar durch die »Nelkenrevolution«, erlangte die Inselgruppe ihre koloniale Unabhängigkeit. Unter Vorsitz eines portugiesischen Hohen Kommissars kam es zur Bildung einer Übergangsregierung und zur Wahl einer verfassunggebenden Versammlung, bei denen die 1956 gegründete *Afrikanische Partei für die Unabhängigkeit Guineas und Kap Verdes* (PAIGC) alle Sitze errang. Wie ihr Name sagt, strebte die Partei die Vereinigung mit Guinea-Bissau auf dem Festland an. Dort hatte die PAIGC 1963 den bewaffneten Befreiungskampf begonnnen.

Am 5. Juli 1975 wurde die staatliche Unabhängigkeit ausgerufen und die links-nationale Befreiungsbewegung PAIGC wurde zur alleinregierenden Partei. Erster Staatspräsident wurde Aristides Pereira, der im Mai 1979 die DDR besuchte. Er besuchte aber auch seine zeitweilige Heimat: Er hatte in der zweiten deutschen Republik, gleichsam im Exil, studiert und sprach ausgezeichnet deutsch.

Die DDR richtete auf der Insel São Vincente die überhaupt erste Geburtenstation mit Kreißsaal ein, die erste Hebamme hatte zuvor fünf Jahre in der DDR studiert. Bis dato hatten die reichen Inselbewohner in Portugal

Die Lage der Kapverden vor der Westküste Afrikas.

Ankunft am späten Nachmittag auf dem Flughafen von Sal, wo eine einzige Maschine der kapverdischen Luftfahrtgesellschaft, eine alte Vickers »Viscount«, steht.

entbunden, und die, die es sich nicht leisten konnten, gebaren daheim. Dadurch war die Säuglingssterblichkeit extrem hoch, weshalb Neugeborene überhaupt erst registriert wurden, wenn sie das erste Lebensjahr überstanden hatten. Hydrologen aus der DDR versuchten bereits, eine Wasserwirtschaft in Gang zu bringen. Es regnete nur ein- oder zweimal im

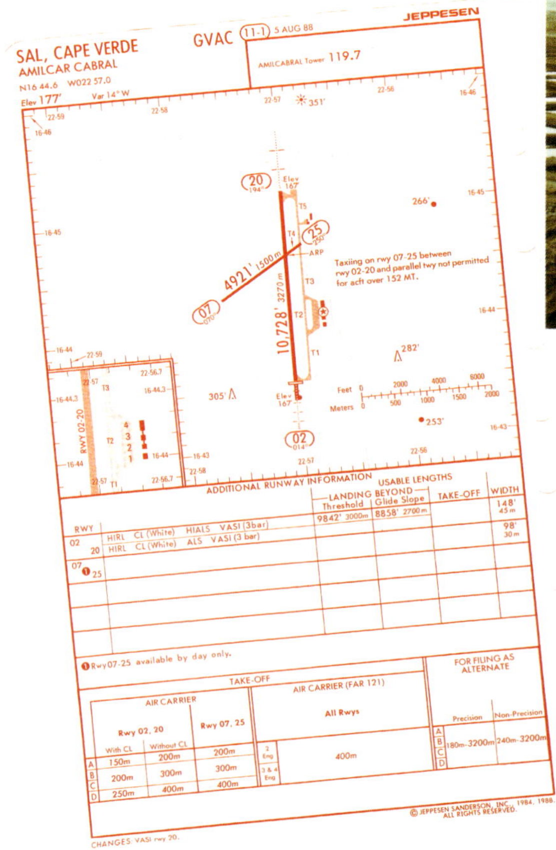

Die Insel Sal hat ihren Namen von der hier gepflegten Salzgewinnung aus dem Atlantik.
Links: Die Karte vom Flugplatz »Amilcar Cabral« auf Sal. Unten: Die Präsidentenlanguste.

Jahr auf dem Archipel, dann aber so heftig – bis zu 200 Liter in der Stunde –, daß die Wirkung verheerend war: Statt den ausgedörrten Boden zu durchfeuchten, riß das Wasser die Bodenkrume mit sich.

Auch Pädagogen aus der DDR waren vor Ort und hatten den Kampf gegen das Analphabetentum aufgenommen – von den 300.000 Menschen konnte nur jeder Zehnte lesen und schreiben. Und: In Praia, der Hauptstadt der »Republik der Kapverden«, waren Spezialisten aus Leipzig und Heidenau dabei, eine Druckerei aufzubauen …

Die IL-18-Staffel der INTERFLUG erhielt den Auftrag, Präsident Aristides Pereira, einen großgewachsenen dunkelhäutigen Mittfünfziger, mit seiner Delegation nach dem Staatsbesuch auf die Kapverden zurückzubringen.

Flugkapitän Dieter Oehme flog mit seiner Crew bis Algier, ich übernahm dort die Maschine und flog den Präsidenten nach Sal. Ich steuerte den Flughafen dort zum ersten und, wie ich heute weiß, einzigen Mal an. Der Flug war problemlos. Die Gesamtaktion stand unter Leitung von Flugkapitän Görlich.

Zum Dank schenkte mir der Präsident beim Abschied ein Buch mit Widmung. Und zwei Langusten je Besatzungsmitglied.

Das Buch habe ich noch.

Widmung des Präsidenten der Kapverden, der in der DDR studierte. Darunter die IL-18, die nach kurzer Dämmerung im tropischen Dunkel versinkt. Anderentags geht es zurück nach Berlin.

Mit der IL-62 dem Ende zu

IN ANERKENNUNG
UND WÜRDIGUNG
LANGJÄHRIGER, VORBILDLICHER
PFLICHTERFÜLLUNG
SOWIE
BESONDERER AKTIVITÄTEN
BEI DER GEWÄHRLEISTUNG
EINER HOHEN FLUGSICHERHEIT
UND HERAUSRAGENDER
VERDIENSTE
UM DEN FLUGBETRIEB
WIRD

Klaus Breiler

DIE EHRENPLAKETTE
„OTTO
LILIENTHAL"

IN BRONZE VERLIEHEN

Berlin, den 8. Juni 1986

INTERFLUG

Direktor

Im Sommer gibt es die Ehrenplakette in Bronze, im Winter geht es wieder einmal nach Uljanowsk zur Umschulung. Hier mit INTERFLUG-Kollegen Prager am Eingang des Zentralen Ausbildungszentrums des RGW.

Im Herbst 1986 wurde ich wieder einmal umgeschult. Ich hatte als Militärflieger die Jak-18U und die Mig-15 geflogen, als Agrarflieger steuerte ich die L-60 und Z-37, seit 1969 beim Verkehrsflug hatte ich die Lizenz als Flugzeugführer für die IL-14 und -18, AN-24, TU-134 und -134A sowie die IL-62 erworben. Nunmehr sollte ich in Uljanowsk für den Langstrekkenjet IL-62M ausgebildet werden. Nach Lage der Dinge hatte ich vermutlich, wie bereits erwähnt, von allen Flugkapitänen der INTERFLUG die meisten Zulassungen. Da stellte ich mir nicht zum ersten Mal die Frage nach der Zweckmäßigkeit solcher Schulungen, die sehr viel Zeit und Kraft, aber noch mehr Geld kosteten. Ich akkumulierte zwar fortgesetzt spezielles Wissen, konnte es aber nur eine begrenzte Zeit nutzbringend anwenden, weil ich schon wieder auf einen anderen Flugzeugtyp wechselte. Zwölf Jahre auf der IL-18 waren die absolute Ausnahme.

Gewiß war das alles nicht umsonst, aber eben nicht sonderlich effektiv, selbst wenn ich neben meiner Haupttätigkeit als Flugkapitän zugleich auch als Fluglehrer und als Prüfer für die Staatliche Luftfahrtinspektion arbeitete und darum in sehr vielen Cockpits zu Hause sein mußte.

Die Ausbildung in Uljanowsk war wie immer gründlich und umfassend. Und wie immer mußten wir alles mitschreiben, weil es keine Unterlagen gab und diese wie Staatsgeheimnisse behandelt und darum unter Verschluß gehalten wurden. Neun Unterrichtsfächer bedeuteten neun dicke Hefter, die wir für die Prüfung paukten. Neunmal wurde jeder von einer Prüfungskommission examiniert.

Das Gebäude mit den Fachkabinetten, in den der solide Unterricht stattfindet.

Lehrer und die deutschen Schüler der Lehrgangs.

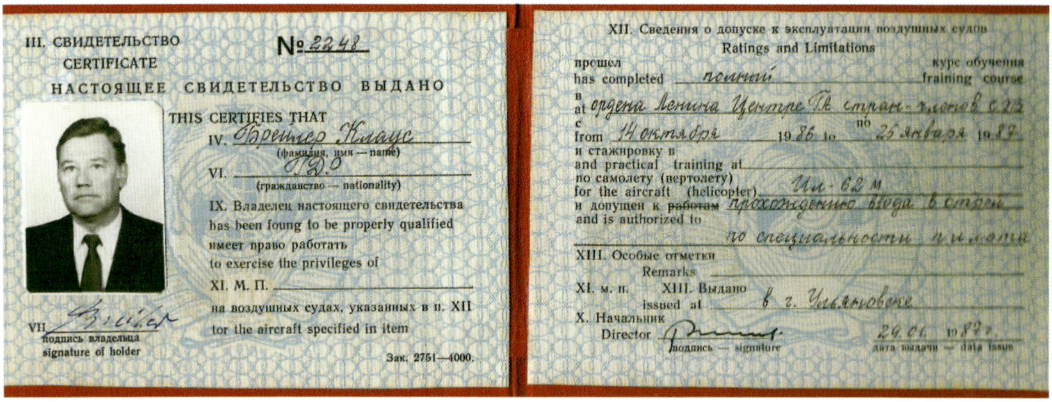

III. СВИДЕТЕЛЬСТВО
CERTIFICATE
№ 2248

НАСТОЯЩЕЕ СВИДЕТЕЛЬСТВО ВЫДАНО
THIS CERTIFIES THAT
IV. Брейлер Клаус
(фамилия, имя — name)
VI. ГДР
(гражданство — nationality)
IX. Владелец настоящего свидетельства
has been foung to be properly qualified
имеет право работать
to exercise the privileges of
XI. М. П.
на воздушных судах, указанных в п. XII
for the aircraft specified in item
VII подпись владельца
signature of holder
Зак. 2751—4000.

XII. Сведения о допуске к эксплуатации воздушных судов
Ratings and Limitations
прошел has completed полный курс обучения training course
в at ордена Ленина Центре ПК стран-членов СЭВ
с from 14 октября 1986 по to 25 января 1987
и стажировку в and practical training at
по самолету (вертолету) for the aircraft (helicopter) Ил-62М
и допущен к ~~работам~~ прохождению ввода в строй
and is authorized to
по специальности пилота
XIII. Особые отметки
Remarks
XI. м. п. XIII. Выдано issued at в г. Ульяновске
X. Начальник
Director
подпись — signature
29.01.1987 г.
дата выдачи — data issue

Oben: Die Lizenz der *International Civil Aviation Organization* (ICAO), der Internationalen Zivilluftfahrtorganisation, einer Sonderorganisation der UNO, ausgestellt in Uljanowsk am 29. Januar 1987. Damit ist der Besitzer der Klappkarte befugt, die IL-62M zu fliegen.

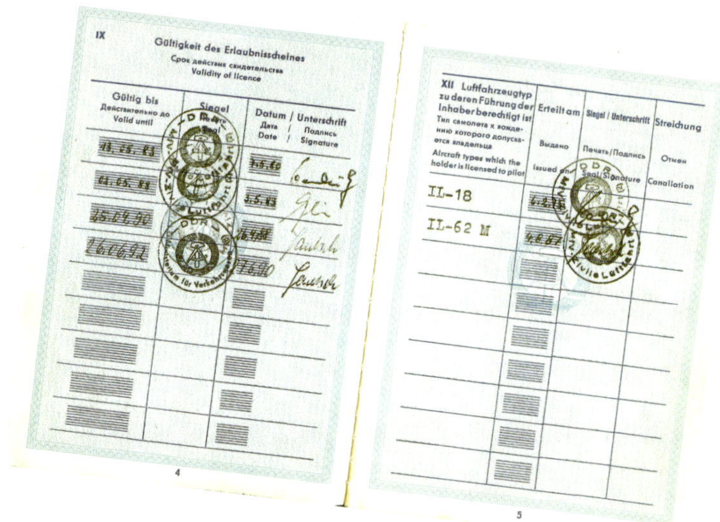

IX
Gültigkeit des Erlaubnisscheines
Срок действия свидетельства
Validity of licence

Gültig bis / Действительно до / Valid until	Siegel / Печать / Seal	Datum / Unterschrift · Дата / Подпись · Date / Signature
13.05.83		3.5.80
04.05.88		3.5.83
25.04.90		26.4.88
26.06.92		27.6.90

XII Luftfahrzeugtyp zu deren Führung der Inhaber berechtigt ist / Тип самолета к вождению которого допускается владельца / Aircraft types which the holder is licensed to pilot	Erteilt am / Выдано / Issued on	Siegel / Unterschrift · Печать/Подпись · Seal/Signature	Streichung / Отмен / Cancellation
IL-18	6.2.[illegible]		
IL-62 M	4.8.87		

4

5

Rechts: Eintrag im »Erlaubnisschein für Luftfahrtpersonal« am 4. August 1987, daß Breiler die IL-62M fliegen darf.
Oben: Dokument von außen.

Daran schloß sich die fliegerische Ausbildung unter den Bedingungen eines russischen Winters an. Alle Flugelemente wurden nach dem russischen Bewertungssystem benotet, die 5 war »Sehr gut«. 19 Teilnoten wurden zusammengefaßt. Mit dem Ergebnis war ich zufrieden. »Sehr gut« in der Theorie und »Ausgezeichnet« bei den fliegerischen Prüfungen zeigten, daß sich die Anstrengungen gelohnt hatten. Der kollektive Fleiß der Deutschen wurde von der sowjetischen Schulleitung gelobt.

Es gab Zeugnisse, die aber wurden uns nie ausgehändigt. 1991 fand ich sie in den Akten. In der Personalakte und in der Fliegerakte waren Unterlagen aus über 30 Jahren abgeheftet: mein Leben auf Papier – Fragebögen, Lebensläufe, Aktennotizen, Leistungseinschätzungen, Zwischenbeurteilungen, Abschlußbeurteilungen, Beurteilungen zu besonderen Anlässen, Zeugnisse, Nachweise usw. Und eben jene Zeugnisse aus Uljanowsk. Damit flog ich bis 1988, fast zwei Jahre, als Kommandant auf der IL-62M.

Dann wurde ich wegen eines Vorkommnisses als Flugkapitän abgelöst und zum Copiloten degradiert. Es geschah bei einem Trainingsflug. Regelmäßig wurden auch Flugkapitäne getestet, wobei sie vom Copiloten beobachtet wurden. Die Übung lautete: vorgeschriebener Anflug nach ungerichteten Funkfeuern hinter einem Blindflugvorhang. Ich steuerte zu diesem Zweck eine der alten IL-62 mit schlechterer Querrudersteuerbarkeit. Mein Copilot war Felix A., der als TU-Kapitän wegen eines folgenschweren Flugvorkommnisses abgelöst worden war. A. erfreute sich der Gunst des Staffelleiters und war, was ich zu jenem Zeitpunkt aber nicht wußte, wieder als Kommandant im Gespräch.

Ich flog nach Anzeige und mit Hilfe des Navigators und Bordingenieurs. Die Landebahnen 25R und 25L in Berlin-Schönefeld waren geöffnet. Ich beantragte Anflug auf 25L. Der Copilot übernahm kurz die Steuerung, als ich meinen Vorhang öffnete. Das war aus Sicherheitsgründen üblich; es konnte ja sein, daß die Sichtblende nicht aufging.

In diesem Moment korrigierte er den Kurs und steuerte die rechte Landebahn an, zudem kommandierte er: »Alle Triebwerke auf Leerlauf.« Der Bordingenieur führte den Befehl aus. Die Geschwindigkeit nahm rapide ab.

Die IL-62M in Berlin-Schönefeld auf der Rollbahn.

Hatte ich die Änderung vom Tower überhört, war an Bord etwas geschehen, was meiner Aufmerksamkeit entgangen war? Ich übernahm die Steuerung wieder und landete das Flugzeug nach Sichtflugregeln auf der 25R.

Unmittelbar nach der sicheren Landung rief Felix A. beim Flugleiter an, während ich noch sinnierte, ob diese Landung als Flugvorkommnis oder als Störung bewertet werden sollte.

Das sollte sich als taktischer Fehler erweisen. Die Tatsache, daß nicht ich, sondern der Copilot Mitteilung machte, wurde mir von der Untersuchungskommission als Vorsatz, gar als beabsichtigte Vertuschung ausgelegt. Mir wurde daraufhin der Titel »Flugkapitän« aberkannt, und ich flog 1988/89 nur noch als Copilot.

Das Heck des Langstreckenfliegers beim Beladen. Die Iljuschin IL-62 ist der erste Langstreckenjet der Sowjetunion, er geht 1963 in Betrieb. 1971 kommt die Version IL-62M heraus, die unter anderem stärkere und sparsamere Triebwerke aufweist. Das Produktionsende ist erst 1999 bei der *Kazan Aircraft Production Association* (Kapo). Insgesamt werden ca. 220 Maschinen gebaut, sie sind teilweise heute noch im Einsatz. Die INTERFLUG besaß 15 Maschinen.

Ich fühlte mich ungerecht behandelt. Es war genau definiert, was eine »Störung im Flugbetrieb« und was ein »Flugvorkommnis« ist. Das interessierte so wenig wie die Tatsache, daß ich seit 1957 fast 24.000 Flüge in meinen Flugbüchern stehen hatte. Über 13.000 Flugstunden, davon 11.500 als Kommandant, waren dokumentiert. Hinzu kam: Sowohl beim Wirtschaftsflug wie auch beim Verkehrsflug gab es Landungen nach eigenem Ermessen. Und obgleich bei diesem Vorkommnis keine Fluggefährdung registriert worden war, löste man mich als Kommandant ab.

Genau betrachtet, büßte ich für den Fehler meines Copiloten. Ich war auf der Bahn gelandet, für die uns keine Landeerlaubnis erteilt worden war, die er aber angesteuert hatte, als er das Ruder übernahm.

Obgleich Kommandant und Delinquent, erhielt ich keinen Einblick in die Untersuchungsberichte und Angaben meiner Besatzungsmitglieder. Maßgeblich an dieser Entscheidung, mit der ich bis heute hadere, war die Haltung von Dr. Klaus Henkes, Generalleutnant und seit 1978 Generaldirektor der INTERFLUG. Er galt als »roter Bismarck«, weil er wie dieser mit Zuckerbrot und Peitsche regierte. Meine Interventionen, im Gespräch mit ihm die Unverhältnismäßigkeit der Strafe zu diskutieren, liefen ins Leere. Ich hatte nach seiner Meinung die Peitsche verdient.

Es war darum eine späte Genugtuung, daß ich 1990, nach der Ablösung von Henkes, quasi rehabilitiert wurde und meine Lizenz zurückerhielt.

Die IL-62 beim Abheben in Berlin-Schönefeld. Sie sollte nicht mehr lange fliegen.

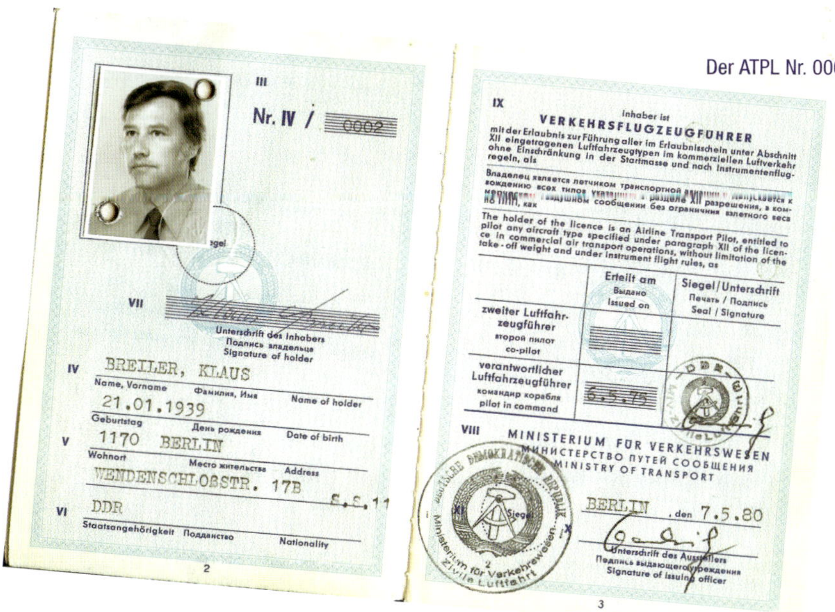

III

Nr. IV / 0002

VII

Unterschrift des Inhabers
Подпись владельца
Signature of holder

IV BREILER, KLAUS
Name, Vorname Фамилия, Имя Name of holder

21.01.1939
Geburtstag День рождения Date of birth

V 1170 BERLIN
Wohnort Место жительства Address

WENDENSCHLOßSTR. 17B

VI DDR
Staatsangehörigkeit Подданство Nationality

2

IX

Inhaber ist
VERKEHRSFLUGZEUGFÜHRER
mit der Erlaubnis zur Führung aller im Erlaubnisschein unter Abschnitt XII eingetragenen Luftfahrzeugtypen im kommerziellen Luftverkehr ohne Einschränkung in der Startmasse und nach Instrumentenflugregeln, als

Владелец является летчиком транспортной ... сообщении без ограничиния взлетного веса

The holder of the licence is an Airline Transport Pilot, entitled to pilot any aircraft type specified under paragraph XII of the licence in commercial air transport operations, without limitation of the take-off weight and under instrument flight rules, as

	Erteilt am Выдано Issued on	Siegel/Unterschrift Печать / Подпись Seal / Signature
zweiter Luftfahrzeugführer второй пилот co-pilot		
verantwortlicher Luftfahrzeugführer командир корабля pilot in command	6.5.75	

VIII MINISTERIUM FÜR VERKEHRSWESEN
МИНИСТЕРСТВО ПУТЕЙ СООБЩЕНИЯ
MINISTRY OF TRANSPORT

BERLIN, den 7.5.80

Unterschrift des Ausstellers
Подпись выдающего учреждения
Signature of issuing officer

3

Der ATPL Nr. 0002 der DDR

Kooperation mit dem neuen »Großen Bruder« im Westen

Die INTERFLUG hatte in den 80er Jahren Probleme. Die sowjetischen Flugzeuge schluckten viel Treibstoff, waren laut (womit sie gegen Lärmschutzauflagen in einigen westeuropäischen Ländern verstießen, was höhere Landegebühren nach sich zog) und hatten inzwischen ihre Nutzungsgrenze erreicht.* Der notwendige Typenwechsel erfolgte jedoch nicht, weil die sowjetische Luftfahrtindustrie bei der Entwicklung neuer Modelle in erheblichen Verzug geraten war. Auch dies war ein Indiz für den beschleunigten Niedergang der dortigen Wirtschaft. Die avisierten TU-204 (Erstflug am 2. Januar 1989) und IL-96-300 (Erstflug am 30. August 1988) kamen nicht.

* Die eingesetzten TU-134A und IL-18 sind älter als 15 Jahre und auch technisch insofern verschlissen, weil die Wartung nicht nach Befund erfolgt (wie international üblich), sondern nach Flugstunden, da keine entsprechende Erfassung möglich ist. Die Triebwerke haben überdies eine kürzere Laufzeit, und die Grundinstandsetzung, die in der UdSSR erfolgt, dauert bis zu sechs Monaten – international üblich sind inzwischen drei Wochen. Es sind viele außerplanmäßige Reparaturen nötig, und Ersatzteile fehlen.

Auf Vermittlung des bayerischen Ministerpräsidenten Franz Josef Strauß kaufte die DDR drei Airbusse A310. Das Geschäft basierte auf Gegenseitigkeit: Der westeuropäische Flugzeughersteller suchte den Einstieg in den osteuropäischen Markt. Die Airbusse wurden entsprechend den Wünschen der INTERFLUG ausgerüstet und für längere Distanzen tauglich gemacht. Bestandteil des Vertrages war die Ausbildung der Besatzungen in Frankreich und in der BRD sowie ein Wartungsabkommen mit der Deutschen Lufthansa.

Statt der erwarteten neuen Flugzeuge aus dem Osten kommen diese aus dem Westen.

Mit dem Modell Airbus A310, das 1989 in Berlin-Schönefeld übernommen wurde, stand der INTERFLUG ein modernes Flugzeug zur Verfügung, das wesentlich wirtschaftlicher zu betreiben war (Halbierung des Kraftstoffverbrauchs, im Cockpit saßen nur noch zwei Mann) und

So sehen die Planungen der INTERFLUG in den 80er Jahren aus. Für 1990 ist die Einführung der TU-204 und der IL-96-300 vorgesehen. Die IL-96-300 wird erst 1992 zugelassen. Bis 2007 werden nur wenige Exemplare davon gebaut, zwei Maschinen nutzt der russische Präsident. Die TU-204 geht erst 1995 in Serie. Auch dieses Flugzeug ist westlichen Modellen technisch unterlegen und kann sich auf dem internationalen Markt nicht behaupten.

über erheblich bessere Leistungswerte und einen deutlich gesteigerten Komfort für die Passagiere verfügte.

Damit war klar, daß die Staffel der IL-62 sukzessive alle Langstrecken an die A310-Staffel abgeben würde, und da die IL-62 auf Kurz- und Mittelstrecken nicht wirtschaftlich zu betreiben war, hätte dies auch für mich Konsequenzen.

Aber es kam anders als erwartet. Es schien sich eine Zusammenarbeit zwischen Lufthansa und INTERFLUG anzubahnen. Der Vorstandsvorsitzende der Lufthansa, Heinz Ruhnau, erklärte bei der Eröffnung des Lufthansa-Stadtbüros in Berlin-Mitte am 6. Juli 1990: »Die INTERFLUG wird *nicht* in der Lufthansa aufgehen. Wir wollen, daß die INTERFLUG als eigenständiges, kleines modernes Unternehmen in Deutschland existiert. […] Im Juni hat der erste Lizenzierungskurs für 34 Interflugpiloten begon-

Der Chef der INTERFLUG, Dr. Klaus Henkes (stehend), und der Vorstandsvorsitzende der Deutschen Lufthansa AG, Heinz Ruhnau, bei einer gemeinsamen Pressekonferenz am 19. Januar 1989.

nen, und wir sagen, wo immer wir helfen können, werden wir helfen.«

Ich nahm an diesem ersten Kurs vom 11. Juni bis 13. Juli 1990 teil. Am 1. Juli trat der Staatsvertrag in Kraft. Am 12. Juli erhielt ich eine Lufthansa-Rechnung über 10.000 DM. Daß wir für die Umschreibung unserer ICAO-Lizenz auf die ICAO-Lizenz der BRD bezahlen sollten, war eine merkwürdige »Hilfe«.

Ruhnaus vollmundiger Ankündigung waren Schritte vorausgegangen, die lange vor der »Wende« gemacht worden waren. Im Jahr 1988 hatte Berlin-Schönefeld rund 2,8 Millionen Passagiere abgefertigt, wovon etwa eine halbe Million über den Grenzübergang Rudow kamen oder gingen. Das war, verglichen mit dem Vorjahr, ein Zuwachs von fast elf Prozent.

Bis zum 9. November 1989 stieg dies Quote um weitere 6,3 Prozent. Diese Entwicklung führte dazu, das INTERFLUG und Lufthansa darüber nachzudenken begannen, wie man gemeinsam mit dem Zuwachs umgehen könnte.

Der Zentralflughafen Berlin-Schönefeld fertigt zum Ende der 80er Jahre fast drei Millionen Passagiere jährlich ab, von denen inzwischen fast jeder sechste aus Westberlin kommt.

Am 19. Januar 1989 meldete ADN: »In enger Zusammenarbeit zwischen INTERFLUG und Lufthansa soll ein weiterer Großflughafen entstehen. Darüber informierten in Berlin-Schönefeld der Präsident der INTERFLUG, Dr. Klaus Henkes, und der Vorstandsvorsitzende der Deutschen Lufthansa AG, Heinz Ruhnau.«

Am 10. August 1989 wird die Linie Frankfurt/M. – Leipzig und am Tag darauf die Linie Leipzig – Düsseldorf eröffnet. Am 22. November 1989 vereinbaren Ruhnau und Henkes eine Intensivierung der Zusammenarbeit von Lufthansa (LH) und INTERFLUG (IF). Als erstes wird am 1. Dezember 1989 der Linienverkehr zwischen Dresden und Hamburg aufgenommen.

Am 7. Dezember 1989 kündigt die DDR ihren Beitritt zur Internationalen Zivilluftfahrt-Organisation (ICAO) und die Einrichtung von Luftstraßen Richtung BRD an. Vier Tage später findet die erste Tagung der gemeinsamen Kommission INTERFLUG/Deutsche Lufthansa statt.

Am 4. Januar 1990 reisen erstmals Privatpiloten mit Privatmaschinen in die DDR ein, ohne die NATO-Sicherheitszone zu durchqueren.

Am 19. Januar 1990 gibt es eine Gemeinsame Erklärung über die Zusammenarbeit zwischen der Deutschen Lufthansa AG und der INTERFLUG GmbH, in der acht Entwicklungsprojekte aufgeführt werden:

- Linienkooperation Passage
- Linienkooperation Fracht
- Gründung des gemeinsamen Charterunternehmens »Intercondor«
- Gründung der »Interhansa Service-Catering Gesellschaft«
- Gründung des »Interhansa Simulator Zentrum Berlin«
- Gründung der »Interhansa Software GmbH«

Entgegen vollmundigen Versprechungen, die zu Beginn des Jahres 1990 bezüglich einer Zusammenarbeit von INTERFLUG und Lufthansa gemacht werden, rückt die Westseite bald von ihren Zusagen ab. Es wird erkennbar, daß man keinen Konkurrenten haben will und andere Ziele im Auge hat, bei der die ostdeutsche Luftfahrtgesellschaft stört. Ein namhafter Vertreter der Lufthansa erklärt: »Die INTERFLUG ist für uns eine fremde Airline.«

– Zusammenarbeit in der Flugzeuginstandhaltung
– Planung eines internationalen Flughafens und neuer Flughafenhotels

Am 3. Februar wird die Linie Dresden – Köln eröffnet. Am 20. Februar richtet die DDR eine Luftstraße von Leipzig in südwestlicher Richtung bis Blankenstein ein.

Am 26. Februar verhandelt dann die Lufthansa mit der INTERFLUG über eine Mindestbeteiligung, am 5. März ist man sich einig: Vorstandsvorsitzender Heinz Ruhnau und Generaldirektor Dr. Klaus Henkes unterzeichnen den Vertrag über eine 26prozentige Beteiligung der Lufthansa an der INTERFLUG. Der Vertrag wird am 14. März vom Aufsichtsrat der BRD-Staatslinie bestätigt, das heißt die Bundesregierung stimmt zu.

Auch die Mitarbeiter der INTERFLUG werden zu diesem Schritt befragt. Am 6. und 9. März erfolgt eine geheime Abstimmung. Ein Aufsichtsrat, bestehend aus dem Kapitaleigner, der Hausbank der IF – dem Berliner Stadtkontor – und Belegschaftsmitgliedern, soll die künftige Geschäftsführung einsetzen und kontrollieren.

Am 7. März 1990 hält der Generaldirektor der INTERFLUG seine letzte Dienstversammlung ab. »Das Unternehmen INTERFLUG hat einen voll funktionierenden Reproduktionsprozeß, einen nationalen und internationalen Marktanteil, keine roten Zahlen, ein arbeitsfähiges Grundkapital, ein hohes Anlagevermögen, riesige Flächen an Grund und Boden, in 30 Ländern der Erde gibt es INTERFLUG-Vertretungen, Büros und eigene Immobilien im In- und Ausland«, sagt Henkes. »Als einziges Luftverkehrsunternehmen in Europa besitzt es fünf Verkehrsflughäfen und zehn Flugplätze, ein gut funktionierendes System an Flugzeugwerften, in den Großstädten der DDR eigene Stadtbüros und viele Interflugstützpunkte in den

Großer Bahnhof in Berlin-Schönefeld, als man Mitte der 80er Jahre den 30. Geburtstag der zivilen Luftfahrt in der DDR feiert. Das liegt 1990 gerade fünf Jahre zurück – und mutet dennoch an wie eine Nachricht aus einem vergangenen Jahrhundert.

»Entflechtung« heißt die Parole, die Betriebe der INTERFLUG sollen sich separieren, um dann besser saniert oder verkauft werden zu können. Nur wenige begreifen, daß dies eine Zerschlagung, eine Demontage bedeutet.
Im Osten wird alles demontiert, als erstes die Embleme, die an die DDR erinnern.

Reisebürofilialen. Die Konkurrenzfähigkeit der INTERFLUG gründet sich in erster Linie auf den Leistungswillen und die Leistungsfähigkeit unserer Mitarbeiter.«

Nunmehr geht es Schlag auf Schlag. Am 10. März erlauben die Alliierten das Durchfliegen der NATO-Sicherheitszone, am 29. März wird der Verkehr zwischen Berlin und Paphos (Zypern) aufgenommen. Am 3. April fliegt die IF die neue Charterkette Dresden – Mallorca, darf dabei aber das BRD-Territorium nicht überflogen werden. Am 10. April erfolgt die Eröffnung der Linie Berlin – Monastir (Tunesien).

Am 27. April beruft die Gesellschafterversammlung der INTERFLUG die neue Geschäftsführung mit Hauptgeschäftführer Dr. Andreas Kramer.

Am 30. April erfolgt der Start der Linie Dresden – Paris.

Am 2. Mai wird die DDR als 163. Mitglied in die Internationale Zivilluftfahrt-Organisation der UNO (ICAO) aufgenommen. Tags darauf vereinbaren die Verkehrsminister der BRD und der DDR die Entflechtung der INTERFLUG. Erst danach soll sich die Lufthansa an der IF beteiligen.

Am 10. Mai schlagen die drei Westmächte der UdSSR eine Verbesserung des Berlin-Flugverkehrs vor. Eine 2+4-Kommission soll für die Koordinierung des Luftverkehrs, einheitliche Flugsicherung für Berlin und die Freigabe der Korridore für alle Fluggesellschaften sorgen; Moskau reagiert positiv. Die Lufthansa meldet beim Bundeskartellamt eine 25prozentige Beteiligung an der INTERFLUG an.

Am 18. Mai erfolgt die Unterzeichnung des Staatsvertrages zwischen BRD und DDR, welcher eine Wirtschafts- und Währungsunion vorsieht. Am 22. Mai teilt die US-Fluggesellschaft PanAm mit, daß sie mit der IF über einen Verkauf ihrer Berlin-Dienste verhandelt.

Am 5. Juni 1990 unterzeichnen der Vorsitzende der Condor-Geschäftsführung, Dr. Franz Schoiber, und der neue Hauptgeschäftsführer der IF, Dr. Andreas Kramer, in Dresden den Kooperationsvertrag zur Gründung der *Intercondor Fluggesellschaft* mit Sitz in Berlin-Schönefeld.

Beginnend mit dem erzwungenen Rücktritt Honeckers am 18. Oktober 1989 führt die Staatskrise der DDR zu einem gesellschaftlichen Umbruch, der – mit der Wahl einer neuen Volkskammer am 18. März 1990 – nicht nur zu einer völligen Umgestaltung, sondern zu Abschaffung des Staates führt. Die DDR hört am 2. Oktober 1990, 24 Uhr, auf zu existieren.

Am 6. Juni mustert die INTERFLUG die IL-18 aus, einige IL-62 werden stillgelegt. Am 27. Juni landet erstmals und mit Zustimmung der Alliierten ein DDR-Rettungshubschrauber in Tegel.

Am 1. Juli 1990 wird nicht nur die D-Mark in der DDR eingeführt – die DDR wird auch als 190. Mitglied in die Internationale Lufttransportvereinigung (IATA) aufgenommen. Am Tag darauf beginnt die TU-134-Flotte der INTERFLUG im Charter für die Lufthansa auf Linien zwischen DDR und BRD zu verkehren. Am 12. Juli fängt die deutsch-deutsche Arbeitsgruppe Berliner Flughäfen mit der Standortsuche für den neuen Großflughafen ab.

Das Bundeskartellamt lehnt am 30. Juli 1990 eine Beteiligung der Lufthansa an der INTERFLUG ab.

Bereits am Tag darauf präsentiert die Lufthansa ihr Entflechtungskonzept für die INTERFLUG und signalisiert der Treuhandanstalt die Absicht, die INTERFLUG zu 100 Prozent zu erwerben und am Flughafen Berlin-Schönefeld eine technische Basis für Boeing 737 mit INTERFLUG-Personal aufzubauen. Am 5. August landet in Schönefeld die erste Maschine der Lufthansa.

Per 27. August beginnt das Bundesverkehrsministerium einen Schriftwechsel mit der Treuhandanstalt, in dem es um die Übertragung der Flughäfen der INTERFLUG geht. Dr. Detlev Karsten Rohwedder, einst Staatssekretär in Bonn und danach Wirtschaftsmanager bei Hoesch, war von der DDR-Regierung am 3. Juli 1990 zum Vorsitzenden der Treuhandanstalt berufen worden. Rohwedder empfängt am 11. September den Hauptgeschäftsführer der INTERFLUG und sichert Kramer zu, die INTERFLUG bis Ende 1991 sanieren zu wollen.

Am 17. September konstituiert sich die *Flughafen Berlin-Schönefeld GmbH* (FBS), womit Berlin-Schönefeld aus der INTERFLUG ausgegliedert wird. Das ist – unter der Flagge vermeintlich notwendiger Entflechtung – der Beginn der Enteignung. Eine »Entflechtung« dieser Art kennt die Lufthansa nicht: Sie ist an ihren Flughäfen unverändert beteiligt, woran niemand Anstoß nimmt.

Am 19. September meldet ADN, die Treuhand habe zur Entflechtung der INTERFLUG sechs neue Gesellschaften gegründet – vier Flughafengesellschaften in Berlin, Dresden, Erfurt und Leipzig sowie die Flugservice und Development GmbH und die Berliner Spezialflug GmbH. Ein Tag vor dem Beitritt treffen sich im Bundesministerium für Verkehr Staatssekretär Knittel, die Ministerialdirigenten Niester und Kappel, die Regierungsdirektoren Bartkowski und Mürl. Ihnen wird von Dr. Hadrys ein Konzept der Treuhandanstalt für die Fortexistenz der INTERFLUG vorgelegt. Im Protokoll wird festgehalten: »Dies bedeutet, daß INTERFLUG kein Subventionsfall ist und daher eine gute Überlebenschance hat. Die Treuhand hat daher keine Handhabe, INTERFLUG zu liquidieren. Im Gegenteil, die THA hat die Aufgabe, das ihr anvertraute Vermögen im Interesse des Bundes und des Steuerzahlers zu bewahren und durch Sanierung zu mehren.«

Mit Herstellung der Einheit wird die INTERFLUG Eigentum der Bundesrepublik, sie ist jetzt nicht mehr ein »Wettbewerbsfall«, sondern ein »Erbfall«.

Die Lufthansa zieht am 15. Oktober beim Kartellamt ihren Antrag auf eine Beteiligung an der INTERFLUG zurück und schlägt dem Bundesverkehrsminister einen Treuhandvertrag vor. Er sieht vor: Die Lufthansa übernimmt den Geschäftsbetrieb der INTERFLUG im Auftrag des Eigentümers. Die Lufthansa stellt das Spitzenmanagement und erhält dafür eine Vergütung. Das Sanierungsziel wird gemeinsam mit dem Eigentümer definiert: Erarbeitung eines Wirtschafts- und Liquiditätsplanes sowie größtmögliche Arbeitsplatzsicherung. Nach Abschluß der INTERFLUG-Sanierung wird eine Übernahme geprüft. Der Bund überträgt sein Eigentum an INTERFLUG im Austausch gegen Aktien an die Lufthansa.

Am 27. Oktober bleibt die Chartertochter der IF und der LH, die »Intercondor« am Boden. Die Condor-Tochter »Südflug« übernimmt alle Charterflüge von Berlin-Schönefeld. Im Zusammenhang mit der Wiedervereinigung Deutschlands sehe die Lufthansa keinen Vorteil mehr in einer Kooperation mit INTERFLUG, heißt es. Deshalb kaufte bereits am 3. September die Lufthansa auch für 150 Millionen Dollar von der PanAm deren Berlin-Dienste einschließlich neun B727-200. Die Übernahme wird am 28. Oktober wirksam und damit erst nach der Einheit publik.

Am 21. Dezember 1990 verzichtet die INTERFLUG auf jede finanzielle Hilfe durch die Lufthansa. Am letzten Tag des Jahres geht die Verantwortung für den Flugverkehr in Deutschland auf die BRD über, die alliierten Luftkorridore werden zu Luftstraßen erklärt.

Überraschend beschließt am 7. Februar 1991 die Treuhandanstalt, die INTERFLUG zu liquidieren, da sich trotz intensiver Suche angeblich kein Käufer gefunden habe. Tags darauf erklärt Dr. Wild das Aus für die INTERFLUG. Die Geschäftsführung der INTERFLUG erhebt schwere Vorwürfe gegen die Treuhandanstalt. Man werde den Flugbetrieb fortsetzen, weil das Vermögen nachweislich größer ist als die Verbindlichkeiten.

1990 konferieren die vier Siegermächte Sowjetunion, USA, Frankreich und England mit den beiden deutschen Staaten (2+4-Gespräche). Diese enden mit dem *Vertrag über die abschließende Regelung in bezug auf Deutschland.* Das ist ein Staatsvertrag zwischen der DDR und der BRD sowie Frankreich, USA, dem Vereinigten Königreich und der UdSSR. Er macht den Weg frei für die deutsche Einheit und wird am 12. September 1990 in Moskau unterzeichnet. Am 15. März 1991 tritt er in Kraft.
Dem Vertrag gingen Gespräche voraus, in denen die außenpolitischen Aspekte der Vereinigung der beiden deutschen Staaten wie Grenzfragen, Bündniszugehörigkeit und Truppenstärke besprochen wurden. Nachdem man sich am Rande der Open-Skies-Konferenz in Ottawa am 13. Februar 1990 grundsätzlich auf solche Gespräche geeinigt hatte, fanden diese in vier Runden am 5. Mai in Bonn, am 22. Juni in Berlin, am 17. Juli in Paris (unter Beteiligung der Republik Polen) sowie am 12. September in Moskau statt.
Der Vertrag, mit dem die Nachkriegszeit offiziell beendet wird, ist das entscheidende Dokument für die weitere Entwicklung in Zentraleuropa.

Zwischenzeitlich war die langjährige Hausbank der INTERFLUG, das Berliner Stadtkontor, von der Berliner Bank übernommen worden.

Zum Liquidator der INTERFLUG wird der Münchener Rechtsanwalt Eckhard Müller-Heydenreich bestellt. Als er eine Überlebenschance für INTERFLUG sieht, wird er am 7. März abgelöst. Ihm folgt Rechtsanwalt Dr. Jobst Wellensiek aus Heidelberg.

Am 5. März beschäftigt sich der Rechtsausschuß des Deutschen Bundestages mit der Privatisierung von Treuhandbetrieben. Direktor Zube von der INTERFLUG legt die allseitig geprüfte Eröffnungsbilanz vom 1. Juli 1990 vor. Den 1,3 Milliarden Aktiva stehen 450 Millionen DM Kreditaufnahme gegenüber. Bis Ende 1990 waren alle Zahlungsverpflichtungen aus selbst erwirtschafteten Mitteln gedeckt worden.

In Berlin-Schönefeld werden die Maschinen der INTERFLUG demontiert. Erst die Tragflächen …

Am 30. April erklärt der INTERFLUG-Liquidator auf einer Pressekonferenz, daß die seit dem 1. März in Liquidation befindliche INTERFLUG GmbH mit dem heutigen Tage den Flugbetrieb endgültig einstelle, um weitere Verluste zu vermeiden. Damit sind die Mitarbeiter der INTERFLUG über Nacht arbeitslos.

Bereits am Tag zuvor war das Rechtsanwaltbüro Böttger, Oertel, Schlie beauftragt worden, für einen Ausbau von Berlin-Schönefeld die Eigentumsverhältnisse zu klären. Damit scheint bereits vor dem letzten Flug der INTERFLUG die Standortfrage für den neuen Großflughafen entschieden zu sein.

Den letzten Linienflug der INTERFLUG am 30. April 1991 geht von Wien nach Schönefeld mit der TU-134A, Kennzeichen D-AOBC. Er wird von Flugkapitän Klaus Petzold und seiner Besatzung absolviert.

Der neue Eigentümer, die Lufthansa AG, kann den Anblick der Maschine vor dem ehemaligen Fliegertrainingszentrum in Altglienicke nicht ertragen. Er veranlaßt die Demontage und und läßt den Rumpf über den Acker nach Diepensee schleppen.
Die Phantasie der Liquidatoren ist sehr begrenzt, um nicht zu sagen: beschränkt. Denn letztlich haben sie nur einen Auftrag: beseitigen und bestatten. Denn auch die INTERFLUG erinnert an einen Staat, den man erst nicht anerkannte und nun sehr schnell vergessen machen will.

Ende einer IL-18 …

Die INTERFLUG ist also – entgegen der Ankündigung – nicht in der Lufthansa aufgegangen. Wohl aber ein Großteil ihres Vermögens, ihrer Marktanteile und nicht zuletzt der Zentralflughafen der INTERFLUG, den die Lufthansa für ihre neuen Großraumflugzeuge A380 und für Innovationen und Globalisierung benötigt. Zum kollektiven Eigentum der INTERFLUG gehören übrigens nicht nur Flugzeuge, sondern auch eine Arbeiterwohnungsbaugenossenschaft, Werkswohnungen, Kindergarten, Kinderkrippe, das Kinderferienobjekt in Linow-Möckern, das Konditionsheim in Breitenbrunn, Ferienheime in Prerow und Kablow, ein Klubhaus, eine Gewerkschaftsbibliothek, ein Jugendclub, ein Wassersportheim in Rahnsdorf mit Saal, Bootshaus und 40 Übernachtungsplätzen, Betriebsschulen in Schönefeld und Leipzig, ein Lehrlingswohnheim, Bereitschaftsgebäude für fliegendes Personal am Flughafen Dresden und vieles mehr.

… und einer TU-134, und damit auch Ende aller Hoffnungen, die zunächst vom »Großen Bruder« aus dem Westen geweckt und übers Jahr 1990 genährt worden waren.

Die Airbusse A310-304

1988 verfügte die INTERFLUG über 39 Flugzeuge: 13 IL-62M, 18 TU-134A und acht IL-18. Im Jahr darauf kamen die drei Airbusse hinzu.

Die Vorgeschichte: Im Dezember 1987 trafen sich die Vertreter der INTERFLUG Henkes und Kramer mit den Vertretern von Airbus Industrie* Zangenberg und Baron v. Trützschler im Berliner Palasthotel. Vorausgegangen waren mehrere Gespräche zwischen DDR-Staatssekretär Alexander Schalck-Golodkowski mit dem Aufsichtsratsvorsitzenden von Airbus Industries, Bayerns Ministerpräsideten Franz Josef Strauß, der das Angebot machte. Schalck informierte Honecker und dieser Günter Mittag, den Wirtschaftssekretär des ZK. Der wiederum beauftragte DDR-Verkehrsminister Otto Arndt mit der Vorbereitung eines Treffens im Dezember 1987 zwischen den INTERFLUG- und den Airbus-Vertretern.

Nach jenem Gespräch flog am 6. Januar 1988 eine DDR-Delegation nach Toulouse. Ein wesentlicher Gesprächspunkt war der Einbau von Zusatztanks, damit bei Flügen nach Kuba die mit der IL-62 erforderliche Zwischenlandung in Kanada entfiel. Die Partei- und Staatsführung der DDR entschied sich schließlich für den Kauf von drei Airbussen A310-304. Dabei wollte man die Erfahrungen und Wartungsmöglichkeiten der Lufthansa nutzen und gleichzeitig die deutsch-deutsche Zusammenarbeit fördern. Insofern war die Entscheidung nicht nur wirtschaftlicher, sondern durchaus auch politischer Natur.

* Airbus Industrie (GIE) wurde 1970 von französischen und deutschen Firmen mit der Absicht gegründet, ein zu den beiden US-amerikanischen Herstellern großer Passagierflugzeuge Boeing und McDonnell Douglas konkurrenzfähiges Produkt in Europa herzustellen, was die einzelnen europäischen Flugzeughersteller auf Grund des hohen Kapital- und Wissensbedarfs nicht erreichen konnten. Der Firmensitz der Airbus Deutschland GmbH ist in Hamburg, der von AIRBUS S.A.S. in Toulouse. Das Unternehmen hat über 54.000 Mitarbeiter und einen Jahresumsatz von 22,3 Milliarden Euro (2005).

Mit den drei Airbussen der INTERFLUG wird pfleglicher umgegangen. Sie werden noch gebraucht.

Die drei Airbusse der INTERFLUG erhielten im Rumpf zwei Zusatztanks mit einem Fassungsvermogen von je 5,8 Tonnen, was zweimal 7.200 Litern entsprach. Diese waren wie zwei Frachtcontainer, die nach Bedarf ein- oder ausgebaut werden konnten. Die Reichweite konnte somit auf 10.400 km ausgedehnt werden. Damit waren Non-Stop-Flüge bis Havanna, aber auch nach Mexiko, Nordamerika und in den Fernen Osten möglich. Die ETOPS-Vorschriften, die Regeln zur Atlantiküberquerung für Flugzeuge mit nur zwei Triebwerken, wurden erfüllt.

Das Politbüro genehmigte am 24. Mai 1988 den Kauf von drei A310-304 für 343 Millionen DM. Die Staatsbank der DDR stellte den Gegenwert von 1.530 Millionen DDR-Mark bereit. Am 7. Juni 1988 erfolgte

Bald schon wird auch die INTERFLUG-Nadel nur noch Geschichte sein.
Rechte Seite unten: Diese Postkarte der INTERFLUG ist eine der letzten der Airline, aber nicht nur deshalb die begehrteste der Kollektion.
Die IL-62 rechts oben auf dem Acker stand bis vor kurzem vor dem Ausbildungszentrum in Altglienicke (unten).

Ende einer Dienstfahrt: Nachdem die IL-62, wie auf der linken Seite zu sehen ist, Ende der 80er Jahre mit den Airbussen gemeinsam für die INTERFLUG unterwegs war, stellt sie in den Augen der Erben nur noch Schrott dar.

die Vertragsunterzeichnung. Der Hersteller beantragte die Exportgenehmigung und die Zustimmung durch die CoCom-Kommission* der NATO-Staaten. Am 25. Juni fand in Toulouse die zweite, offizielle Vertragsunterzeichnung in Anwesenheit von Strauß statt.

In Toulouse wurden danach 26 Piloten der INTERFLUG, davon sechs als Fluglehrer, sowie Kabinen- und technisches Personal ausgebildet. Am 6. März 1989 wurde zwischen INTERFLUG und Lufthansa ein Trainingsvertrag abgeschlossen. Das bedeutete Nutzung des Lufthansa-Simulators und Linetraining, das heißt Streckentraining für die Fluglehrer. Das technische Personal erhielt praktische Einweisungen in den Werften in Frankfurt am Main und in Hamburg.

* CoCom = *Coordinating Committee on Multilateral Export Controls*, dt. Koordinationsausschuß für mehrseitige Ausfuhrkontrollen, vorher *Coordinating Committee for East West Trade Policy.* Die 1949 auf Initiative der USA gebildete Institution sollte verhindern, daß der Ostblock Zugang zu modernen Technologien bekam; sie war Instrument des Kalten Krieges. Die indizierten Waren wurden in der CoCom-Liste zusammengefaßt. Diese politisch motivierten Embargo-Maßnahmen versuchten die Ostblockstaaten u. a. dadurch zu unterlaufen, indem sie ihre Geheimdienste zur Wirtschaftsspionage im Westen einsetzten. Auch der Airbus stand auf der CoCom-Liste. Die Zustimmung erfolgte im Kontext mit dem Kauf von Boeing 767 in den USA durch die polnische LOT.

Der zum Kanzler-Jet umgebaute INTERFLUG-Airbus von außen und von innen (Foto unten), hier der sogenannte Hallway bis zum Heck.

Am 26. Juni 1989 traf der erste Airbus in Berlin-Schönefeld ein. Er erhielt die Kennung DDR-ABA. Ab dem 3. Oktober 1990 war es die D-AOAA, und nachdem sie die Bundesluftabwaffe übernommen hatte, erhielt die Maschine am 27. August 1991 den Namen »Konrad Adenauer«. Der zweite Airbus kam am 30. Juni 1989, er wurde DDR-ABB. Am 3. Oktober wurde daraus D-AOAB, am 30. August 1991 »Theodor Heuss«.

Nummer drei schwebte am 25. Oktober 1989 ein. Aus der DDR-ABC wurde am 3. Oktober 1990 D-AOAC, am 10. September 1991 »Kurt Schumacher«. Die drei Airbusse erhielten also in der DDR die Traditionskennungen der ersten IL-14P der Lufthansa Ost.

Vor und mit der Einführung der neuen Flugzeuggeneration gab es einige technische, aber auch politische Probleme. So erfolgte die Lieferung von 24 Lerncomputern erst nach Intervention durch Franz Josef Strauß. Die Software für Beladung und Trimmung, wichtig auch für die Berechnung der optimalen Nutzlast sowie der Start- und Landemassen, wurde zwar geliefert, aber es war die falsche. Dann gab es Ausfälle des Flight Management Computers (FMC), also des Flugführungssystems.

Erschwerend kam hinzu, daß die INTERFLUG keine Transferrechte der BRD besaß. Nach Havanna mußte weiterhin über Dänemark geflogen werden. Durch die Starkwindfelder über dem Atlantik und diesen Umweg dehnten sich die Flugzeiten auf über zwölf Stunden. Die Computer waren aber nur für maximal zwölf Stunden ausgelegt.

Vor der Aufnahme des Linienverkehrs wurde ein technischer Probeflug durchgeführt. Dabei fielen alle Navigations- und Flugführungssysteme einschließlich der Bildschirme aus. Das Flugzeug wurde per Hand nach Notgeräten nach Berlin zurückgeflogen. Ursache war ein Fehler im Trägheitsnavigationssystem, der bei allen drei INTERFLUG-Airbussen auftreten sollte, was zum Gerücht führte, entweder sei der INTERFLUG Schrott angedreht worden oder es handele sich um Sabotage.

Die plüschige Kanzler-Ruhestatt in Luxusausführung, teuer und kitschig: Wer kann da noch über die kleinbürgerliche Geschmacklosigkeit der DDR-Politprominenz lachen, die zur selben Zeit dem allgemeinen Gespött anheim gegeben wurde?
Unten: Dusche und Waschbecken.

Ab 1. Juli 1989 wurde mit dem Airbus die Linie Schönefeld – Dubai – Bangkok sowie nach Singapur und Peking eröffnet. Auch Mittelstrecken wie jene nach Larnaka auf Zypern und nach Athen wurden bedient.

Die Bilanz zum Jahresende 1989: 738 Flüge und 4.238 Flugstunden. Die INTERFLUG besaß nunmehr ein effektives Flugzeug.

Kurs 2000

Am 3. Oktober 1990 wurde die INTERFLUG de facto Eigentum der Bundesrepublik Deutschland. Die drei Airbusse gingen an die Flugbereitschaft der Bundesluftwaffe, zwei wurden als VIP-Flugzeuge bei Lufthansa Technik Hamburg für 53 Millionen DM umgebaut. Die alten Regierungsjets Boeing 707 wurden also durch INTERFLUG-Maschinen, nun in Luxusausführung, ersetzt. Die Besatzungen der INTERFLUG wurden entlassen, lediglich 23 Stewardessen als Zivilangestellte übernommen. Mit dem Auftrag »Servicefunktion für andere Bedarfsträger« fliegt seither die Flugbereitschaft mit Standort Köln/Bonn führende Politiker der BRD, die »Konrad Adenauer« beziehungsweise die »Theodor Heuss« ist jetzt die deutsche »Air Force One«.

Zur Ausstattung gehört eine separate Bordküche mit einem »Hallway« zum Heckteil, entlang an drei VIP- Compartments. Das Schlafzimmer mit Toilette und Duschkabine mit einem 400 Liter-Tank war auf die Leibesfülle des »Kanzlers der deutschen Einheit« eingestellt. Einige Magazine veröffentlichten Fotos von der sehr großzügig bemessenen Toilette.

Das zweite größere Abteil ist das Eßzimmer. Es folgt der Konferenzraum mit Notausstieg und einer Tür zum Sekretariat und zum Systemoperator, der satellitengestützte Verbindungen herstellt. Die hintere Kabine besteht aus einem Abteil mit 22-Business-Class-Sitzen. Und hinter Vorhängen ist ein Abteil mit 57 Economy-Sitzen. Es folgen die Toiletten und die große Bordküche. Wer wo sitzt, bestimmt das Protokoll. Das Cockpit erhielt eine zusätzliche *Ultra High Frequency*-Funkanlage, dahinter ist ein Liegeabteil für einen dritten Piloten bei Langstreckenflügen. Zur Crew gehören ferner: zwei Techniker mit LMCT-Qualifikation (*Line Maintenance Certification Technician*), ein Lademeister, fünf bis sieben Stewardessen, bei Bedarf auch ein Fliegerarzt.

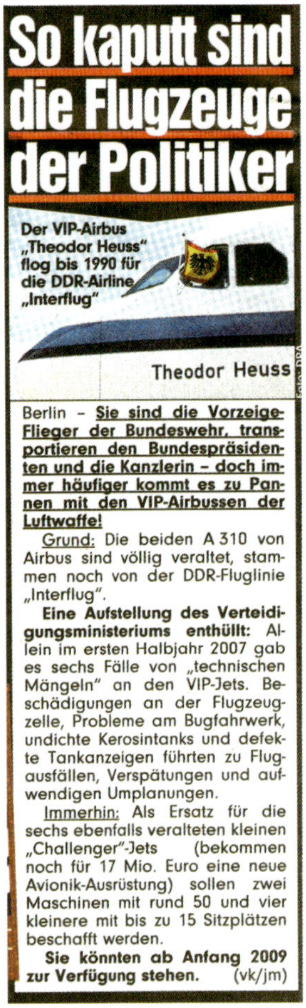

So kaputt sind die Flugzeuge der Politiker

Der VIP-Airbus „Theodor Heuss" flog bis 1990 für die DDR-Airline „Interflug"

Theodor Heuss

Berlin – **Sie sind die Vorzeige-Flieger der Bundeswehr, transportieren den Bundespräsidenten und die Kanzlerin – doch immer häufiger kommt es zu Pannen mit den VIP-Airbussen der Luftwaffe!**

Grund: Die beiden A 310 von Airbus sind völlig veraltet, stammen noch von der DDR-Fluglinie „Interflug".

Eine Aufstellung des Verteidigungsministeriums enthüllt: Allein im ersten Halbjahr 2007 gab es sechs Fälle von „technischen Mängeln" an den VIP-Jets. Beschädigungen an der Flugzeugzelle, Probleme am Bugfahrwerk, undichte Kerosintanks und defekte Tankanzeigen führten zu Flugausfällen, Verspätungen und aufwendigen Umplanungen.

Immerhin: Als Ersatz für die sechs ebenfalls veralteten kleinen „Challenger"-Jets (bekommen noch für 17 Mio. Euro eine neue Avionik-Ausrüstung) sollen zwei Maschinen mit rund 50 und vier kleinere mit bis zu 15 Sitzplätzen beschafft werden.

Sie könnten ab Anfang 2009 zur Verfügung stehen. (vk/jm)

BILD vom 14. Juli 2007. Bekam damals INTERFLUG Schrott verkauft, oder hat die Bundesluftwaffe die Maschinen nur miserabel gewartet? Das wird nicht gefragt – der Hinweis auf die Herkunft muß genügen.

Flugkapitän Reinhard Knäblein zum Airbus

Lange bevor Franz Josef Strauß das Geschäft unter Dach und Fach brachte, mußte die Generaldirektion der INTERFLUG sich darauf vorbereiten. Um sich die Dimension dieser Aufgabe bewußt zu machen, muß man wissen, daß wir praktisch zwei Flugzeuggenerationen überspringen sollten. Wir mußten von Vier- und Drei-Mann-Cockpits auf ein Glascockpit mit nur zwei Piloten und einer völlig neuen Philosophie und Technologie umsteigen. Das zog auch ein technisches Umdenken und andere Aufgaben in der Maintenance, also der Flugzeugwartung, nach sich. Die Auswahl des entsprechenden Personals war der erste Prüfstein für die Leitungs- und

Das Cockpit einer Ju 52 (rechte Seite, Rand), das eines Airbusses (rechts) und das einer IL-62 (rechte Seite). Der technologische Fortschritt ist selbst für einen Laien erkennbar.

Führungsebenen. Es mußten Mitarbeiter gefunden werden, die diesen Aufgaben gewachsen waren.

Es wurden sieben Besatzungen benötigt. Verständlicherweise setzte in den drei Flugstaffeln eine gewisse Drängelei ein. Erst oben, dann unten. Und nicht in jedem Falle wählte man ausschließlich nach fachlichen Kriterien aus. Das sollte sich rächen. Am 11. Februar 1991 kam es in Moskau fast zu einem Unglück mit dem A310. Die Zeitschrift *AERO International* berichtete in ihrer August-Ausgabe darüber, nachdem die Flugunfall-Untersuchungsstelle (FUS) informiert hatte. Da die Landebahn 25L blockiert war, wies der Tower »Durchstarten« an. Doch der verantwortliche Pilot wirkte dem vollautomatisch eingeleiteten Durchstartmanöver manuell entgegen, da ihm der Steigflugwinkel zu steil erschien. Er drückte also das Steuerhorn nach vorn, nachdem er den Autopiloten abgeschaltet hatte. Die Automatik arbeitete jedoch das Programm ab, und so versuchte der Flugkapitän den Autopiloten zu überdrücken. Dadurch reagierte die Automatik aber folgerichtig mit einem ausgleichenden Verstellen der Trimmflosse, wodurch sich das Flugzeug immer mehr aufbäumte. Es stieg nunmehr fast senkrecht. In der vorgewählten Durchstarthöhe von 3.500 Fuß, rund 1.100 Meter, schaltete sich der Autopilot automatisch ab. Auch

Der Airbus A310 ist eine verkürzte Variante des Ur-Airbus A300, jedoch wurde das ganze Flugzeug überarbeitet. Die wichtigsten Neuerungen waren die neue Pilotenkanzel mit einem Glascockpit für nur noch zwei Piloten ohne Flugingenieur und die verbesserten Tragflächen mit einem superkritischen Profil. Bei dem A310-300 kamen erstmals im Passagierflugzeugbau Winglets (in Form von Wingtips) zum Einsatz, die den Luftwiderstand verringern und so einen geringeren Treibstoffverbrauch ermöglichen.
Die A310 war das erste Flugzeug mit einem Seitenleitwerk aus kohlefaserverstärktem Kunststoff und somit das erste Flugzeug mit Verbundwerkstoffen in der Primärstruktur.
Links: Cockpit der IL-62M, das für fünf Personen angelegt war. Die INTERFLUG kam mit vier aus – die Aufgaben des Funkers wurden von den anderen übernommen.

Zentralflughafen Berlin-Schönefeld: Airbus und IL-62, noch gleichberechtigt nebeneinander.

dies bemerkten die Piloten nicht. Die etwa hundert Tonnen schwere Maschine stieg so weiter, bis die Geschwindigkeit in 1.300 m Höhe nur noch 63 Stundenkilometer betrug. Die Strömung riß ab, der Airbus kippte über die linke Tragfläche und stürzt beinahe senkrecht nach unten bis auf eine Höhe von 450 Meter. In dieser Höhe lag wieder Strömung an, der A-310 fing sich ohne Piloteneinwirkung. Doch auf Grund der unveränderten Trimmrudereinstellung sowie der Leistungseinstellung der Triebwerke begann der gleiche Vorgang von vorn.

Dies wiederholt sich noch zweimal auf die gleiche Art und Weise, bis ein mitfliegendes Crew-Mitglied aus der Passagierkabine den Hinweis auf die Trimmrudereinstellung gab und die Triebwerksleistung durch die Piloten verändert wurde.

Nach der Landung in Moskau wurde das Flugzeug ohne Passagiere nach Berlin zurück geflogen. Johann Reuß von der Flugunfall-Untersuchungsstelle, mit der Aufklärung des Falls betraut, erkannte sofort: »In komplexen Systemen fallen mehr Überwachungsaufgaben als Steueraufgaben an.

Die Besatzung hat in einer Phase, wo sie eine Überwachungsfunktion hatte, aktiv in die Steuerung eingegriffen. Die Konsequenzen wurden nicht erkannt.« Die Besatzung hatte sich nicht an wichtige Grundsätze und Regeln der »Crew Coordination« und des »Cockpit Resource Management« gehalten. Vielleicht wurde dieses Wissen auch unzureichend vermittelt. Die Flugerfahrung des Piloten für das Management und die Führung eines Flugzeuges mit Zwei-Mann-Glascockpit war jedenfalls nicht ausreichend, er war überfordert, was beinahe zu einer Katastrophe geführt hätte.

Alte und neue Technik der INTERFLUG in Schönefeld.

Der Luftfahrzeugfuhrer wurde nach dieser Auswertung als Pilot suspendiert. Den Verantwortlichen auf allen Führungsebenen passierte nichts. Die Auswertung erfolgte intern.

Es ist anzunehmen, daß die Führungsetage nicht überschaute, wie sehr sich die Luftfahrt inzwischen entwickelt hatte. Jetzt rächte sich jahrelange Ignoranz und die ausschließliche Fixierung auf den »großen Bruder« im Osten, was jedoch Folge politische Zwänge war, die Berlin nicht unbedingt selbst verursacht hatte. Selbst die mangelhafte englische Sprachausbildung erwies sich nun als Manko. Das war aber in der Tat hausgemacht.

Die technischen Probleme, mit denen wir kämpften, waren jedoch keineswegs typisch ostdeutsch. Auch andere hatten damit zu tun. Im April 1991 stürzte ein Airbus A300 der taiwanesischen China Airlines im japanischen Nagoya durch eine ähnlich fehlerhafte Bedienung ab, 263 Insassen kamen ums Leben.

Anfang Juli 2006 rast nach der Landung in Irkutsk ein Airbus A310 der russischen Fluggesellschaft Sibir über die Piste hinaus und in ein Gebäude. Dabei sterben über 130 der etwa 200 Passagiere. Das Bild zeigt die bis aufs Heck ausgebrannte Maschine.

Aus INTERFLUG wird BerLine

Die Ankündigung der INTERFLUG-Führung, zum 31. Dezember 1989 die IL-18 stillzulegen, löst Unverständnis aus. Angehörige der Staffel gründen daraufhin ein Unternehmen, das drei bis fünf Maschinen kaufen und in eigener Regie betreiben soll.

Die INTERFLUG und ihre übergeordneten Organe zählten 1989 etwa 8.300 Mitarbeiter. Die genaue Zahl ist nirgends verzeichnet. Der Betrieb Verkehrsflug hatte rund 400 Piloten, Navigatoren und Bordingenieure. Der Betrieb Fernerkundung, Industrie- und Forschungsflug (FIF) verfügte über etwa 50 Piloten und Bordingenieure. Der Betrieb Agrarflug zählte über 1.500 Mitarbeiter, davon 250 Piloten. Für die rund 700 Mitarbeiter des fliegenden Personals galt 1990 die Losung »Überstehen ist alles«, daraus wurde bald »Überleben ist alles«.

Die Besatzungen der IL-18-Staffel nahmen im November 1989 ihr Schicksal selbst in die Hand und gründeten die IL-18 CARGO GmbH. Unmittelbarer Anlaß für die Firmengründung war die Festlegung des Generaldirektors der INTERFLUG, den Typ IL-18 mit dem 31. Dezember 1990 auszurangieren. Für Insider und das betroffene Personal war das unverständlich, denn der einzige wirtschaftliche Luftfahrzeugtyp der gesamten INTERFLUG-Flotte – neben den drei neuen A 310 – war eben jenes zwar betagte, aber technisch sehr gut gewartete Flugzeug mit Propeller-Turbinen-Luftstrahl-Triebwerken (PTL). Es beförderte noch immer eine Nutzlast von 13,5 Tonnen oder hundert Passagiere, erreichte eine Reisegeschwindigkeit von 650 Stundenkilometer und flog bis zu 6.000 Kilometer. Die IL-18 war jahrelang für uns das »Mädchen für alles«, wie es im Westen die »Transall« heute noch ist.

Bei einer Zusammenkunft wurde beschlossen, die Absicht der IF-Führung zu unterlaufen und eine eigene Gesellschaft zu gründen, die drei bis fünf IL-18 von der INTERFLUG kaufen sollte.

Flugkapitän Reinhard Knäblein (r.), hier mit seinem Oberinstrukteur für Navigatoren Wilfried Noack, nimmt sein Schicksal beherzt in die eigenen Hände. Er setzt seinen Bauernhof als Sicherheit ein.
Oben: Die Stewardessen nach erfolgreich bestandener Übung: 100 Passagiere in 1:30 aus der Maschine evakuieren – sie schaffen es in 57 Sekunden.

So etwas soll verhindert werden. Doch die Vernichtung kann nicht aufgehalten werden. Ab 1991 werden die flugfähigen IL-18 zerlegt. Die ideologisch motivierte Entscheidung ist unumkehrbar. Der Spruch lautet wie jener aus Lessings »Nathan der Weise«, der den Patriarchen von Jerusalem keinen Einspruch gelten und ihn sagen läßt: «Tut nichts, der Jude wird verbrannt!«

Das fliegende Personal lehnte sich also gegen die Obrigkeit auf. Erstmals und kollektiv. Es war eine Art politische Meuterei, wenngleich strategisch richtig und notwendig. Mit der Öffnung der Grenzen am 9. November 1989 war das Bestehen der DDR und damit ihrer Airline nur eine Frage der Zeit. Darüber konnten anderslautende Erklärungen und blumige Versprechungen der politisch Verantwortlichen diesseits und jenseits der formal noch existierenden Staatsgrenze nicht hinwegtäuschen. Appelle wie »Für unser Land!« und Kohls Zehn-Punkte-Plan zur Koexistenz mit einer reformierten DDR waren allenfalls propagandistischer Nebel auf dem seit 1945 existierenden Schlachtfeld. Der seither vom Westen geführte »Kampf um die Befreiung der Zone«, der offiziell Kalter Krieg hieß, war in seine Endphase getreten, als die Führung in Ostberlin die Mauer, welche sie 28 Jahre geschützt hatte, unüberlegt öffnete.

Obwohl das den Angehörigen der IL-18-Staffel nicht so bewußt war: Intuitiv taten sie das Richtige. Wenn schon nicht das Land und die Fluggesellschaft als Ganzes zu retten waren, dann sollte zumindest ein Teil davon rechtzeitig in Sicherheit gebracht werden.

INTERFLUG
FLIEGT WEITER!

Ab 3. Oktober 1990 werden die DDR-Kennungen an den Maschinen durch bundesdeutsche ersetzt.

Rollout eines Zwitters: Die IL-18 trägt noch das INTERFLUG-Rot, am Heck sind Schwarz-Rot-Gold ohne DDR-Emblem und die BRD-Zulassungsnummer zu sehen, und am Rumpf steht zu lesen: BerLine in relativ amateurhafter Ausführung.

Anfang 1990 gab es eine Gesellschafterversammlung und eine Gründerversammlung, das Stammkapital wurde eingelegt, es folgten Notartermine und schließlich die Eintragung ins Handeslregister.

Als im Februar 1991 von der Treuhandanstalt die Abwicklung der INTERFLUG beschlossen und verkündet wurde, existierte die Gesellschaft bereits.

Die INTERFLUG-Liquidatoren – erst Müller-Heidenreich, später Wellensieck – verhandelten auch mit diesen formal noch der INTERFLUG angehörenden Mitarbeitern. Auch den GmbH-Gründern stand wie allen anderen Abgewickelten eine Abfindung zu. Die Verabredung lautete schließlich: Auf die Abfindung wird verzichtet – das sparte der Treuhandanstalt rund 1,4 Millionen DM. Im Gegenzug stimmt diese einem *Management-buy-out* zu und überläßt der GmbH zunächst vier IL-18 zum symbolischen Preis von einer Mark pro Stück. Bis die Zulassung als Luftverkehrsunternehmen erfolgt sein würde, sollte sie IF-Verträge erfüllen können. Zudem sollte die neue Gesellschaft mindestens fünf Piloten und 90 Mitarbeitern eine Arbeitsplatzgarantie schriftlich zusichern.

Im schwedischen Göteborg legt die Crew selber Hand an und klebt nicht nur den neuen Namen, sondern auch den des Sponsors, eines schwedischen Autoherstellers, an den Rumpf. Der Jungfernflug der BerLine geht von Göteborg über Nürnberg nach Berlin-Schönefeld.

Früher INTERFLUG, jetzt BerLine: die Stewardessen. Und wie immer hübsch, freundlich, zuverlässig und bescheiden.

Das sah ganz gut aus. Doch schon bald offenbarten sich die Konfliktfelder. Die erste Frontlinie machten das Luftfahrt-Bundesamt (LBA) und das Bundesministerium für Verkehr auf, als sie die Luftfahrtunternehmenslizenz erteilen sollten. So listeten sie 20 Punkte auf, die für eine »teilweise Musterzulassung« erfüllt werden mußten. Ein seit Jahrzehnten international bewährtes, auf der Weltausstellung in Brüssel mit einer Goldmedaille ausgezeichnetes Flugzeug mußte nach deutschen Anforderungskriterien neu zugelassen werden. Um zwei Beispiele aus den fünf unbedingt notwendig zu erfüllenden Kriterien (»No-Go-Items«) zu nennen:

– Nachweis der praktischen Evakuierung von 100 Passagieren und neun Besatzungsmitgliedern innerhalb von 90 Sekunden. Dies war schon einmal bei der Musterzulassung vom Konstruktionsbüro erledigt worden.

– Überprüfung der gesamten Innenverkleidung auf Brennbarkeit und toxische Wirkung der Materialien. Wenn nötig, sollte man sie auswechseln. Kostenaufwand: etwa 1,5 Millionen DM.

Aus den INTERFLUG-Kennungen wurden diese der BerLine:

IL-18 D-AOAO (ex DDR-STF)
IL-18 D-AOAP (ex DDR-STI)
IL-18 D-AOAS (ex DDR-STM)
IL-18 D-AOAU (ex DDR-STO)
IL-18 D-AOAQ (ex DDR-STP)

Hinzu kamen später noch:
Fokker F-100 F-GIOV (von der französischen TAT geleast)
Fokker F-100 F-GIOX (von der französischen TAT geleast)

Zwei der BerLine-Maschinen, inzwischen mit neuer Farbgebung, erhalten solche Frachtluken und werden auch innen zu Frachtern umgebaut.

Die zweite Frontlinie bildete die Treuhandanstalt und der Liquidator. Die Erhaltung von Arbeitsplätzen und die Einsparung an Abfindungen, bislang förderungsträchtige Argumente, waren nunmehr in deren Augen nicht mehr ausreichend. Man verlangte Businesspläne und Kapitalrücklagen der Gesellschaft, die laufend vorgelegt und überprüft werden sollten, um angeblich zu verhindern, daß »Volksvermögen« verschwendet und mißbraucht würde. Daß man diese Kontrollfunktion bei Firmenneugründungen und -übernahmen von Westdeutschen in Ostdeutschland nicht annähernd so prinzipiell und akribisch praktizierte, ist inzwischen bekannt wie die spektakulären Pleiten.

Die dritte Frontlinie verlief zwischen der IL-18-Truppe und den zwölf bis vierzehn Lufthansa-Fachberatern des Liquidators. Deren erklärtes, wenngleich verheimlichtes Ziel war die komplette Ausschaltung der INTERFLUG als Konkurrenten. Und komplett hieß auch: deren Ableger. Man wollte alle INTERFLUG-Marktanteile und Rechte, inbesondere aber den Flughafen Berlin-Schönefeld mit seinen luftverkehrstechnischen Anlagen und Einrichtungen.

Die vierte Frontlinie verlief im eigenen Haus. Ehemalige Direktoren der INTERFLUG und andere »sozialistische Leiterpersönlichkeiten« hatten sich zu Geschäftsführern und Partnern westdeutscher Unternehmen ernannt und verbreiteten – wenn sie denn nicht im vorauseilenden Gehorsam handelten– die illusionäre Hoffnung, man werde sich mit drei A310 und zehn bis fünfzehn B 737 sowie mit etwa 2.000 Mitarbeitern als zweite staatliche Airline in Deutschland behaupten. Sie hatten weder die politischen noch die wirtschaftlichen Intentionen der neuen Obrigkeit durchschaut.

Von Flugkapitän Reinhard Knäblein

Flugkapitän Reinhard Knäblein ist seit 1997 als Flugbetriebsprüfer Stellvertretender Leiter der Gruppe »Task Force« im Luftfahrtbundesamt.

Am 1. Oktober 1991 erhielt die Fluggesellschaft eine auf drei Monate befristete Betriebsgenehmigung. Die aus der Übergangsfirma herausgewachsene Gesellschaft hatte ein Stammkapital von einer Viertelmillion DM eingelegt, zählte 90 Mitarbeiter. Wolfgang Krauss und ich führten die Geschäfte. Am 1. November 1991 tauften wir die IL-18 CARGO um in BerLine, nicht ahnend, daß so ein im 18. Jahrhundert in Frankreich üblicher gefederter Reisewagen mit festem oder aufklappbarem Halbverdeck genannt wurde. Doch wir sprachen uns nicht französisch, sondern englisch aus, und spielten dabei sowohl mit dem Namen unserer Heimatstadt als auch mit dem im Flugverkehr gebräuchlichen »line«.

Wir wollten im Segment bis 100 Passagiere für Reiseveranstalter, Reisebüros und Privatkunden operieren, Charterflüge nach Griechenland, Spanien, Tunesien, Italien, Bulgarien und in die Türkei anbieten. Dazu nutzten wir zwei Flugzeuge des Typs IL-18 und zwei bis drei Fokker 100.

»Flugbetriebsinspektor Knäblein gehört der 18köpfigen ›Task Force‹ des Luftfahrtbundesamtes an. Diese Kontrolleinheit wurde nach dem Birgenair-Unfall 1996, bei dem 189 Menschen auf dem Rückflug von der Dominikanischen Republik nach Deutschland ums Leben kamen, gegründet. Ihre Aufgabe: sogenannte Ramp Checks, unangekündigte Kontroll-Stichproben bei ausländischen Airlines.
Pro Jahr führen Knäblein und seine Kollegen rund 1.500 Ramp Checks durch. Ein Tropfen auf den heißen Stein, denn rund 500 internationale Airlines fliegen die Bundesrepublik an. Jährlich finden circa 1,4 Millionen Starts und Landungen statt. Im letzten Jahr flogen laut Statistischem Bundesamt 145,9 Millionen Fluggäste in der Bundesrepublik.«

Focus, 5. September 2006

Eine BerLine-Crew vor einer Fokker. Zweiter von rechts Geschäftsführer Reinhard Knäblein, zweiter von links Wolfgang Krauss, Geschäftsführer und -partner aus dem Westen, früher Flugkapitän bei LTU.
Rechts außen: Flugkapitän »Kutte« Siewert.

Firmen, Sportvereine und Privatkunden sollten spezielle Chartermöglichkeiten unterbreitet werden.

Zwei unserer IL-18 waren inzwischen zu Frachtern umgerüstet worden. So hofften wir, als Subunternehmen großer Transportfirmen Spezialaufträge übernehmen zu können. Die Umsatzergebnisse der BerLine konnten sich bald sehen lassen:

Im vierten Quartal 1991: 2,8 Millionen DM,
1992: 18,5 Millionen DM,
1993: 37,8 Millionen DM,
1994: 78,0 Millionen DM.

Von den Passagieren und auch Frachtkunden wurde BerLine also sehr gut angenommen. Wir galten als sicher und zuverlässig, unsere Mitarbeiter waren sehr motiviert. So sicherten wir uns mit gemeinsamer Arbeit unsere eigene Existenz. Den vielen positiven Fernseh- und Presseberichten sowie Kundenmeinungen stellte eine ostdeutsche Illustrierte jedoch eine

Als Reiseflieger mit buntem Outfit und als Transporter sehr flexibel: Auf dem russischen Flugplatz Bernaul hinter Nowosibirsk werden Zuchtstiere aus Berlin über die Gangway der IL-18 entladen.

Links: Die Erstbemalung der BerLine: noch mit INTERFLUG-Farben und -Logo, aber bereits mit neuem Namen.
Oben: Die verkaufte BerLine mit der Kennung UR-75475 des neuen ukrainischen Besitzers.
Die Geschichte der Maschine: Eingetragen ins Luftfahrtregister am 1. April 1970, zunächst als 497 bzw. DM-VAZ der LSK/LV der NVA, 1978 zur INTERFLUG und umgebaut zum Meßflugzeug, Kennung DM-STP. Am 3. Oktober aus dem Luftfahrtregister der DDR gestrichen, neue INTERFLUG-Kennung D-AOAQ.
Dann für BerLine zugelassen unter dieser Nummer.
Neue Eigentümer ist das ukrainische Unternehmen KRYLA, Heimathafen Sewastopol.

Denunziation unter der Überschrift entgegen: »Rote Socken-Airline«. Trotz voller Auftragsbücher wurden der Gesellschaft von den Banken die Kredite gesperrt. BerLine meldete erstmals am 31. März 1994 Insolvenz an. Das Aus konnte kurzzeitig abgewendet werden. Am 28. Oktober 1994 mußte neuerlich der Weg zum Amtsgericht angetreten werden. Am 1. März 1995 wurde die Gesellschaft liquidiert. BerLine teilte das Schicksal der meisten ostdeutschen Firmen: ungenügende Kapitaldecke, also Mangel

Die beiden Cargo-Frachter der BerLine, Kennzeichen D-AOAO und D-AOAP, tragen kurze Zeit auch die Aufschrift »German European Airlines«. Bemalung und Namensgebung erfolgen auf Veranlassung eines »Investors« aus den alten Bundesländern. Der Name wird nicht akzeptiert, deshalb mußte BerLine hinzugefügt werden. Die nicht zugelassene Gesellschaft startet nur einmal – mit Oberinstrukteur Hubert Hoffer und seinen Bordingenieuren zu einem Kontrollflug.

Die BerLine-Maschinen müssen am Boden bleiben, die Verschrottung der INTERFLUG-Maschinen geht weiter.
Unten: Diese IL-62 stand vor dem Ausbildungszentrum der INTERFLUG in Altglienicke. Der neue Eigentümer konnte den Anblick nicht ertragen und veranlaßte die Deportation.
Ganz unten: Eine Fokker 100 der BerLine.

an liquiden Mitteln, um Verluste kurzfristig ausgleichen zu können, und kaum Rücklagen beziehungsweise geringes Stammkapital, also Sicherheiten, um Banken zur Kreditvergabe zu bewegen. Wir brauchten zehn Millionen für fünf Jahre und bekamen sie nicht. Das war das Aus. Die Landesregierung Brandenburg und der Senat von Berlin sahen keine »geeigneten Instrumentarien«, das Unternehmen, und damit inzwischen 170 Arbeitsplätze, zu retten.

Die Vermutung, daß andere Gründe den Ausschlag gaben, um der »Rote Socken-Airline« den Garaus zu machen, entstand nicht erst, als ein Dr. Carl Freiherr von Gablenz mit seiner Vision »CargoLifter« aufkreuzte. Doch dieser Verdacht, das man nicht gelitten sei, wurde durch den großzügigen Umgang der Obrigkeit mit dem Enkel eines Lufthansa-Gründers genährt.

Er kam aus dem Westteil des vereinten Deutschland und sein Plan war größenwahnsinnig genug, daß man sofort begeistert Mittel lockermachte. Er bekam die Immobilie »Flugplatz Brand« für die damals übliche eine DM und vertrieb den Luftsportclub SXF e.V., eine Heimstatt ehemaliger INTERFLUG-Piloten, von dem Gelände, obwohl sie dort niemanden störten.

Im Mai 1998 erfolgte der symbolische Spatenstich für eine Werfthalle auf dem ehemaligen sowjetischen Militärflugplatz. Im Dezember 1998 war die Grundlagenplanung abgeschlossen. Mit 260 Metern Länge, 82 Metern Höhe und einem Durchmesser von 65 Metern sollte das Luftschiff CL 160 noch größer werden, als ursprünglich erwogen.

Im Mai 2000 ging die CargoLifter AG an die Börse. Nach und nach, vom Wohlwollen der Landesregierung ermutigt, zeichneten mehr als 70.000 Aktionäre. Am 30. Mai erfolgte die Erstnotiz. Der Ausgabepreis lag bei 15 Euro, der erste Kurs bei 15,50 Euro. Insgesamt wurden 6,23 Millionen Aktien plaziert, dabei 270 Millionen Euro eingenommen. Das Emissionskonsortium – bestehend aus Commerzbank (Konsortialführer), Bayerischer Landesbank, Hauck & Aufhäuser, Schroder Salomon Smith Barney und Kling Jelko, aus fünf renommierten Bankhäusern – jubelte.

Errichtung eines Luftschlosses zu Brand in Brandenburg mit dem allerhöchsten Segen und dem Balsam der Banken: Nur ein Bruchteil dessen, was dort in den Sand gesetzt wurde, als rückzahlbares Darlehen an die BerLine gegeben, hätte ein florierendes Unternehmen am Leben erhalten.

Werbeflyer eines Hochstaplers.

Zu den arbeitslosen einstigen Mitarbeitern der INTERFLUG, die sich auf die Stellenausschreibungen melden, gehört auch Flugkapitän Klaus Breiler. Auf seine Bewerbung, die er wie gewünscht nach Wiesbaden richtet, erhält er nach einem Vierteljahr zur Antwort, er möge seine Bewerbungsunterlagen noch einmal, aber diesmal in englischer Sprache, an eine Firma in North Carolina/USA richten. »Wir werden Herrn Chenery vorab über den zu erwartenden Eingang Ihrer Unterlagen informieren.«
Anderthalb Monate später kommt die Antwort aus den USA:
»Sehr geehrter Herr Breiler, wir bedanken uns für Ihr Interesse an CargoLifter. Wir haben Ihre Bewerbung erhalten und zu den Akten genommen […]
Wie Sie vielleicht wissen, ist CargoLifter ein innovatives Unternehmen, das ein neues Verkehrsmittel schaffen will. Zur Zeit sind wir in der Planungsphase, bei der die detaillierte Entwurfsphase in Gang ist. Es wird einige Jahre dauern, bevor wir kommerziell tätig werden. Wenn wir über Personalbedarf entscheiden, werden wir den Zeitpunkt für Einstellungen und Ausbildung festlegen. Ich würde es begrüßen, wenn Sie mit uns in Verbindung bleiben und von Zeit zu Zeit ihren aktualisierten Lebenslauf schickten […]«
Die öffentliche Personalakquise wird innovativ fortgesetzt.

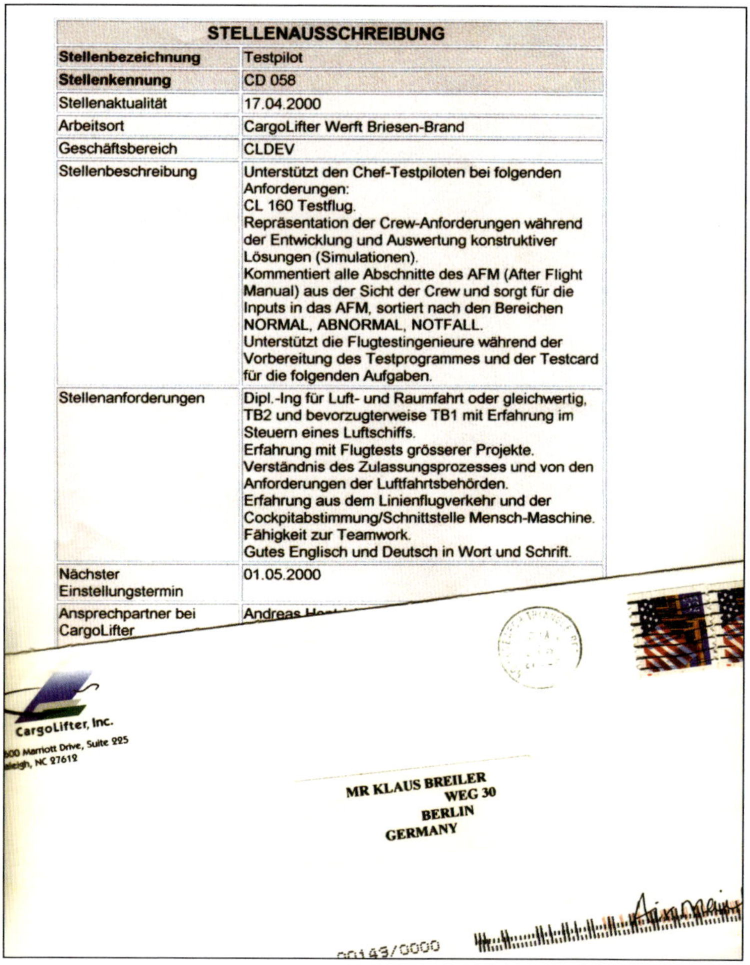

STELLENAUSSCHREIBUNG	
Stellenbezeichnung	Testpilot
Stellenkennung	CD 058
Stellenaktualität	17.04.2000
Arbeitsort	CargoLifter Werft Briesen-Brand
Geschäftsbereich	CLDEV
Stellenbeschreibung	Unterstützt den Chef-Testpiloten bei folgenden Anforderungen: CL 160 Testflug. Repräsentation der Crew-Anforderungen während der Entwicklung und Auswertung konstruktiver Lösungen (Simulationen). Kommentiert alle Abschnitte des AFM (After Flight Manual) aus der Sicht der Crew und sorgt für die Inputs in das AFM, sortiert nach den Bereichen NORMAL, ABNORMAL, NOTFALL. Unterstützt die Flugtestingenieure während der Vorbereitung des Testprogrammes und der Testcard für die folgenden Aufgaben.
Stellenanforderungen	Dipl.-Ing für Luft- und Raumfahrt oder gleichwertig, TB2 und bevorzugterweise TB1 mit Erfahrung im Steuern eines Luftschiffs. Erfahrung mit Flugtests grösserer Projekte. Verständnis des Zulassungsprozesses und von den Anforderungen der Luftfahrtsbehörden. Erfahrung aus dem Linienflugverkehr und der Cockpitabstimmung/Schnittstelle Mensch-Maschine. Fähigkeit zur Teamwork. Gutes Englisch und Deutsch in Wort und Schrift.
Nächster Einstellungstermin	01.05.2000
Ansprechpartner bei CargoLifter	Andreas

Die Eröffnung der riesigen Werfthalle in Brand erfolgte im November 2000, im Januar 2002 räumte Gablenz erstmals öffentlich ein, daß CargoLifter nur noch mit staatlicher Hilfe zu bauen sei. Der Aktienkurs notierte erstmals unter fünf Euro. Am 28. Mai 2002 erklärte der von Politik und Wirtschaft hofierte Luftschiffbauer sich für insolvent. Trotz aller Anstrengungen sei es der Gesellschaft nicht gelungen, die benötigten Finanzmittel einzuwerben, teilte der Vorstand in Berlin mit. Die Aktie werde vom Handel ausgesetzt. Der letzte Kurs vor Aussetzung lag bei 1,05 Euro – mehr als 90 Prozent unter dem Ausgabekurs vom Mai 2000.

Zwei Tage später erklärte das Land Brandenburg, unter Umständen weiterhin Hilfe bereitstellen zu wollen. Voraussetzung bleibe aber ein 20prozentiger Anteil Privatkapital, sonst könne die Bund-Länder-Bürgschaft nicht freigegeben werden. Bundeskanzler Gerhard Schröder schob jedoch Ministerpräsident Stolpe den Schwarzen Peter zu, zunächst sei das Land Brandenburg am Zuge. Damit platzte die Blase endgültig. Am 1. August

2002 wurde das Insolvenzverfahren über das Vermögen der CargoLifter AG und sechs Töchter eröffnet. Betriebsratschef Manfred Flörsch sah die Schuld für das Aus des Unternehmens vor allem beim inzwischen abgesetzten Vorstandschef Carl Freiherr von Gablenz.

Am 8. Oktober 2003, mehr als ein Jahr nach der Insolvenz von CargoLifter, begann die Versteigerung der Ausrüstung. Allerdings konnten damit die Gesamtschulden des Unternehmens in Höhe von 120 Millionen Euro bei weitem nicht gedeckt werden. Die drei Jahre zuvor eröffnete Halle, die als weltweit größte ihrer Art gilt, war bereits im Frühjahr für 17,5 Millionen Euro an einen malaysischen Investor verkauft worden. Dieser richtet in dem 360 Meter langen, 210 Meter breiten und 107 Meter hohen Bau ein künstliches Tropenparadies ein.

CargoLifter war eines der abenteuerlichsten Projekte der Luftfahrt-Geschichte. Ein riesiges Luftschiff war geplant, das Lasten bis zu 160 Tonnen von Kontinent zu Kontinent fliegen sollte. Und was war herausgekommen? Am Ende hatten einige Zehntausend Kleinanleger ihr Erspartes verloren, und Millionen Steuergelder waren – nein, nicht in den märkischen gesetzt worden: Sie waren auf Konten bestimmter Personen gelandet, die davon nicht schlecht gelebt hatten.

Die *Frankfurter Allgemeine Zeitung* schrieb am 7. Juni 2002, wobei nicht erkennbar war, ob die Meldung ironisch, höhnisch oder wirklich lobend gemeint war: »Am Ende bewies Carl Freiherr von Gablenz nochmals die Qualitäten, die den wahren Pionier auszeichnen: den Glauben ans eigene Projekt bis zuletzt. Selbst in der trockenen Pflichtmitteilung für die Börsianer, daß der Luftschiffbauer Unternehmen CargoLifter Insolvenz anmelden muß, verbreitete der Firmengründer am Freitagnachmittag wieder einige Visionen. Ans Aufgeben denkt er immer noch nicht.«

Wie auch immer: BerLine, bodenständig, irdisch, realistisch, würde mit einem Bruchteil jenes Kapitals, das bei Brand verjuxt worden war, noch heute fliegen. Aber man hat das nicht gewollt und zog, wie stets in solchen Fällen, die beiden Geschäftsführer des Unternehmens vor den Kadi.

Eine TU-134 der INTERFLUG wird zerlegt und final entsorgt.

Chronik der Vernichtung

20. September 1990: Eine drei Tage zuvor gegründete Flughafen Berlin-Schönefeld GmbH (FBS) erhält von einem »unabhängigen« Angehörigen der DDR-Luftfahrt die Gefälligkeits-Betriebsgenehmigung. Damit wird der Flughafen aus dem Eigentum der INTERFLUG herausgelöst.

15. Oktober 1990: Die Lufthansa zieht beim Bundeskartellamt ihren Antrag auf eine Beteiligung an der INTERFLUG zurück.

8. Februar 1991: Die Treuhandanstalt erklärt, es habe sich kein Käufer für die INTERFLUG gefunden. Das ist das Aus für die ostdeutsche Luftverkehrsgesellschaft.

Im September 1990 hat ein indischer Unternehmer seine Absicht erklärt, die gesamte INTERFLUG einschließlich Personal übernehmen zu wollen. Die beiden Unterhändler aus der DDR haben jedoch von der Treuhandanstalt nur Erlaubnis, über den Verkauf des Betriebes Agrarflug zu verhandeln. Der Insider soll nicht der einzige Interessent für INTERFLUG gewesen sein. Insider sprechen von etwa einem haben Dutzend, darunter auch British Airways. Den Briten soll aber der 2. Golfkrieg dazwischen gekommen sein, dadurch habe es dort aktuell eine andere Prioritätenliste gegeben. Und als es eine neue gab, war das Fell des Bären verteilt. Aber vielleicht ist das auch nur so ein Gerücht, deren Urheber der Treuhand und der Lufthansa etwas am Zeug flicken wollen.

Noch glauben die beiden Geschäftsführer der BerLine, Wolfgang Krauss und Reinhard Knäblein, daß ihr Unternehmen, welches aus der INTERFLUG hervorgegangen ist, sich behaupten werde.

1. März 1991: Die Werft der Lufthansa nimmt den Betrieb im einstigen Hangar der INTERFLUG in Berlin-Schönefeld mit der Wartung von B 737-200 auf.

5. Juni 1991: Das Land Brandenburg nominiert für die personelle Erweiterung der Führung der Flughafen Berlin-Schönefeld GmbH den ehemaligen Vorstandsvorsitzenden der Lufthansa, Heinz Ruhnau.

21. Juni 1991: Die Lufthansa Service Gesellschaft (LSG) übernimmt die Catering-Gesellschaft der INTERFLUG.

1. Juli 1991: Die Lufthansa bildet eine Berlin-Flotte mit acht B 737-300 und zwei Airbussen.

25. Oktober 1991: Die Lufthansa nimmt im Fliegertrainingszentrum der INTERFLUG, inzwischen vollständig im Besitz der Lufthansa, ein Simulatorzentrum für A310 in Betrieb.

2. November 1991: Die vom fliegenden Personal der INTERFLUG gegründete Fluggesellschaft BerLine nimmt den Flugbetrieb mit fünf IL-18 auf und schafft 108 Arbeitsplätze.

20. Dezember 1991: Die Treuhand übergibt das Eigentum der Flughafen Berlin-Schönefeld GmbH an die Berlin Brandenburger Flughafen Holding GmbH (BBF).

In diesem Falle nahm nur der Zeichner an, daß die dunklen Wolken nicht vor, sondern ausschließlich unter und hinter dem Airbus lägen.

5. Januar 1992: Der Liquidator der INTERFLUG teilt mit, daß alle Flugzeuge verkauft wurden. Der Verkaufserlös soll lediglich 300 Millionen DM betragen haben. Allerdings betrug allein der Zeitwert der drei Airbusse 450 Millionen.

15. Oktober 1992: Nach dem Absturz eines Fracht-Jumbos in Amsterdam beginnt eine Sicherheitsdiskussion in Berlin.

31. März 1994: Die BerLine meldet Insolvenz an.

24. Mai 1994: Ein Tarifkonflikt in der Lufthansawerft Schönefeld endet mit sechs Prozent Lohnerhöhung. Damit erhalten die ehemaligen INTERFLUG-Techniker 88 Prozent vom Westlohn.

17. November 1994: Brandenburgs Umweltminister Matthias Platzeck übergibt die Ergebnisse des Raumordnungsverfahrens an die Berlin Brandenburg Flughafen Holding (BBF). Demnach werden Sperenberg und Jüterbog als geeignet, Schönefeld als ungeeignet eingestuft. Der ehemalige BDI-Chef Hans-Olaf Henkel, nunmehr Aufsichtsratsvorsitzender der Holding, erklärt, kein Standort sei ausgeschlossen. Das Bundesministerium für Verkehr wird deutlicher: Schönefeld biete Vorteile.

1. Dezember 1994: Für die BerLine wird Gesamtvollstreckung beantragt.

9. Mai 1995: Es werden Lufthansa-Pläne bekannt, denen zufolge der Luftfahrt-Technische Betrieb (LTB) von Schönefeld nach Shannon, Irland,

Zwei IL-18 der BerLine in Berlin-Schönefeld.

verlegt werden soll. Die ehemaligen INTERFLUG-Mitarbeiter protestieren gegen den drohenden Verlust zugesicherter Arbeitsplätzre.

19. Mai 1995: Die Lufthansa gibt offiziell die Verlegung des LTB nach Irland ab 1998 bekannt.

4. Juni 1995: 14 Bürgermeister von Schönefelder Umlandgemeinden protestieren gegen den beginnenden Ausbau von Schönefeld zum Großflughafen.

2. Juli 1995: Bundesverkehrsminister Matthias Wissmann (CDU) plädiert erneut für Schönefeld als Standort.

5. Oktober 1995: Das Bundesministerium für Verkehr, Bau und Stadtentwicklung vergibt den Beamtenshuttle zwischen Bonn und Berlin an die Lufthansa, obwohl die Germania ein günstigeres Angebot machte.

Mai 2005: Name und Firmenlogo der »INTERFLUG«, drei Jahre zuvor von einem windigen Hamburger Geschäftsmann erworben und als »INTERFLUG Charter System Reise- und Handelsgesellschaft mbH« reaktiviert, steht wieder zur Disposition, nachdem die Firma Insolvenz anzeigte. Die Konkursverschleppung flog auf, als etwa 1.000 Urlauber im türkischen Antalya auf ihren Koffern saßen und von ihrem Reiseveranstalter nicht mehr ausgeflogen werden konnten.

Der Verkauf der Rechte an Namen und INTERFLUG-Logo, so geht das Gerücht, sei vorsätzlich an den Hamburger gegangen, weil der die Garantie für deren unrühmliches Ende bot. Mit der öffentlich sehr wirksamen, weil von den Medien bundesweit verbreiteten Pleite wurde die INTERFLUG postum diskreditiert und damit, so hofften die Strippenzieher vielleicht, endgültig zu Grabe getragen.

23. März 2006: Europas zweitgrößte Fluggesellschaft Lufthansa informiert, den Konzerngewinn im Vorjahr um zwölf Prozent auf 453 Millionen Euro gesteigert zu haben.

27. November 2006: Die Lufthansa plant eine Airbus-Wartung (A330 und A340) auf der Insel Malta und investiert dort 60 Millionen Euro.

2006: Der Petitionsausschuß des Deutschen Bundestages lehnt den Einwand von 221 ehemaligen Mitarbeitern der INTERFLUG in bezug auf ihre Rente ab, weil auch nach seiner Lesart die INTERFLUG eine GmbH, also ein privatwirtschaftliches Unternehmen, gewesen sei und folglich nicht wie ein VEB oder vergleichbare Einrichtungen zu behandeln ist. Das mutet schon merkwürdig an: Abgewickelt und zerschlagen wurde die INTERFLUG als Staatsunternehmen, die meisten Mitarbeiter als staatsnah mit den entsprechend niedrigen Bezügen und Renten eingestuft – doch als dies von denen moniert wird und die Aussicht auf Korrektur besteht, suchen sich die dafür Verantwortlichen ein neues Schlupfloch …

Nr. 597 des Betriebsabzeichens der Deutschen Lufthansa (Ost), das Mitarbeitern nach Eintritt in das Unternehmen verliehen wurde. Man hatte es wie ein Parteiabzeichen am Revers zu tragen. Die Nummer war auf der Rückseite eingraviert.
Dieses Abzeichen gehört Hubert Hoffer, der es 1957 bekam.

URKUNDE

Flight Engineer Hubert Hoffer

Berlin, den 1.November 1991

Der Chef

Bordingenieur Hubert Hoffer, der beim Jungfernflug der »BerLine« am 1. November 1991 von Göteburg via Nürnberg nach Schönefeld dabei war.
Hoffer, Jahrgang 1938, gelernter Kfz-Schlosser, begann 1957 als »Starthelfer« bei der Deutschen Lufthansa (Ost), wurde Flugzeugmechaniker und betreute die ersten drei IL-18. In den 70er Jahren Bordingenieur, von 1976 bis 1991 Oberinstrukteur für Bordingenieure, danach, bis Dezember 1994, OI für BI der BerLine, arbeitslos bis zur Zwangsberentung mit 60.

Wo sind die Akten?

Die subjektive Erinnerung kann täuschen, die kollektiv zusammengetragene eher nicht. Und wenn dann noch Dokumente, schriftliche Zeugnisse, hinzukommen, sollte man einen vergangenen Vorgang ziemlich präzise und wohl auch objektiv rekonstruieren können. Beteiligte und Betroffene meinen, die Abwicklung der INTERFLUG sei nicht ganz mit rechten Dingen zugegangen. Der *Tagesspiegel*-Redakteur Robert Ide meint gar in seinem bei Luchterhand erschienenen Buch »Geteilte Träume. Meine Eltern, die Wende und ich«: »Das Aus für den Staatsflieger beendete einen Wirtschaftskrimi, der heute beispielhaft für die Sanierungspolitik der Treuhandanstalt steht.« Dem ist bis auf eine Einschränkung zuzustimmen: Der Wirtschaftskrimi ging 1991 keineswegs zu Ende.

Stellen wir zum Beispiel mal die Frage nach den Unterlagen. Wo sind die Akten, mit denen entweder die erhobenen Vorwürfe – im Interesse der Verdächtigten – als unwahr abgewiesen oder eben diese Anschuldigungen als richtig bestätigt werden könnten? Treffen sie nämlich zu, dann müßte der Staatsanwalt auf den Plan treten – sofern die Delikte nicht schon verjährt sind.

Unter dem Dach des Bundesarchivs sind alle relevanten DDR-Akten versammelt, und eigentlich gehörten dort auch die der Deutschen Lufthansa (Ost), der INTERFLUG, der Hauptverwaltung Zivile Luftfahrt (HVZL), der Staatlichen Luftfahrtinspektion, der Prüfstelle für Luftfahrtgeräte (PfL), der Luftfahrtindustrie hin. Da aber sind sie nicht. Im BArch Berlin, im Referat DDR 1, sind neben anderen Dokumenten die des Verkehrswesens, Bereich Zivilluftfahrt, archiviert. Allerdings nur jene aus dem Büro von Klaus Henkes, und auch nur deshalb, weil der INTERFLUG-Chef zugleich Stellvertretender DDR-Verkehrsminister war. Ansonsten gibt es Nachlässe, etwa den von Arhur Pieck, wo sich dies und das entdecken

Sechs fast neue IL-62M wurden in die GUS-Staaten für neun Millionen verkauft, für anderthalb Millionen ein Düsenjet. »Verschleudert« trifft es wohl genauer.

läßt. Ein Findbuch gibt in dieser Sache jedenfalls Auskunft. Und daß man mit dem, was man hat, nicht zufrieden ist, wird in einer auf Nachfrage abgegebenen Erklärung der zuständigen Referatsleiterin deutlich, welche die Bundesbehörden eigene Zurückhaltung keineswegs unterdrückt: »Das Bundesarchiv bemühte sich seit 1991 um die Übernahme der Unterlagen der INTERFLUG.«

Man habe, wie zu hören war, sich an den Liquidator wie auch an den Treuhandnachfolger, die Bundesanstalt für vereinigungsbedingte Sonderaufgaben, kurz BvS, gewandt. Der Liquidator zog sich auf die Formel zurück, die INTERFLUG sei eine GmbH gewesen, also ein privatwirtschaftliches und mithin kein Staats- oder volkseigenes Unternehmen, folglich habe eine Pflicht zur gesetztlich vorgeschriebenen Abgabe der Akten ans Bundesarchiv nicht bestanden. Diese Lesart übernahm übernahmen auch andere. So heißt es aus dem Bundesarchiv: »Mit der Ausgründung der Flughafen Berlin-Schönefeld GmbH (FBS) aus der INTERFLUG-GmbH hat die FBS auch das Eigentum an den Unterlagen erworben, so daß Verhandlungen des Bundesarchivs fortan mit der FBS bzw. der von ihr beauftragten BSV Verwaltungsgesellschaft mbH

INTERFLUG-Abzeichen für die Diensthemden.
Unten: Ehemalige Mitarbeiter der INTERFLUG, die sich am 10. April 2005 wieder einmal trafen.
Das Zusammengehörigkeitsgefühl ist noch immer vorhanden, Treffen finden regelmäßig statt.

liefen. Das Interesse des BArch richtete sich dabei ausschließlich auf Unterlagen mit historischer Aussage.« Daran ist kein Zweifel, wie auch nicht der ehrliche Ehrgeiz des Bundesarchives in Abrede gestellt sein soll. Doch es darf gefragt werden, wieso eine GmbH Eigentümer der Akten eines DDR-Staatsunternehmens sein kann?

Die fraglichen Akten, so ist zu vermuten, befinden sich in Schönefeld im Keller des Block A, wo einst die Generaldirektion der INTERFLUG und die Hauptverwaltung für Zivile Luftfahrt residierte.

Niemand hat dort Zugang. Der Hüter der Papiere geht demnächst in Rente. Womit dann wohl auch der letzte Mitwisser dahin ist, der die umlaufenden Gerüchte bestätigen oder dementieren könnte, daß nach der Jahrtausendwende aus diesem Bestand Akten entfernt bzw. vernichtet worden seien. Doch vermutlich wird man auch ihm eine Schweigeverpflichtung abtrotzen wie etwa dem einstigen Hauptbuchhalter W. K. der INTERFLUG i. L., dem am 30. Juni 2000 die Bankvollmacht von der BvS entzogen worden war. Dem Vernehmen nach soll auf dem letzten Auszug der Commerzbank ein zweistelliger Millionenbetrag gestanden haben. Das können zehn oder 99 Millionen DM oder etwas dazwischen gewesen sein. Über die Höhe darf man nun ebenso spekulieren wie über den Verbleib der Barschaft.

Das Bestenabzeichen der INTERFLUG.

Unten: Hier gehören die Akten des DDR-Luftfahrtunternehmens hin.

Sechs Millionen, so heißt es, habe auf jeden Fall der Liquidator aus Heidelberg erhalten, das sei nicht übermäßig viel, sieht man die Spanne zwischen Frühjahr 1991 und Sommer 2000, als auf Veranlassung der BvS die Liquidation unangekündigt abgebrochen wurde. Eine gewisse Hast scheint obwaltet zu haben, denn die beiden letzten verbliebenen Mitarbeiter der INTERFLUG GmbH i. L. erhielten noch nicht einmal eine Kündigung. Vielleicht hätten sie lästige Fragen gestellt, etwa wieviel man für Namen und Logo eingestrichen habe und wohin nun dieses Geld wieder geflossen sei. Denn wie *BILD* am 16. März 2004 berichtete, hatte man an einen Kemal Atakan in Hamburg beides vor geraumer Zeit verscheuert: »›Ich fand es schade, daß der Name verschwand‹, so Atakan. 1995 hat er seine Firma gegründet. Lange Verhandlungen mit Treuhand und Markenrechtehändlern waren nötig, bis Atakan im Juli 2002 die Namensrechte der INTERFLUG erhielt (Preis geheim).«

Nicht nur der Preis, auch vieles andere ist unverändert geheim.

Der erste Liquidator, Rechtsanwalt Eckhart Müller-Heydenreich aus München, teilte dem Verlag am 17. Juli 2007 auf Anfrage bedauernd mit, er habe in seinem Archiv nichts mehr über den Fall, zumal er »nur für einen sehr kurzen Zeitraum Liquidator der INTERFLUG« gewesen sei. Weitaus wichtiger allerdings als diese keineswegs unerwartete Auskunft sind die nachfolgenden Sätze: »Aufgrund von mündlichen Informationen aus dem Führungsbereich der Treuhandanstalt gehe ich davon aus, daß ich aufgrund einer Intervention des Vorstandsvorsitzenden der Lufthansa abberufen wurde, die eine sofortige Einstellung des gesamten Flugbetriebes wünschte und über

politische Kanäle betrieb, während ich mich dafür einsetzte, daß der Betrieb nicht in vollem Umfang eingestellt wurde, sondern nur insoweit, als dies aus Rentabilitätsgründen notwendig war. Diese meine Einstellung beruhte auf mündlichen Vorgaben der Treuhandanstalt, die ich ernstnahm, die entweder nicht ernsthaft gewollt waren oder aber nicht durchgehalten wurden.«

Sein Nachfolger wurde Dr. Jobst Wellensiek. Diesen suchte Robert Ide auf. »Der wichtigste deutsche Firmensanierer residiert in einem mit Arbeitsakten und Andenken überladenen Bürgerhaus in Heidelberg, in seinem Büro im dritten Stock stellt er Kriegsschiffmodelle aus dem Zweiten Weltkrieg in einer Vitrine aus.« Der Mittsiebziger habe Wirtschaftsgeschichte geschrieben, so Robert Ide, er habe »die Vulkanwerft in Bremen zerlegt, die Klöckner-Werke in Duisburg«. Und in Ostdeutschland habe Wellensiek »wichtige Kombinate abgewickelt: die Stahlwerke in Riesa, den Exporteur von Spiegelreflexkameras Pentacon in Dresden und eben die INTERFLUG. ›Abwickeln ist ein häßliches Wort‹, unterbricht Wellensiek, schließlich liege in jeder Liquidation eine Chance, zu retten, was zu retten sei – falls es wirtschaftlich Sinn mache.‹«

Machte es Sinn, die INTERFLUG zu retten und etwa der Lufthansa einen ernstzunehmenden Konkurrenten zu erhalten?

»›Damals existierten Gerüchte, daß geheime Kräfte am Werk seien, die die INTERFLUG wegen der Konkurrenz zu Lufthansa beseitigen wollten‹, berichtet er nach einer halben Stunde, ›ob hieran etwas wahr ist, kann ich bis heute nicht beurteilen.‹

Wie beiläufig formt Wellensiek solch wohldosierte Sätze. Eine weitere halbe Stunde später spricht er von einem ›sensiblen politischen Fall‹.

Eine Bonner Entscheidung zugunsten der Lufthansa?, hake ich nach.

Darauf will sich Wellensiek nun auch wieder nicht festlegen lassen. Er lächelt.«

Den 2.900 verbliebenen INTERFLUG-Mitarbeitern, denen 1991 die von Rechtsanwalt Wellensiek unterschriebene Kündigung zuging, war weder zum Lächeln, geschweige denn zum Lachen zumute. »Wie Ihnen bekannt, befindet sich die INTERFLUG Gesellschaft für internationa-

Kennzeichen derr Stewardessen der INTERFLUG.

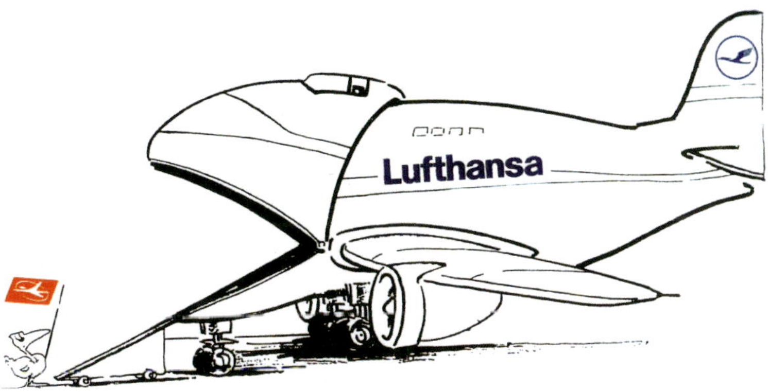

Der Liquidator aus Heidelberg, nachdem alles gelaufen war: »Damals existierten Gerüchte, daß geheime Kräfte am Werk seien, die die INTERFLUG wegen der Konkurrenz zu Lufthansa beseitigen wollten. Ob hieran etwas wahr ist, kann ich bis heute nicht beurteilen.«

len Luftverkehr mbH in Liquidation. Das hat zur Folge, daß Ihr bisheriger Arbeitsplatz wegen der damit verbundenen Betriebsstillegung nicht mehr existent ist. Aus diesem Grunde sehe ich mich veranlaßt, Ihr Arbeitsverhältnis betriebsbedingt zu kündigen.«

Die Untersuchung ist abgeschlossen, vergessen Sie alles.

Und die Akten bleiben unter Verschluß. Basta.

Die »geheimen Kräfte«, deren Wirken der Liquidator Jobst Wellensiek weder bestätigte noch dementierte, haben Namen und Adresse, auch wenn sie in einem »sensiblen politischen Fall« handelten. Der bestand darin, für die Lufthansa einen erfolgreichen »Mitbewerber« auszuschalten und sich dessen Immobilien, insbesondere den Schönefelder Flughafen, einzuverleiben. Darauf vor allem zielte die Auflassung zur »Entflechtung«. Ein diesbezüglich verräterisches und mithin Schlüsseldokument ist das Schreiben aus dem Bundesministerium für Verkehr an den »Präsidenten der Treuhandanstalt der DDR, Herrn Dr. Detlev K. Rohwedder, Haus der Elektrotechnik, Alexanderplatz 6, 1036 Berlin« vom 27. August 1990.

Noch existiert die DDR, und der Absender, welcher sich da zur »Entflechtung der INTERFLUG GmbH – Übertragung der Flughäfen« zu Wort meldet, ist eine Regierungsstelle der BRD. In dieser Auflassung aus Bonn heißt es unmißverständlich: »Bei den morgigen Verhandlungen über die Entflechtung der INTERFLUG besteht seitens den zu gründenden Teilgesellschaften auch großes Interesse an dem käuflichen Erwerb derjenigen Liegenschaften auf den DDR-Flughäfen, auf denen sich Gebäude und Einrichtungen von INTERFLUG-Fluggesellschaft, -Agrarflug und -Bildflug befinden. Dabei besteht die Gefahr, daß die heute zusammenhängenden und arrondierten Flughafengelände zerstückelt werden und damit der Spielraum für die notwendige Fortentwicklung der Flughäfen behindert wird. Nach dem Muster der Flughäfen in der Bundesrepublik Deutschland sollten deshalb die Flughafengesellschaften Grundstückseigentümer ›innerhalb des Flughafenzaunes‹ bleiben.

Besonders aktuell ist diese Frage für die Flughäfen Berlin-Schönefeld, Dresden und Leipzig.

Das neue und das alte Flaggschiff der INTERFLUG: der Airbus und die IL-62.
Das Arbeitstier der INTERFLUG und das drei Jahrzehnte lang: die IL-18 (unten). Hier beim Kommandantentraining mit zwei abgestellten Triebwerken.

Die Flughafengesellschaften sollten unverändert all die Liegenschaften im Flughafengebiet ›innerhalb des Zaunes‹ zu Eigentum oder zur Nutzung erhalten, die bisher von der INTERFLUG benutzt worden sind (einschließlich des Verwaltungsgebäudes in Schönefeld*).

Mit freundlichen Grüßen, in Vertretung Dr. Haldmann«

Bereits am 30. August meldet Dr. Andreas Kramer von der Geschäftsleitung der INTERFLUG bei der Treuhandanstalt Vollzug. »Die Vermögenszuordnung wurde entsprechend den Festlegungen der Beratung vom 28.08.90 verändert. Damit erhält die Flughafen Schönefeld GmbH alle am Standort Schönefeld vorhandenen Vermögenswerte an Gebäuden sowie an Grund und Boden.« Zwar drückt den ostdeutschen Vollstrekker das schlechte Gewissen, indem er zaghaft Bedenken anmeldet: »Die Geschäftsführung hält diese Zuordnung nicht für angemessen, da sie de facto eine Enteignung der Fluggesellschaft sowie der bisherigen

* Das Verwaltungsgebäude liegt wie das Direktionsgebäude des Betriebes Agrarflug außerhalb des Zaunes.

** In diesem Kontext sollte man auch die Abfindungen erwähnen, die ehemaligen Mitarbeitern gezahlt wurden, sofern sie nicht freiwillig zu einer anderen Firma wechselten. Die Sterbehelfer bekamen, wen wundert's, die höchsten Zuwendungen – die Lufthansa ließ sich die Grabpflege einiges kosten. Die Geschäftsführer sollen 125.000 DM erhalten haben, Generalleutnant a. D. Dr. Henkes übernahm eine Tätigkeit beim Liquidator Wellensiek, die ihm eine Viertelmillion eingebracht haben soll.

Eine IL-18 der INTERFLUG auf der Rollbahn. Darunter: Ein Flugkapitän mit Pilotenkoffer.

Betriebe Agrarflug und Fernerkundung , Industrie- und Forschungsflug darstellt.«

Doch das ist bereits Feuilleton. Die Würfel sind gefallen.

Später bekommt Dr. Kramer einen Job in Toulouse bei Airbus.**

Ein weiteres Moment macht deutlich, daß die vermeintlich rechtlich korrekte Abwicklung allenfalls der propagandistische Schleier ist, damit alles schön demokratisch aussieht: nämlich der unangekündigteAbbruch der Liquidation der INTERFLUG im Sommer 2000.

Bekanntlich sind privatwirtschaftliche Unternehmen, und eine GmbH ist so eine Kapitalgesellschaft, von Gesetzes wegen verpflichtet, ihre Buchhaltungsunterlagen zehn Jahre aufzubewahren. Der Fiskus veranstaltet bisweilen Betriebsprüfungen und will diese Bücher einsehen. Wenn das Jahrzehnt verstrichen ist, laufen ab Januar in den meisten Unternehmen hierzulande die Schredder. Im Jahr 2000 waren die zehn Jahre vorbei. Man konnte also die Schein-Liquidation beenden und mit der Vernichtung der veräterischen »GmbH-Akten« ab 1990 beginnen.

Denn unmittelbar nachdem dem einstigen Hauptbuchhalter der INTERFLUG, der auch nach Beginn der Abwicklung die Bücher führte, die Bankvollmacht entzogen worden war und er eine Schweigeverpflichtung über fünf Jahre unterzeichnet hatte, tauchten Mitarbeiter der BvS im Keller von Block A in Schönefeld unter und entnahmen dort Material … Die Wahrscheinlichkeit scheint groß, daß inzwischen die Unterlagen bis

Stewardess der INTERFLUG. Unten: Matrosen der Volksmarine nach Rundflug mit der IL-14, 1960.

Jahrgang 1996 reichlich ausgedünnt, wenn nicht sogar in Gänze entsorgt worden sind. Und alles legal nach geltendem deutschen Recht, denn die INTERFLUG war ja eine GmbH.

War sie das aber wirklich?

Rechtsanwalt Joachim Kurt, vom 1. August 1989 bis zum 30. September 1992 als Leiter der Rechtsabteilung der INTERFLUG und nunmehr in der Kanzlei »Wellensiek Grub & Partner« tätig, beantwortete in einem Gutachten am 4. März 2002 diese Frage ziemlich präzise, nachdem er detailliert alle Aspekte auflistete. »Während der Zeit der DDR war es sehr wohl möglich, ein dem Muster einer GmbH nach heutigem Recht entsprechendes Unternehmen zu errichten und zu betreiben. Dieses hätte wie eine GmbH nach heutigem Recht über eigenes Eigentum, über eigenes Vermögen verfügt. Vermögen und Ergebnis der Geschäftstätigkeit dieser GmbH wären nach den einschlägigen steuerlichen Vorschriften der DDR besteuert worden.

All das ist, obwohl die INTERFLUG als GmbH firmiert hat, nicht erfolgt.

Abgesehen von der verfassungsrechtlichen Einschränkung, daß Flughäfen, Luftverkehrsfahrzeuge und anderes nicht Gegenstand privatrechtlichen Eigentums sein durften, hat das Unternehmen INTERFLUG Grundstücke und Flugzeuge im eigenen Namen und auf eigene Rechnung zugunsten des Volkseigentums gekauft. Dies war aufgrund seiner Stellung als Fondsinhaber möglich.

Eine solche Stellung konnte nur ein volkseigener Betrieb einnehmen. [...] Nur weil eine Firmenbezeichnung in einer Weise gewählt wurde,

die im internationalen Rechtsverkehr bei Gründung der INTERFLUG 1958 geläufiger war, ist hierdurch der Charakter des Unternehmes nicht in besonderer Weise bestimmt worden.«

Kurts deutliches Gutachten wird durch diverse Stellungnahmen und eidesstattliche Versicherungen gestützt, von denen hier nur die von Günter Hein zitiert sein soll. Er war von 1969 bis 1990 Generaldirektor der Staatlichen Versicherung der DDR und erklärte am 22. März 2003, »daß die zivile Luftfahrt in das einheitliche System der Planung, Leitung und Finanzierung der Volkswirtschaft einbezogen wurde«, und er verweist dazu auf das Statut des Ministeriums für Verkehrswesen vom 11. März 1960 (GBl. der DDR, Teil I 1960, S. 155) und die 2. Verordnung über das Statut des Ministeriums für Verkehrswesen vom 26. Januar 1961 (GBl. der DDR, Teil II 1961, S. 45).

Er hätte auch aus dem Gesetzblatt der DDR, Teil II, vom 31. Juli 1962 die »Anordnung über das Statut der Deutschen Lufthansa« auf S. 469 zitieren können. Dort heißt es unter »§1 Rechtliche Stellung und Sitz«: »(1) Die Deutsche Lufthansa ist ein volkseigener Verkehrsbetrieb im Sinne des § 1 der Verordnung vom 20. März 1952 über Maßnahmen zur Einführung des Prinzips der wirtschaftlichen Rechnungsführung in den Betrieben der volkseigenen Wirtschaft.«

Kurt hätte auch die DDR-Verfassung von 1968 in der Fassung von 1974 zitieren können, auf die er zumindest verwiesen hatte. Dort heißt es in

Plansilvester in einem VEB, 1973.
Unten: ein IF-Flugkapitän.

Berlin, den 3. Februar 1959.

Das Staatliche Vertragsgericht bei der Regierung der Deutschen Demokratischen Republik hat auf Grund eines entsprechenden Antrages der INTERFLUG-Gesellschaft mbH die Feststellung getroffen, daß die

I N T E R F L U G
Gesellschaft für Internationalen Flugverkehr
B e r l i n - W 8
Französische Strasse 53/56

ein den volkseigenen Betrieben und den sozialistischen Genossenschaften gleichgestellter Betrieb im Sinne des § 2 Abs. 1 Ziffer 3 des Vertragsgesetzes vom 11. Dezember 1957 ist.

Das bedeutet, daß die INTERFLUG-Gesellschaft für Internationalen Flugverkehr, deren Gesellschafter die DEUTSCHE LUFTHANSA, das Staatliche Reisebüro, die VEB DEUTRANS sowie die VVB Flugzeugbau sind, ein sozialistischer Betrieb im Sinne des Vertragsgesetzes ist, für den das Vertragsgesetz im vollen Umfange zur Anwendung gelangt.

Nach § 1 des Vertragsgesetzes ist die INTERFLUG GmbH daher verpflichtet, über ihre wechselseitigen Beziehungen mit anderen sozialistischen Betrieben, welche die Lieferung und Abnahme von Erzeugnissen oder die Herstellung und Abnahme von Werken oder sonstigen Leistungen auf der Grundlage und in Übereinstimmung mit den Zielen des Volkswirtschaftsplanes zum Gegenstand haben, Verträge abzuschliessen.

Ich weise alle in Betracht kommenden Mitarbeiter auf diese Feststellung des Staatlichen Vertragsgerichtes hin und bitte sie, diese Feststellung zu beachten, wenn sie für die INTERFLUG tätig werden.

(Arthur Pieck)
Generaldirektor

26. 2. 59
1) Dr. [illegible]
Abschrift übersenden.
2) [illegible]

Verteiler:
Direktor Heiland
Direktor Horn
Direktor Wendt
Rechtsstelle - Gen. Weiss-
Vertragsstelle - Gen. Müller-
Hauptbuchhaltung - Gen. Aschenbach-
Leiter der Abtlg. Materialwirtschaft - Gen. Bauer-
Leiter der Abtlg. Presse und Werbung - Gen. Queck-
Leiter der Revis. Gruppe - Gen. Schnoegas-

Klare Aussage des Generaldirektors Arthur Pieck über den Charakter der INTERFLUG: »ein sozialistischer Betrieb im Sinne des Vertragsgesetzes«.

Artikel 12: »1. Die Bodenschätze, die Bergwerke, Kraftwerke, Talsperren und großen Gewässer, die Naturreichtümer des Festlandsockels, Industriebetriebe, Banken und Versicherungseinrichtungen, die volkseigenen Güter, die Verkehrswege, die Transportmittel der Eisenbahn, der Seeschiffahrt sowie der Luftfahrt, die Post- und Fernmeldeanlagen sind Volkseigentum.«

Entscheidend aber für die Beurteilung, ob es sich bei der INTERFLUG um gesellschaftliches oder um privates Eigentum im Sinne einer Kapitalgesellschaft handelte, sind jene beiden Briefe aus dem Jahre 1959, weshalb sie hier als Faksimili erstmals veröffentlicht werden.

Damit dürfte wohl endgültig bewiesen sein, daß die Luftfahrtgesellschaft der DDR Volkseigentum war, weshalb ihre Akten ins Bundesarchiv und nicht in das einer GmbH gehören, welche sich offenkundig als eine Art Rechtsnachfolger eines DDR-Staatsunternehmen geriert. Wer die Übergabe verhinderte beziehungsweise verhindert oder gar Akten vernichtete, verstieß respektive verstößt folglich gegen das »Gesetz über die Sicherung und Nutzung von Archivgut des Bundes« (Bundesarchivgesetz – BArchG) vom 6. Januar 1988 (BGBl. I, S. 62) und macht sich damit strafbar. (Bekanntlich fanden in den 90er Jahren mit dieser Begründung etliche Hausdurchsuchungen bei ehemaligen Funktionsträger der DDR statt.)

Alle anderen rechtlichen Folgen, die sich aus dieser Festellung notwendigerweise ergeben, führten an dieser Stelle zu weit. Um sie aber zu erahnen, muß man kein Jurist sein. Das reicht von verweigerten Rentenansprüchen bis hin zu Veruntreuung und Korruption.

Das Staatliche Vertragsgericht, der Regierung der DDR unterstellt, informiert den Generaldirektor der INTERFLUG, daß entsprechend seiner Nachricht vom 23. Dezember 1958 die Vorsitzenden der Bezirksvertragsgerichte informiert wurden, daß die INTERFLUG GmbH »ein den volkseigenen Betrieben und den sozialistischen Genossenschaften gleichgestellter Betrieb« sei. Wunschgemäß werde auf die Veröffentlichung dieser Feststellung verzichtet. »Das Ministerium der Justiz wurde entsprechend unterrichtet.« Das heißt, daß die INTERFLUG lediglich in der Außendarstellung als GmbH erscheinen wollte, das war Fassade. Ob es sinnvoll war, steht dahin.

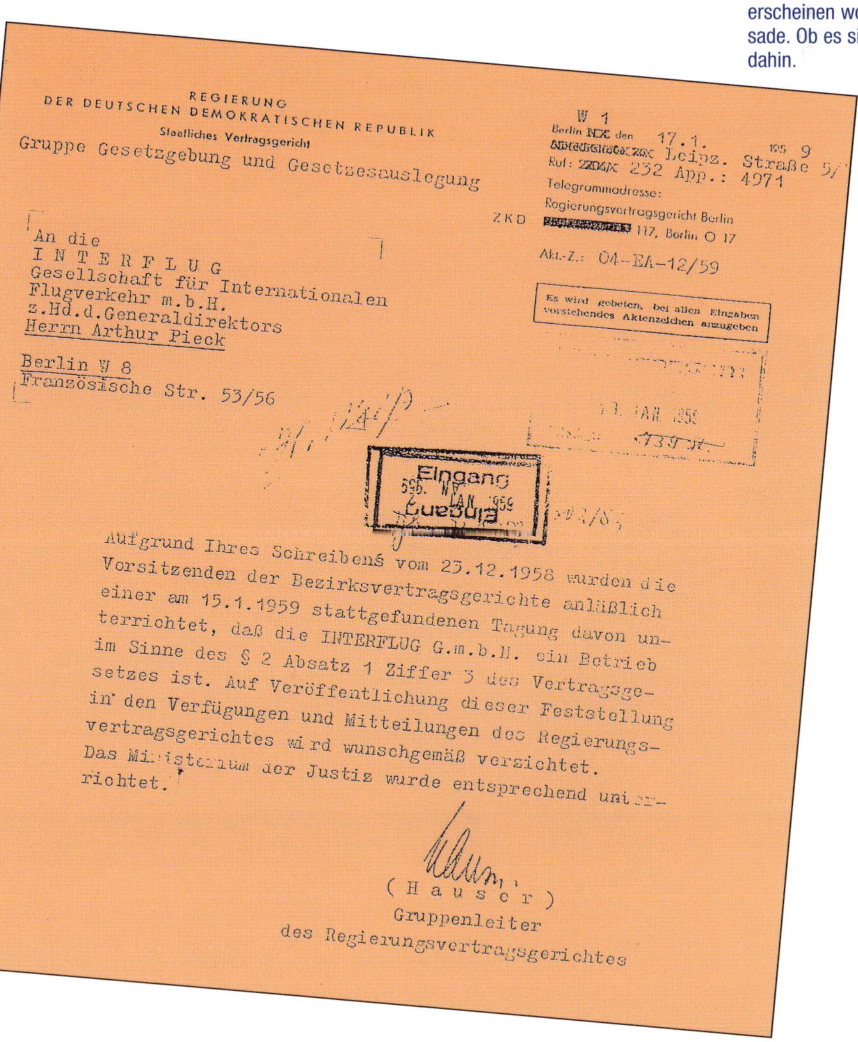

REGIERUNG
DER DEUTSCHEN DEMOKRATISCHEN REPUBLIK
Staatliches Vertragsgericht
Gruppe Gesetzgebung und Gesetzesauslegung

W 1
Berlin ~~NW~~ den 17.1. 1959
~~Adlergestell~~ Leipz. Straße 5/
Ruf: ~~2206/K~~ 232 App.: 4971
Telegrammadresse:
Regierungsvertragsgericht Berlin
[redacted] 117, Berlin O 17
ZKD
Akt.-Z.: 04--EA-12/59

Es wird gebeten, bei allen Eingaben vorstehendes Aktenzeichen anzugeben

An die
I N T E R F L U G
Gesellschaft für Internationalen
Flugverkehr m.b.H.
z.Hd.d.Generaldirektors
Herrn Arthur Pieck

Berlin W 8
Französische Str. 53/56

Eingang 19. JAN 1959

Aufgrund Ihres Schreibens vom 23.12.1958 wurden die Vorsitzenden der Bezirksvertragsgerichte anläßlich einer am 15.1.1959 stattgefundenen Tagung davon unterrichtet, daß die INTERFLUG G.m.b.H. ein Betrieb im Sinne des § 2 Absatz 1 Ziffer 3 des Vertragsgesetzes ist. Auf Veröffentlichung dieser Feststellung in den Verfügungen und Mitteilungen des Regierungsvertragsgerichtes wird wunschgemäß verzichtet. Das Ministerium der Justiz wurde entsprechend unterrichtet.

(H a u s e r)
Gruppenleiter
des Regierungsvertragsgerichtes

Wie der Luftfahrtbetrieb Fernerkundung, Industrie- und Forschungsflug (FIF) für eine Deutsche Mark verkauft wurde

Die Entwicklungsgeschichte dieses Luftfahrtbetriebes begann am 18. Juni. Zwei Hubschrauber des Typs Mi-4 wurden von der NVA dem Wirtschaftsflug zugeordnet. Mit der Kennung DM-SPA und DM-SPB wurden funktechnische Meßflüge, Rettungsflüge und geophysikalische Erkundungsflüge für die SDAG Wismut durchgeführt. Im September 1959 flog eine Besatzung als Relaisstation für das Fernsehen der DDR, als auf dem Sachsenring eine Radsportveranstaltung stattfand, im Jahr darauf gab es dort die WM.

Eine Leitfigur in jener Zeit war Flugkapitän Günter Krönert, den ich stellvertretend für dieses Spezialgebiet der Fliegerei vorstellen möchte. Zu jenen Aktivisten der ersten Stunde gehörten auch Siegfried Gottschling, Hubert Wehner, Bruno Schumann und Ernst Rohn.

Nach Versuchsflügen auf der Mi-4 begannen 1961 die ersten Kranflug-

Montage eines 70 Meter hohen Mastes auf einer Donauinsel bei Bratislava mit einem Hubschrauber der INTERFLUG.

Am 1. August 1968 fliegt Flugkapitän Krönert zwölf Getreidesilos von Markkleeberg nach Querfurt über 80 Kilometer. Das sind 24 Flüge von etwa einer Stunde.

Flugkapitän Günter Krönert mit seinem Arbeitsgerät, der Mi-8. Krönert, Jahrgang 1931, gelernter Buchdrucker, besuchte die Offiziersschule, wurde Fluglehrer auf dem Hubschrauber Mi-4 und von der Deutschen Lufthansa (Ost) nach Spezialflugeinsätzen 1959 als Instrukteur übernommen. 1965 machte er seinen Ingenieur für Flugzeugführung.
Krönert überlebte am 8. Februar 1962 einen Absturz mit der Mi-4 DM-SPC bei Creuzburg/Thüringen. 1967 absolvierte er eine Umschulung auf dem Turbinenhubschrauber Mi-8 im sowjetischen Krementschug mit Abschluß als Fluglehrer. Im Mai 1968 erfolgte erstmals der Anflug eines 300 m hohen Schornsteines und Auffliegen der 500 kg schweren Richtkrone; danach absolvierte Krönert Kranflugeinsätze im Riesengebirge und in der Hohen Tatra in Štrbské Pleso. Danach Typenschulung auf Ka-26; Krönert wurde Fluglehrer für aviochemische Hubschrauberausbildung.
1974 begann er mit dem Aufbau der Hubschrauberstaffel des Ministeriums des Inneren. 1979 flog er Einsätze im Katastrophenwinter in den Nordbezirken, dafür wurde er ausgezeichnet mit dem Ehrentitel »Held der Arbeit«. 1982 montierte er aus der Luft das Denkmal Lilienthals in Anklam, 1985 setzte er erstmals eine Wasserabwurfanlage zur Waldbrandbekämpfung ein …
Am 31. März 1991 wurde Günter Krönert entlassen, weil man keine Verwendung für ihn hatte.

einsätze mit Außenlasten bis 800 Kilogramm. Ab August 1967 kam auch der turbinengetriebene Hubschrauber Mi-8 mit dreifacher Außenlast zum Einsatz.

Ab 1. Januar 1970 entstand der Bereich Spezialflug im Betrieb Agrarflug. Bereichsleiter wurde Dipl.-Ing.-Ökonom Helmut Voigt. Drei Mi-8, drei Ka-26 und eine AN-2 standen zunächst zur Verfügung. 1973 wurde die Deutsche Reichsbahn zum Hauptauftraggeber. Es wurden Fahrleitungsmasten zur Streckenelektrifizierung gesetzt.

Nach Trennung des Spezialfluges vom Agrarflug war am 4. Januar 1978 der Betrieb Bildflug mit den Staffeln »Luftbild« und »Industrieflug« gegründet worden. Im November 1984 erfolgte die Umbenennung des

Betriebes in »Fernerkundung, Industrie- und Forschungsflug« (FIF). Vorausgegangen war eine umfangreiche Investitionsphase. Dem Betrieb waren alle Spezialflugaufgaben für die Wirtschaft, für den Umweltschutz und für die Wissenschaft übertragen worden. Jährlich wurden zirka 100.000 Luftbilder für die Geodäsie, die Kartographie, den Umweltschutz und die Wissenschaft erstellt. Der jährliche Umsatz des FIF lag zwischen 50 bis 60 Millionen Mark. Im Zeitraum von 1984 bis 1989 konnte er seine Investitionskredite tilgen. Zum Zeitpunkt der »Entflechtung der INTERFLUG« war er schuldenfrei. Der Betrieb war mit seinen Leistungen national und international anerkannt.

Dipl.-Ingenieur Horst Huth, von 1980 bis 1990 Direktor des FIF, wurde von der Treuhandanstalt zum Geschäftsführer bestellt. Diese verordnete die »Entflechtung« der INTERFLUG-Betriebe. Nun legte die Logik nahe, daß die drei fliegenden Betriebe – Verkehrsflug, Agrarflug und Fernerkundung, Industrie- und Forschungsflug – auch in drei Firmen zerlegt und anschließend saniert werden würden. Zumindest wurde diese Parole ausgegeben. Bundeswirtschaftsminister Günter Rexrodt (FDP) erklärte in der *Berliner Zeitung*, die Treuhand werde »aus maroden DDR-Staatsunternehmen auf geschrumpftem Niveau wieder konkurrenzfähige Betriebe« machen. Ungeachtet der Frage, ob die Unternehmen so marode waren, wie behauptet, konnte man diese Einlassung als Entwicklungsversprechen nehmen.

Zunächst sah es auch so aus.

Štrbské Pleso in der Hohen Tatra, 1.370 Meter hoch gelegen. 1970 fanden dort die Weltmeisterschaften im Nordischen Skisport statt. Im Vorfeld setzten die Männer um Günter Krönert die Masten für die Seilbahn, die noch immer ihren Dienst tut.
Bild oben: Ein »fliegender Kran« 1962 im Einsatz.

Am 3. Oktober 1990 wurde aus dem Betrieb FIF die Berliner Spezialflug GmbH (BSF). Das Stammkapital wurde auf die gesetzliche Mindestgröße von 50.000 DM beschränkt. Der BSF wurden 315 Mitarbeiter zugeordnet, und er wurde im Handelsregister unter Nr. 621 registriert.

Neben der Sicherstellung des wirtschaftlichen Ergebnisses mußte die Anpassung an das Luftrecht der BRD erfolgen. Das geschah. Als erstes Luftfahrtunternehmen in den neuen Bundesländern wurde der BSF vom Bundesministerium für Verkehr lizenziert. Es folgte die Anerkennung als Luftfahrttechnischer Betrieb (LBA- Nr. II- A 501) und Verkehrsrechte wurden erteilt. Die sechs Flugzeuge des Typs L 410 UVB, drei Flugzeuge des Typs AN-2 und die Hubschrauber des Typs Mi 8 wurden umgeschrieben etc.

Vom 3. Oktober 1990 bis zum 23. Juli 1991 waren ein Umsatz von etwa 13 Millionen DM gemacht, der Gewinn betrug rund 1 Million DM, die Personalkosten lagen bei rund 27 Prozent der Gesamtselbstkosten. Mit diesen wirtschaftlichen Ergebnissen konnte die von der Treuhand vorgesehene Liquidation abgewendet und eine Privatisierung erzwungen werden. Es gingen sechs Kaufangebote ein, wobei die Tatsache, daß die Enteignung von Grund und Boden sowie von Gebäuden den Wert des Unternehmens reduzierte, negativ zu Buche schlug. Einflußreiche Interessengruppen hätten Bedarf angemeldet, wie aus einem Brief des Bundesministeriums für Verkehr an den Chef der Treuhandanstalt, Rohwedder, vom 27. August 1990 hervorgeht. Den Zuschlag bekam die Piper Generalvertretung Deutschland AG, ansässig in Kassel-Calden, am 1. Augsut 1991 für den symbolischen Preis von einer Mark.

Schließlich sollte die wissenschaftlich-technische Bedeutung des Unternehmens erwähnt werden, die bereits das Institut für Kosmosforschung der Akademie der Wissenschaften der DDR 1984 in der Fachpresse her-

Sechs Flugzeuge des Typs L 410 UVB (ganz oben), drei AN-2 (unten) und sieben Huschrauber Mi-8 werden von der Berliner Spezialflug GmbH (BSF), die aus dem INTERFLUG-Betrieb FIF am 3. Oktober 1990 hervorgegangen ist, in der BRD zugelassen. Die im Handelsregister eingetragene Firma mit 315 Mitarbeitern, obgleich lebensfähig, hat keine Chance. Damit wird die Forderung nach »Entflechtung«, um die Betriebe lebensfähig zu machen, als Lüge offenbar.
Links das Produktions- und Funktionsgebäude mit Hangar, Werkstätten, Luftbildlabor und Sozialeinrichtungen des Luftfahrtbetriebes Fernerkundung, Industrie- und Forschungsflug der INTERFLUG in Berlin-Schönefeld.

vorhob. »Die Aerophotogrammetrie wird seit langem zur Lösung volkswirtschaftlicher Aufgaben – insbesondere im staatlichen Vermessungs- und Kartenwesen, zunehmend auch im Bergbau, bei der Planung von Meliorationsvorhaben und bei der Territorialplanung – mit Erfolg eingesetzt«, hieß es dort. »Mit der Entwicklung der Fernerkundungsmethoden als einem anwendungsorientierten Zweig der Kosmosforschung und der Nutzung der Kosmostechnik entstand auch für die traditionellen Bildflugzeuge ein völlig neues Aufgabengebiet. Die Fernerkundung beruht im wesentlichen darauf, von der panchromatischen Abbildung der Erdoberfläche überzugehen zur Gewinnung von Daten über die Erdoberfläche in verschiedenen Spektralbereichen, wobei heute vorwiegend der sichtbare Bereich, der nahe und thermische Infrarotbereich und der Mikrowellenbereich genutzt werden.« Der Einsatz von Bildflugzeugen diene aber auch der Entwicklung der kosmischen Fernerkundung und der Vorbereitung ihrer wirtschaftlichen Nutzung. »Mit dem Aufbau einer Forschungsstaffel im Betrieb Fernerkundung, Industrie- und Forschungsflug der INTERFLUG (FIF) werden gute Voraussetzungen geschaffen, um den wissenschaftlich-technischen und naturwissenschaftlichen Forschungseinrichtungen noch effektiver als bisher Partner zu sein für die Weiterentwicklung der Fernerkundung und die rasche Überführung der Ergebnisse in die volkswirtschaftliche Praxis. Diese Möglichkeiten sollen künftig für die Lösung der Aufgaben der Grundlagen- und angewandten Forschung stärker genutzt werden. So sind im Rahmen der Interkosmos-Arbeitsgruppe ›Fernerkundung‹ auch weiterhin Flugzeugexperimente Bestandteil der Bearbeitung komplexer Zielprogramme für die weitere Vervollkommung der Fernerkundungsmethoden.«

Ignoriert man einmal den ein wenig pathetisch-akademischen Duktus der Ausführungen wird deutlich: FIF und Mitarbeiter waren wesentlich in die Grundlagen- und angewandte Forschung involviert. Es existierten technische wie auch intellektuelle Voraussetzungen, die nicht nur feinfühlig übernommen, sondern auch in die Wissenschaftslandschaft der Bundesrepublik hätten eingebunden werden können und müssen.

Aber das unterblieb aus den bekannten Gründen.

§ 4

Kaufpreis

1. Der Kaufpreis beträgt

DM 1,00

(in Worten: Deutsche Mark eine)

Die wiederholten Interventionen der INTERFLUG-Leitung bei der Treuhandanstalt fanden kein Gehör, weil dort eine andere Strategie verfolgt wurde. Horst Huth, FIF-Direktor von 1980 bis 1990 und dann von der Treuhand zum Geschäftsführer der BSF bestellt, konnte zwar mit einem beachtlichen wirtschaftlichen Ergebnis die erwogene Liquidation verhindern – die Lufthansa-Berater des INTERFLUG-Liquidators hatten die Zuordnung auch dieses Betriebsteiles zum Bereich Abwicklung der Treuhandanstalt veranlaßt –, doch nunmehr traten sechs »Käufer« auf den Plan. Die Piper Generalvertretung Deutschland AG, ansässig auf dem Flughafen Kassel-Calden, bekam schließlich den Zuschlag. Am 31. Juli 1991 wechselte um 24 Uhr für eine ganze D-Mark ein prosperierendes ostdeutsches Unternehmen, vormals ein volkseigener Betrieb, den Besitzer.

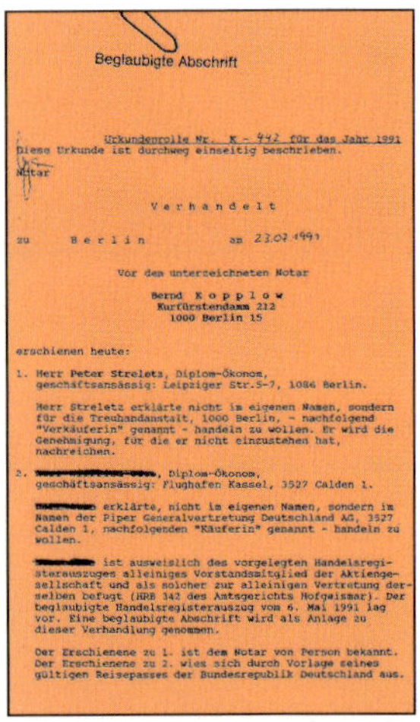

Beglaubigte Abschrift

Urkundenrolle Nr. K - 442 für das Jahr 1991
Diese Urkunde ist durchweg einseitig beschrieben.
Notar

Verhandelt

zu Berlin am 23.07.1991

Vor dem unterzeichneten Notar

Bernd Kopplow
Kurfürstendamm 212
1000 Berlin 15

erschienen heute:

1. Herr Peter Streletz, Diplom-Ökonom, geschäftsansässig: Leipziger Str.5-7, 1086 Berlin.

   Herr Streletz erklärte nicht im eigenen Namen, sondern für die Treuhandanstalt, 1000 Berlin, - nachfolgend "Verkäuferin" genannt - handeln zu wollen. Er wird die Genehmigung, für die er nicht einzustehen hat, nachreichen.

2. [redacted], Diplom-Ökonom, geschäftsansässig: Flughafen Kassel, 3527 Calden 1.

   [redacted] erklärte, nicht im eigenen Namen, sondern im Namen der Piper Generalvertretung Deutschland AG, 3527 Calden 1, nachfolgenden "Käuferin" genannt - handeln zu wollen.

   [redacted] ist ausweislich des vorgelegten Handelsregisterauszuges alleiniges Vorstandsmitglied der Aktiengesellschaft und als solcher zur alleinigen Vertretung derselben befugt (HRB 342 des Amtsgerichts Hofgeismar). Der beglaubigte Handelsregisterauszug vom 6. Mai 1991 lag vor. Eine beglaubigte Abschrift wird als Anlage zu dieser Verhandlung genommen.

   Der Erschienene zu 1. ist dem Notar von Person bekannt. Der Erschienene zu 2. wies sich durch Vorlage seines gültigen Reisepasses der Bundesrepublik Deutschland aus.

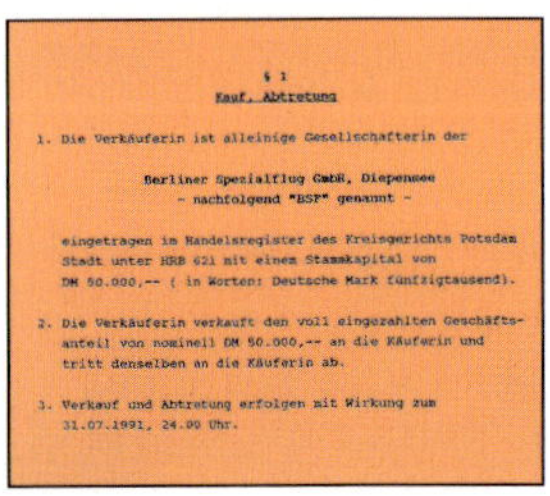

§ 1

Kauf, Abtretung

1. Die Verkäuferin ist alleinige Gesellschafterin der

   Berliner Spezialflug GmbH, Diepensee
   - nachfolgend "BSF" genannt -

   eingetragen im Handelsregister des Kreisgerichts Potsdam Stadt unter HRB 621 mit einem Stammkapital von DM 50.000,-- (in Worten: Deutsche Mark fünfzigtausend).

2. Die Verkäuferin verkauft den voll eingezahlten Geschäftsanteil von nominell DM 50.000,-- an die Käuferin und tritt denselben an die Käuferin ab.

3. Verkauf und Abtretung erfolgen mit Wirkung zum 31.07.1991, 24.00 Uhr.

Flugkapitän Günter Krönert: So war das

Als ich am 6. Juni 1990 in meinem Heimatort Tharandt einen 40 Meter-Stahlgittermast montierte, flog ich die Mi-8 (DDR-SPE) zum letzten Mal unter diesem Kennzeichen. Täglich gab es irgendwelche Veränderungen.

So waren wir am 3. August 1990 um elf Uhr beim Direktor FIF zum Rapport einbestellt. Zwei Monate vor der offiziellen »Vereinigung« hieß das Thema: Die INTERFLUG ist zu entflechten! Die Treuhand forderte, die INTERFLUG aufzulösen, GmbHs zu bilden und zum Verkauf über die Treuhandanstalt anzubieten. Es müßten fünf Kapitalgesellschaften bis zum 1. September 1990 gegründet werden.

Nicht jedem war klar, welche Konsequenzen daraus für ihn und seine Zukunft erwachsen würden, kaum einer nahm an, daß die Einheit zugleich die Liquidation eines so großen Betriebes wie des unseren bedeuten könnte.

Während einer der vielen Sitzungen fragte einer der westdeutschen Berater, was das Transparent »Mein Arbeitsplatz – mein Kampfplatz für den Frieden« im Eingangsbereich noch zu suchen habe, es sei nicht mehr aktuell. Im September war nur noch ein heller Fleck an der Wand, wo die Losung einmal gehangen hatte. Der Kampf um den Arbeitsplatz war bereits voll entbrannt.

So kam schließlich der »Tag der Einheit« und im Gefolge mein letzter Einsatz als Kommandant eines Hubschraubers Mi-8. Es war der 9. Oktober 1990, die Maschine flog bereits unter dem Kennzeichen D-HOXE. Unser Ziel war Röblingen, dort erwarteten uns die Monteure des vormaligen VEB Fahr- und Freileitungsbau Halle/Leipzig. Die Elektrifizierung der Strecke Angersdorf-Teutschenthal ging weiter. Am einem sechs Kilometer langen Streckenabschnitt montierten wir innerhalb von fünf Tagen 214 Maste, um dann am 14. Oktober 7.500 m Bahnenergieleitung über den Masten an der Strecke Eisleben-Helfta abzuspulen.

Und das war's dann wohl auch.

Der folgende Tag brachte Nebel, der bis gegen Mittag nicht wich. Dann traf die ablösende Besatzung am Arbeitsflugplatz Röblingen ein. Als 2. Hubschrauberführer begrüßte mich mein Sohn Berth. Wir beide ahnten nicht, daß dies unser letztes Treffen auf einem Arbeitsflugplatz werden sollte.

Wenige Tage nach dem »Tag der Einheit« entzweite ich mich mit der INTERFLUG: Nach 33 Jahren und über 6.000 Flugstunden wurde ich entlassen. Ich legte Widerspruch gegen die Umsetzung von der INTERFLUG zur Berliner Spezialflug GmbH ein und erhielt folgerichtig die Kündigung zum 31. März 1991.

Bis heute habe ich diesen Schritt nicht bereut. So blieb mir erspart, den Niedergang des Hubschrauberspezialfluges der DDR erleben zu müssen.

Mein Neffe Karsten Krönert, Jahrgang 1964, zunächst NVA, dann seit 1988 bei der FIF, mußte im Frühjahr 1991 ebenfalls gehen. Mein Sohn Berth Krönert, ebenfalls Jahrgang 1964 und seit 1980 bei der INTERFLUG, wurde 1993 vom neuen Eigentümer Piper nach etwa 1.000 Flugstunden entlassen …

Flugkapitän Günter Krönert, nach 33 Jahren bei der INTERFLUG am 31. März 1991 gefeuert. Die Kündigung erfolgte, wie es im Brief heißt, »im Zuge einer tiefgreifenden Betriebsveränderung«.

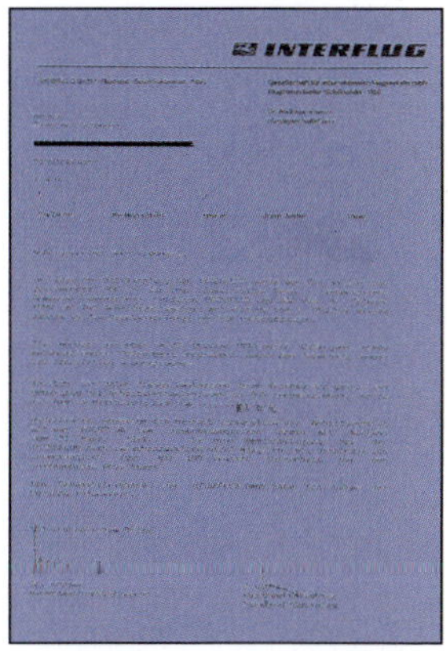

INTERFLUG

Berliner Spezial Flug GmbH privatisiert

Berlin. dpa/eb
Die Berliner Spezial Flug GmbH, Teilbetrieb der ehemaligen Interflug, ist privatisiert worden. Die Piper Generalvertretung Deutschland AG, Flughafen Kassel, hat zum 1. August sämtliche Geschäftsanteile übernommen, teilte die Treuhand gestern mit. Mit rund 200 Mitarbeitern seien 1990 13 Millionen Mark umgesetzt worden. Piper habe sich verpflichtet, 180 Arbeitsplätze zu erhalten und kurzfristig 15 Millionen Mark in modernes Fluggerät zu investieren. Neben einer Verstärkung des Regional- und Frachtflugverkehrs im Osten soll auch eine Flugschule aufgebaut werden.

Was passierte mit dem Betrieb Agrarflug?

Das Eigentum des Betriebes Agrarflug der INTERFLUG löste sich vermutlich ebenso in Luft auf wie das anderer DDR-Unternehmen. Sein Verschwinden ist bis dato unerforscht, und daß es auch hier nicht mit rechten Dingen zuging, ließ bereits ein Beitrag im Kölner Fernsehmagazin Stern-TV 1991 vermuten. Im Kontext von Agrarflug sprach man vom »größten Kreditskandal in der ehemaligen DDR«. Es wurde über ein Darlehen von über 700 Millionen DM berichtet, das die Sparkasse Halle ohne ausreichende Sicherheiten an Kreditvermittler, Unternehmensberater und Scheinfirmen ausgereicht hatte. Ein Teil davon sei benutzt worden, um ein Stück vom »INTERFLUG-Kuchen« abzubekommen. Unter anderen wurde ein norwegischer Pilot und Unternehmer genannt, der mit seinem Partner, einem Rechtsanwalt aus Frankfurt am Main, die »Rosine« Agrarflug für vier Millionen DM von der Treuhandanstalt erhalten haben soll.

Eine Z-37 beim Düngerstreuen, fotografiert aus einer L-60. Oben: Anstecknadel des Agrarfluges der INTERFLUG.

Bekannt wurde auch, daß ein Großteil der 103 Flugzeuge des Typs PZL-106A und PZL-106 BR 1992, in Container verpackt, in die USA gebracht wurden, dort von IF-Angehörigen wieder zusammengebaut wurden und durch die Firma Raven Aircraft Corp. unter Beteiligung von Flugservice Berlin (FSB) bzw. Air Service Berlin GmbH verkauft werden sollten. Dem Vernehmen nach erhielten diese Flugzeuge mit Interflugbemalung und DDR-Kennzeichen keine Zulassung in den USA und sollen auf dem Hausflugplatz der Firma in Americus im Bundesstaat Georgia verrotten.

Dem Vernehmen nach sollen sie bis heute nicht bezahlt oder verrechnet worden sein.

Das polnische Agrarflugzeug »Kruk« (»Krähe«), in den 70er Jahren gebaut, hieß in der DDR »fliegender Traktor«: Die PZL-106A schluckte pro Flugstunde 150 bis 200 Liter Treibstoff. Von den 103 Maschinen dieses Typs, die sich im Besitz des Betriebes Agrarflug befanden, wurden die meisten in die USA veräußert. Auch die aus Polen stammenden M-18 (»Dromader«), von denen 56 mit dem DDR-Insignien flogen, wurden mehrheitlich ins Ausland abgegeben (unten).

Die 58 Flugzeuge des Typs M-18, ein amerikanischer Lizenzbau aus Polen, wurden mehrheitlich nach Spanien, Kanada, Australien und in die USA verkauft. Einige Agrarflugzeuge der DDR erfüllen noch Aufgaben in Deutschland. Ausgerüstet mit GPS-Navigationsanlagen ist die seinerzeit übliche Ausflaggung der zu bearbeitenden Flächen inzwischen überflüssig.

Der Abgang des Eigentums des Agrarfluges erfolgte offensichtlich in einer Grauzone. Der Liquidationserlöse scheinen verschollen, und die Bundesregierung unterließ es, die – gewiß unverdienten, aber de jure ihnen zustehenden – möglichen Einnahmen einzutreiben. Wie beim Eigentum der Betriebe Verkehrsflug und FIF gilt auch hier: Vormaliges Volksvermögen wurde verschenkt, unter Wert verkauft oder gar verschleudert, auf Forderungen verzichtet, Immobilien sowie Grund und Boden als Vermögen wurden nicht erfaßt oder bewertet. Über den Eigentümerwechsel bei der Immobilie Flughafen Leipzig-Mockau und dem Objekt Direktionsgebäude Agrarflug in Berlin-Schönefeld gibt es nur Gerüchte.

Zuverlässigkeit, Einsatzbereitschaft und fachliches Können waren die Markenzeichen des Betriebes Agrarflug. Einer von jenen, die diesen Ruf begründeten, war Erhard Anders, Jahrgang 1941. In den 60er Jahren arbeitete ich vier Jahre in der Nordkette des Agrarflugstützpunktes Berlin mit ihm zusammen. Er erinnert sich:

Erhard Anders war Segelflieger bei der GST, seit 1960 Transportflieger bei der NVA in Dessau, ab Dezember 1961 Agrarflieger der Deutschen Lufthansa (Ost). Zunächst flog er die L-60 insbesondere im Oderbruch, wo er herkam. Ende der 60er Jahre wechselte er auf die Z-37. Anders wurde später Fluglehrer, absolvierte zwischen 1971 und 1975 ein Fernstudium in der Fachrichtung Elektronik.

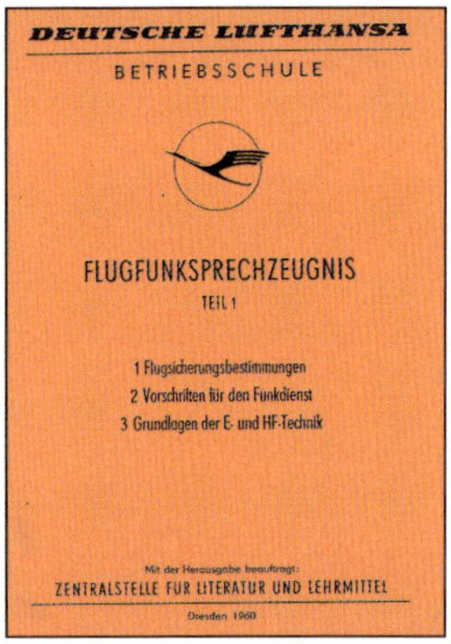
DEUTSCHE LUFTHANSA
BETRIEBSSCHULE

FLUGFUNKSPRECHZEUGNIS
TEIL 1

1 Flugsicherungsbestimmungen
2 Vorschriften für den Funkdienst
3 Grundlagen der E- und HF-Technik

Mit der Herausgabe beauftragt:
ZENTRALSTELLE FÜR LITERATUR UND LEHRMITTEL
Dresden 1960

»1971 erwarb ich das Allgemeine Flugfunksprechzeugnis zur Führung des Sprechverkehrs in englischer und russischer Sprache. Für kurze Zeit war ich Fachberater und Verbindungsmann zwischen Ministerium für Land-, Forst- und Nahrungsgüterwirtschaft und dem Agrarflug. Danach war ich an der Umzugskonzeption und Einrichtung des neuen Direktionsgebäudes beteiligt, bevor ich zur Flugstaffel nach Frankfurt/Oder zurückkehrte.

Für 7.000 unfallfrei geflogene Flugstunden wurde mir der Titel ›Flugkapitän‹ vom Minister für Verkehrswesen der DDR verliehen.

1978 übernahm ich die Funktion eines Fluginspekteurs im Bereich Flug-

Agrarflieger Erhard Anders (links außen) vor einer M-18 (»Dromader«): 1974 zum Flugkapitän ernannt – eine Ehrung für 7.000 unfallfreie Flugstunden. Der Stern, der am Jackenärmel getragen wurde, bekam nunmehr eine umgestickte Umrandung aus Eichenlaub (Foto unten). Oben: Lehrbrief »Funksprechzeugnis Teil 1« für das fliegende Personal.

betrieb des Betriebes Agrarflug der INTERFLUG. Flugmethodik und -erprobung waren nun meine Aufgabenbereiche. In die technische Abnahme, Flugerprobung und Überführung der neuen polnischen Agrarflugzeuge des Typs PZL-106 A/BR war ich von 1978 bis 1989 einbezogen. Dazu hatte ich die polnische und die DDR-Testflugberechtigung erworben. Wenn vier bis fünf Flugzeuge abgenommen waren, kamen meist Piloten von Magdeburg nach Warschau, und wir überführten die Flugzeuge gemeinsam im Verbandsflug. Als Führungsmaschine führte ich den Sprechverkehr. Der Chemikalienbehälter wurde als zusätzlicher Kraftstoffbehälter genutzt. Mit 750 Litern Kraftstoff flogen wir in viereinhalb Stunden Nonstop von Warschau nach Berlin.

In Mielec/Polen baute man das Agrarflugzeug M-18 ›Dromader‹. Im Herstellerwerk erfolgte die theoretische Prüfung, in der DDR, in Ogkeln, die fliegerische Einweisung durch eine polnische Lehrbesatzung. Da es keine Schulmaschine gab, bedeutete das: Einweisung, Einstieg und Abflug. Die Einsatzerprobung wurde im Einsatzgebiet der Staffel Rostock durchgeführt. Danach wurden 56 Flugzeuge für die DDR gekauft. Wieder war ich viele Monate in Polen zur technischen und fliegerischen Abnahme.

Das Leistungsvermögen dieses Flugzeuges war mit 1.500 kg Zuladung deutlich größer als das der PZL-106A. Das bewährte 1.000 PS-Triebwerk der AN-2 diente als Antrieb. Nach Testflügen entstand die DDR-Weiterentwicklung, eine Überlastversion mit 2.000 kg. Die M-18A war eine Sonderanfertigung und mit einer Mitflugmöglichkeit für den Stationsmechaniker ausgerüstet. Dieses Flugzeug ging an die Bezirksstaffeln Rostock und Neubrandenburg. Die zuständige Werft war die auf dem Flugplatz Anklam.

Schließlich kam die ›Wende‹. Wir wurden Bundesrepublik und alles änderte sich. Die Landwirtschaftlichen Produktionsgenossenschaften wurden aufgelöst, und damit war die Zeit des Agrarfluges zu Ende. Aus dem Betrieb Agrarflug wurde Flugservice Berlin. Nur einige wenige konnten dort weiter arbeiten. Zusammen mit fünf weiteren Piloten begann ich im September 1990 eine Instrumentenflugausbildung an der Flugschule IKON in Nürnberg. Dann erhielt ich eine Dienstreise nach Neu Delhi. Mit einem Kollegen vom DDR-Außenhandel sollte ich die gesamte Flugzeug- und Hubschrauberflotte des DDR-Agrarfluges nach Indien verkaufen. Der Verkauf scheiterte daran, daß der Käufer auch die Verkehrsflugzeuge der INTERFLUG haben wollte. Dazu waren wir nicht befugt.

Ich bedauerte das Scheitern der Verhandlungen, denn der Verkauf der gesamten INTERFLUG nach Indien hätte für viele INTERFLUG-Mitarbeiter einen Job bedeutet.

Mit zwei Partnern gründete ich eine Flugschule. Sie war die erste neu zugelassene in Berlin und Umgebung. Der Industrie- und Handelskammer gefiel der Name nicht. Gezwungenermaßen nannten wir sie dann »Flugschule Berlin-Schönefeld«. Anfangs hatten wir genügend Flugschüler und vergrößerten unsere Flotte mit Cessna 172, Katana und Tobago TB 10.

Im September 1990 wollte ein Käufer aus Indien die gesamte INTERFLUG erwerben. Neben der Technik wünschte er auch das gesamte Personal zu übernehmen.
Das Geschäft kam aber wegen eines Vetos aus Deutschland nicht zustande.
Erhard Anders und ein Vertreter des DDR-Außenhandels hatten nur Prokura, über die Maschinen des Agrarfluges zu verhandeln. Aufgrund des Einspruches aus Berlin – oder aus Desinteresse – scheiterte auch dieses Geschäft.

Flughafenfeuerwehr in Berlin-Schönefeld. In jedem Jahr hatten die Flugbesatzungen der INTERFLUG Rettungsübungen an der Maschine zu trainieren (Foto oben), und Wasserungsübungen erfolgten im Müggelsee und keineswegs im beheizten Pool.

Im Jahr 2006 standen im Flugbuch von Erhard Anders über 20.000 Flugstunden und etwa 81.000 Landungen – und alles unfallfrei. Die Häfte davon geht auf das Konto von Antenne Brandenburg, für die er täglich, am Anfang sogar auch am Wochenende, zweimal Verkehrsmeldungen aus der Luft durchgibt. Die Redaktion würdigte den ausdauernden Einsatz für den Sender und seine Hörer mit dieser Urkunde zum 65. Geburtstag von Anders, was nicht nur eine Würdigung seiner Lebensleistung darstellte, sondern zugleich auch eine verdiente Anerkennung der DDR und ihrer Piloten bedeutete.

Sehr geehrter Herr Anders,
lieber Erhard,

die herzlichsten Glückwünsche zum

65.

Geburtstag übermitteln im Namen aller Kolleginnen und Kollegen der "Antenne"

Christoph Singelnstein
Chefredakteur

Petra Hansel
Stellv. Chefredakteurin

Wolfgang Henning
Programmkoordinator

Berlin, 15. November 2006

Antenne rbb
BRANDENBURG

Aus taktischen Gründen verlegten wir die Schule nach Eggersdorf, später nach Fürstenwalde. Da die Erweiterung der Flugschule zu einem Luftverkehrsunternehmen beschlossen wurde, änderten wir den Namen auf ›Airborne Luftverkehrsunternehmen‹. Sechs Personen hatten nun Arbeit. Inzwischen gab es im Raum Berlin 20 Flugschulen.

Ich stieg aus, war zwei Monate arbeitslos, begann erneut mit der Instrumentenflugausbildung und erwarb die Lizenz. Meinen Plan, eine Ein-Mann-Flugschule am Flugplatz Eggersdorf zu betreiben, konnte ich 1996 verwirklichen. Die Flugschule Anders erhielt die Ausbildungserlaubnis für Privatpiloten sowie die CVFR- und VFR-Nachtflugberechtigung. Als Ausbildungsflugzeug steht eine Cessna 172 und bei Bedarf auch eine Cessna 177 RG Cardinal zur Verfügung.

Seit der Flugschulzulassung 1996 fliege ich für den Regionalsender Antenne Brandenburg. Jeden Morgen und am Nachmittag zu den Hauptverkehrszeiten gebe ich Verkehrsmeldungen aus der Luft. Für den Sender bin ich inzwischen 10.000 Flugstunden über Berlin und Brandenburg geflogen.

Flugkapitän Heinz Müller: Einer der Langgedienten

Ich bin nicht aus Leidenschaft zur Fliegerei gekommen. Das hat sich damals so ergeben. Meine Mutter starb nach dem Krieg sehr früh. Ich stand allein da, und da half die Jugendorganisation, die FDJ. Sie rief zur Kasernierten Volkspolizei (KVP). Damit war ich untergebracht und versorgt.

1955 begann ich beim Aeroclub in Cottbus, danach ging ich zur Fliegerschule in Kamenz und Dessau. Alle wollten Jagdflieger werden. Die Direktiven 1 und 2 regelten das Problem der Westverbindungen. Das bedeutete für mich: aus der Traum. Aber im Januar 1959 fing ich bei der Deutschen Lufthansa (Ost) in Diepensee an, und so begann ein interessantes, spannendes, anstrengendes, manchmal auch abenteuerliches Fliegerleben, wenn ich beispielsweise an meine Agrarflugeinsätze in Bulgarien (1964) und Ägypten (1984) denke. Diese Zeit war friedlich, wir hatten einen relativen Wohlstand und keine Existenzängste.

1959 kam ich zur »Aero 45-Gruppe«. Heinz Maiwald war Gruppenleiter, Heinz Pfaff und Hans Merkel waren als Instrukteure und Horst Koziol und ich als Flugzeugführer tätig. Von der NVA kam Major Seppel, der sofort republikflüchtig wurde. Er war Wehrmachtoffizier mit Fronterfahrung. Wir waren sprachlos. Verräter in den eigenen Reihen und ausgerechnet er, der mit seiner roten Jak-11 beim Sportfest der Luftstreitkräfte mit Kunstflugvorführungen geglänzt hatte.

Ich wurde zur AN-2-Staffel versetzt. Wir bedienten mit der Passagiervariante die kurzen Inlandstrecken und die Verbindung nach Karl-Marx-Stadt, ein Ballungszentrum im Süden der DDR. An den Wochenenden flogen wir Rundflüge für die Bevölkerung. Das gehörte zur erklärten Luftverkehrspolitik im Arbeiter- und Bauernstaat.

Werner Süßmilch mit einer abgeschlossenen Pilotenausbildung vor 1945 war der Staffelleiter, der Bordmechaniker Siegfried Grimm sein Stellvertreter. Erwin Langrock, Erhard Lehmann, Erhard Wünschmann und Helmut Zanner flogen hier bis 1963, dann wurde der Inlandverkehr mit AN-2 eingestellt.

Dann kam ich zum Agrarflug nach Magdeburg und auf die Agrarvariante der AN-2. Der Ablösetyp war das Agrarflugzeug Z-37 aus der ČSR. Dann folgte die PZL-106A aus Polen. Dieses Flugzeug betrachtete ich als einen Rückschritt, es war eine von vielen unverständlichen Entscheidungen im Flugzeugbau durch den Rat für gegenseitige Wirtschaftshilfe (RGW). Große technische Probleme hatten wir zu bewältigen. Wir spra-

Heinz Müller, ab 1955 in Cottbus bei KVP Aeroklub, dann kurzzeitig NVA-Luftstreitkräfte, seit Januar 1959 bei der Deutschen Lufthansa (Ost). In jenem Jahr entstand auch das Foto oben in einer Aero-45. Danach kam er zur AN-2-Staffel, Linienverkehr Berlin-Karl-Marx-Stadt und Erfurt-Dresden. 1963 dann Wechsel zum Agrarflug in Magdeburg. Im vereinten Deutschland erst arbeitslos, dann Rentner.
Unten: eine Aero-45.

Ruhepausen zwischen den Einsätzen. Oben: An der L-60 ist deutlich die Sprühvorrichtung zu erkennen, 1961.

chen offen darüber und wurden als Staffel Halle nun als »Diskutierstaffel« zum ideologischen Schwerpunkt der Zentrale des Agrarfluges. Aber die Abgesandten der Zentrale wußten auch keine Antworten auf unsere Fragen. Dieser Zustand dauerte bis 1989 an. In dieser Zeit wurde mehr Kraft in die »Festigung des Klassenstandpunktes« investiert als in die Lösung arbeitsorganisatorischer und technischer Probleme. Dazu kam noch das übersteigerte Sicherheitsbedürfnis. Nichts war einfacher, als mit einem Agrarflugzeug den »Westen« zu besuchen. Doch immerhin: nur acht oder neun Republikfluchten gab es.

In der Zuspitzung ungelöster Probleme überraschte uns die »Wende«. Es begann die Auflösung des Agrarfluges. Alles geriet in Unordnung. Der

Dienstort Nr. 22 in Lettewitz bei Halle wurde aufgelöst. Dann machte das Gerücht die Runde, die Lufthansa suche 400 Piloten. Hoffnungen wurden geweckt. Wir lernten um, erwarben Berechtigungen und versuchten, uns per Zeitungsanzeigen im Westen zu verkaufen. Genutzt hat es nur wenigen. Das Arbeitsamt wurde unser Partner. Aber es meldeten sich auch andere Interessenten. In unserer Naivität glaubten wir, sie wollten uns Gutes tun. Vom System Kapitalismus hatten wir noch nichts begriffen. Man brauchte uns wohl mehr als Kolonie.

Die Weichen der Auflösung der INTERFLUG wurden ganz oben gestellt. Heute fragt man sich, ob das Vermögen der INTERFLUG richtig bewertet wurde, denn Flugzeuge sind bekanntlich nicht billig. Wo ist das Geld geblieben? Wer hat sich eine »goldene Nase« verdient? Waren die Abfindungen angemessen? Warum die großen Unterschiede für »die da oben«? Waren es am Ende Schweigegelder?

Fragen über Fragen, die keiner beantwortet und auch die Staatsanwaltschaft nicht interessieren, obwohl es doch um Eigentum des Bundes ging.

Oben: Einsteigen zum Rundflug mit der AN-2.
Links: Müller steuerte ein solches Lufttaxi »Aero-45«, die zwischen 1955 und 1960 in der DDR von der Deutschen Lufthansa (Ost) eingesetzt wurden.
Ganz oben: Anstecknadel der INTERFLUG.

Wie Flugkapitän Dieter Sachse einem Kollegen aus dem Westen sein Fliegerleben und die DDR erklärt

Von Flugkapitän Hans-Dieter Sachse

Hans-Dieter Sachse, Jahrgang 1940, kam wie die meisten über den Sportflug zur Fliegerei. 1967 machte er daraus den Beruf. Von 1967 bis 1969 war er beim Agrar-, von 1969 bis 2003 beim Verkehrsflug. Dabei war er mehr als 25.000 Stunden in der Luft, d. h. fast drei Jahre. Hans-Dieter Sachse steuerte folgende Maschinen: Jak-18, Zlin 126/226/326, AN-2, IL-14, IL-18, ZU-134 (N, AN, A), ATR-42/72, Avro-146 (unten).

Wir sind auf Reiseflughöhe und fliegen von Münster nach Trondheim. Wir haben Erdsicht und die Passagiere genießen den Ausblick. Es sind Sportangler aus Westfalen. Das moderne Cockpit reduziert die fliegerische Arbeit auf Überwachungsaufgaben. Zeit für Fachgespräche oder Privates. Die »Chemie« zwischen mir und meinem Copiloten Mark stimmt. So entspinnt sich denn folgender Dialog:

»Dieter, du kennst dich auch auf dieser Strecke ziemlich gut aus. Bist du die denn früher auch schon geflogen?«

»Wenn du mit ›früher‹ die Zeit vor 1990 meinst: ja. Zu unseren Standardstrecken gehörte auch die nach Helsinki, Malmö und Stockholm.«

An solchen Stellen kommt noch immer der ironische Einwurf: »Na, was war bei euch schon Standard.«

Es folgt – je nach Aufnahmebereitschaft des Gegenüber – als Reaktion ein Exkurs über die INTERFLUG, die als Deutsche Lufthansa 1955 startete und 1991 vom vereinigten deutschen Himmel geholt wurde.

Ich zeige Mark ein INTERFLUG-Bordjournal von 1988 mit unserem Europastreckennetz, den Interkontinentalstrecken nach Havanna, Kairo,

Bangkok über Dubai, Bombay, nach Hanoi und Peking und den umfangreichen Bedarfsflugverkehr, der besonders zur den Leipziger Messen von der TU-Staffel geflogen wurde, bei der ich längere Zeit tätig war.

Wie kam ich zur Fliegerei? Inspiriert wurde ich von meinem Onkel, der einst Jagdflieger war. Ich meldete mich zu den Luftstreitkräften. Doch unsere kaderpolitischen Bestimmungen machten einen Strich durch meine Planung. So nahm ich den Weg über die Sport- und Agrarfliegerei zum Verkehrsflug. 1991 wechselte ich zwangsweise zum Nürnberger Flugdienst, jetzt Eurowings. Zwangsweise insofern, als ich gern bei der INTERFLUG alt geworden wäre. Allerdings war ich keineswegs unfroh, denn im Unterschied zu manchem meiner Kollegen konnte ich im Beruf bleiben. Bekanntlich landeten viele von uns nicht bei einer anderen Airline, sondern in der Arbeitslosigkeit. Mitunter kommen an dieser Stelle Einwürfe, die sich auf die Stichworte Ausbildung, Alter und Altlast reduzieren.

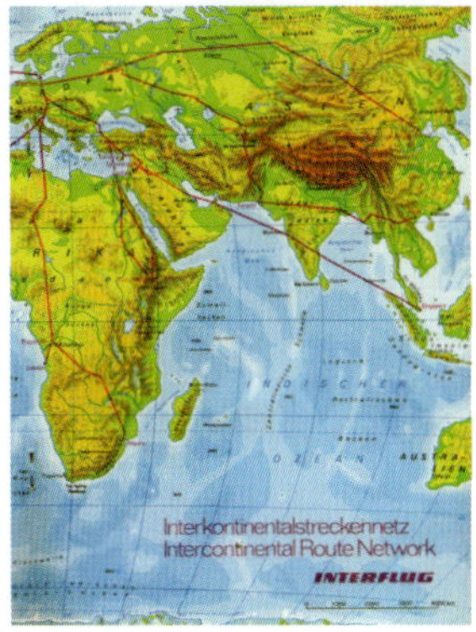

Interkontinentalstrecken nach Asien, Afrika und, nicht im Bild, nach Amerika.
Unten: Das Mützenemblem der INTERFLUG.

Wer bei uns Flieger werden wollte, etwa Verkehrspilot, der konnte es auch. Das war keine Frage des Geldbeutels oder des Parteibuches. Wie überall auf der Welt ging es zunächst um die gesundheitlichen und die fachlichen Voraussetzungen. Eine Einschränkung gab es vielleicht: Es wurde

auch eine politische Zuverlässigkeit vorausgesetzt, die sich bisweilen an formalen Kriterien festmachte, etwa ob man Verwandte erstern Grades im westlichen Ausland hatte. Wir waren eine Staats-Airline, da war alles ein Politikum. Solche Umgangsformen waren zwar eng, aber nichts Ungewöhnliches. Als 2007 in einer Sendung der Moderator Günter Jauch einen Kandidaten, den er als Mitarbeiter der Fahrbereitschaft des Deutschen Bundestages begrüßt hatte, interessiert fragte, wie denn seine Gäste so seien, erkundigte sich dieser, ob Jauch an einer ehrlichen Antwort gelegen sei. Der nickte, worauf der Fahrer nur einen kurzen Satz sagte: »Je höher, desto arroganter.« Unmittelbar nach Ausstrahlung der TV-Sendung wurde dem Mann, wie die Presse berichtete, von seinem Arbeitgeber gekündigt. Wenn also das Staatsunternehmen DDR in ähnlich strenger Weise Loyalität von exponierten Angestellten einforderte, muß man sich darüber postum nicht ereifern: So einzigartig ist diese Praxis offenbar nicht.

Hans-Dieter Sachse: »Ich wäre gern bei der INTERFLUG alt geworden.«
Unten: Titelblatt des vom DDR-Ministerium für Verkehrswesen, Hauptverwaltung der Zivilen Luftfahrt, edierten Periodikums, hier die Ausgabe vom 25. Juni 1980. »Bezugspreis 0,35 M je Ausgabe.«
Rechts unten: Auch bei der INTERFLUG galt: gemeinsam arbeiten, gemeinsam feiern.

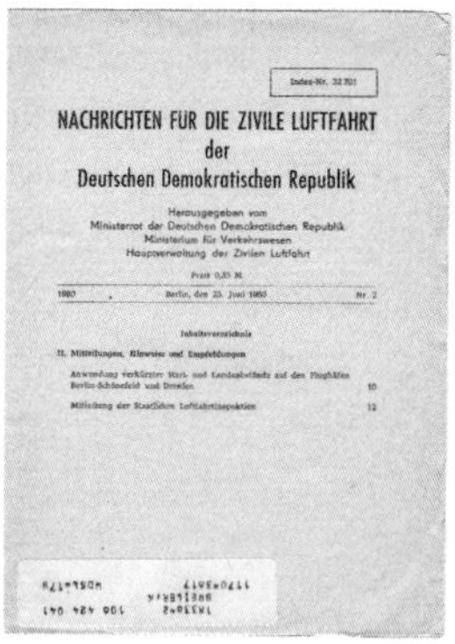

Index-Nr. 32 701

NACHRICHTEN FÜR DIE ZIVILE LUFTFAHRT
der
Deutschen Demokratischen Republik

Herausgegeben vom
Ministerrat der Deutschen Demokratischen Republik
Ministerium für Verkehrswesen
Hauptverwaltung der Zivilen Luftfahrt

Preis 0,35 M

1980 Berlin, den 25. Juni 1980 Nr. 2

Inhaltsverzeichnis

II. Mitteilungen, Hinweise und Empfehlungen

Anwendung verkürzter Start- und Landeabstände auf den Flughäfen Berlin-Schönefeld und Dresden 10

Mitteilung der Staatlichen Luftfahrtinspektion 12

Viele angehende Piloten starteten bei der Gesellschaft für Sport und Technik (GST) oder beim Agrarflug, sie kamen oft über die zivile Verkehrshochschule Dresden oder über die Luftstreitkräfte (LSK) der NVA. Basis war in jedem Fall eine Ingenieurausbildung. Wir hatten, trotz älterer Simulatoren, eine sehr fundierte, solide fliegerische Ausbildung und ständige – häufig auch übertriebene – Kontrollen in allen Bereichen, die mit dem Beruf in Verbindung standen. Wir genossen eine vorbildliche medizinische Betreuung und verfügten über ein exzellentes Fliegertrainingszentrum mit modernsten Trainings-, Diagnose- und Testgeräten. Jeder konnte und mußte sich sportlich betätigen. Es gab regelmäßige Konditionslehrgänge. So waren Skilaufen, Reiten, Tennis, Segeln usw. im Angebot, ohne daß der einzelne dafür einen Pfennig zu bezahlen hatte.

Wir hatten regelmäßig, etwa alle sechs Wochen, sogenannte Gruppentage, an denen fachliche und gesellschaftliche Maßnahmen erledigt wurden. Ein- oder zweimal im Jahr gingen wir, also die ganze Fluggruppe, gemeinsam mit unseren Frauen ins Theater und fuhren für einige Tage irgendwohin. Und unsere Staffelfeten waren auch nicht von schlechten Eltern … Ich will nicht ausschließen, daß diesem oder jenem solch Gruppenzwang lästig schien. Die Mehrheit aber empfand kollektive Erlebnisse als angenehm und erinnert sich heute noch gern daran. Arbeit war in der DDR mehr als ein Mittel zum Gelderwerb, kein bloßer Job ohne emotionale Beteiligung. Es war der Ort sozialer Kontakte und der Kommunikation, was durchaus dem Charakter des Menschen – der ja bekanntlich ein gesellschaftliches Wesen ist – entspricht. Finanziert wurden diese »Kulturprogramme« überwiegend aus Prämienmitteln, die im sozialistischen Wettbewerb ausgeschüttet wurden. Das waren leistungsabhängige Zulagen. Wieviel wir davon für solche Feiern nahmen, bestimmte die Fluggruppe.

Nach der Abwicklung der INTERFLUG wurde ich gelegentlich nach dem Verbleib unserer Leute gefragt. So auch von Regine Hildebrandt (1941-2001), damals Ministerin für Arbeit, Soziales, Gesundheit und Frauen im Land Brandenburg. Sie saß in der Maschine, die ich von Stras-

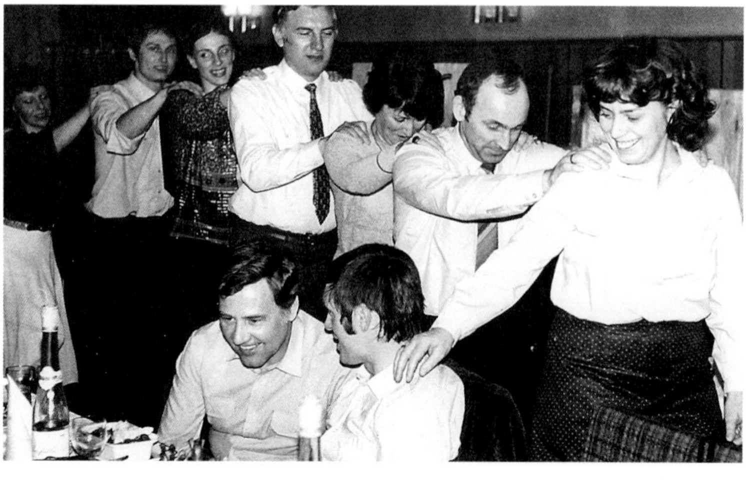

bourg nach Berlin-Tempelhof flog. Sie kam ins Cockpit. »Saren Se mal Käpten, Sie sind doch ooch een Pilot aus den Altbeständen der INTERFLUG, wieville sin denn von euch wieder in de Luft jekomm'n?«

»Naja, nach meiner Erkenntnis etwa 25 Prozent von den rund 400.«

»Wat denn, mehr nich?«

»Nein, mehr nicht. Alles über 100 ist geschönt.«

»Na, da hamse euch aba janz schön ...« Pause.

»... de Fittiche un Flüjel beschnitten!«

Offenkundig lag ihr das Wort »beschissen« auf der Zunge, was die Sache wohl zutreffend beschrieben hätte. Sie hatte mich durchaus verstanden, und dieser Frau nahm man auch ab, daß sie so fühlte und dachte, wie sie redete.

Die konkrete Überlebenszahlen der Interflieger sehen etwa so aus: Die Lufthansa übernahm damals nicht einen einzigen Piloten von uns. Und verhielt sich damit als Staatsunternehmen ebenso, wie es der INTERFLUG zum Vorwurf gemacht wurde: daß politische Kritierien wichtiger gewesen seien als die fachliche Eignung. Allein die Herkunft als DDR-Pilot genügte, um den Daumen zu senken.

Bei der Fliegerschule in Bremen kamen zwei Piloten unter. Die Lufthansa-Tochter Südflug – später Condor – nahm 24 Jobsuchende auf; City-Line nahm 15. Andere Airlines wie Germania, DBA, Air Berlin hatten Platz für

Von den etwa 400 Piloten des Verkehrsflugs der INTERFLUG fanden keine 100 nach der Liquidation der Fluggesellschaft eine neue Anstellung als Pilot. Bei den etwa 275 Piloten des Agrarflugs und FIF ging die Zahl gegen Null.

insgesamt 19 Leute. Bei der LTU kamen fünf Bordingenieure unter, der Nürnberger Flugdienst (NFD) – später Eurowings – übernahm zwei Piloten, die Emirates ebenfalls zwei. Hapag Lloyd ließ sich herab, fünf ehemaligen Airbus-Kapitänen einen Zeitvertrag als Kapitän und später eine Festanstellung als Copilot anzubieten. Bei Airbus in Toulouse fanden zwei Kapitäne Arbeit. Bei kleineren Luftfahrtfirmen wie Cirrus landeten sechs bis sieben. Einige ehemalige Kollegen vom Agrarflug und Industrieflug fanden eine meist zeitlich befristete Stelle. Einige machten sich notgedrungen selbständig. Der Rest wurde ausgeschieden, er hatte ausgedient, war überflüssig und unnütz.

Ich selbst hatte anfänglich Freude über die Chance eines Neubeginns empfunden, doch dieses Gefühl hielt nicht lange vor. Die Realität war mehr als ernüchternd. Sie war mitunter grausam. Die Deutsche Angestellten-Gewerkschaft (DAG) und die Vereinigung Cockpit strichen nach anfangs vollmundigen Versprechungen klammheimlich die Segel und überließen ihre geschorenen »Ost-Schafe« ihrem Schicksal. Also nicht nur auf der politischen Ebene, sondern auch dort herrschte Kalkül vor. Es roch nach Absprache.

Für mich war damals unverständlich, mit welcher Arroganz und Ignoranz Versprechungen gemacht, Hoffnungen und Aktivitäten geweckt wurden, um kurze Zeit später verworfen zu werden. Heute bin ich davon überzeugt: Bei der INTERFLUG-Abwicklung ist nicht mal eben was aus dem Ruder gelaufen – vieles war genau so und nicht anders gewollt.

NVA-Generalmajor Sigmund Jähn hatte Glück – der erste Deutsche im All war zwar auch in der SED, stand unverändert zur DDR und seinem Leben dort, doch der Fliegerkosmonaut war einfach zu berühmt, um ihn unbemerkt wie Millionen namenlose Ostdeutsche in die Wüste schicken zu können. Unten: Dienstsport gehörte ebenfalls zu den regelmäßigen Übungen der INTERFLUG-Piloten. Den Stand ihrer Kondition mußten sie selbst in einem solchen Heft dokumentieren.

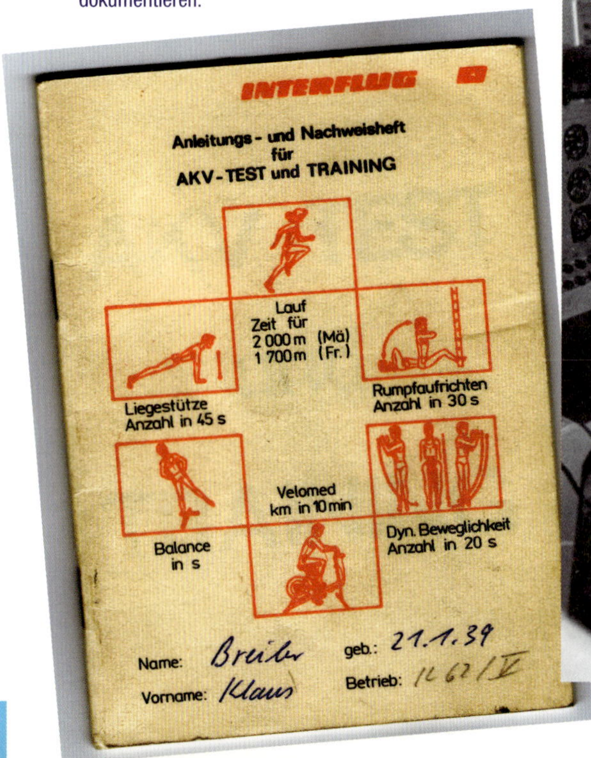
INTERFLUG

Anleitungs- und Nachweisheft für AKV-TEST und TRAINING

Lauf Zeit für 2 000 m (Mä) 1 700 m (Fr.)

Liegestütze Anzahl in 45 s

Rumpfaufrichten Anzahl in 30 s

Velomed km in 10 min

Balance in s

Dyn. Beweglichkeit Anzahl in 20 s

Name: Breiber geb.: 21.1.39

Vorname: Klaus Betrieb: K 62/IV

Werbemittel Dederonbeutel (Ausschnitt).
Unten: Medaille »Für treue Dienste in der zivilen Luftfahrt«. Diese mit den drei Streifen steht für 30 Jahre.

Wie sonst läßt sich erklären, daß eine abgespeckte INTERFLUG unter anderem Namen zunächst als sanierungsfähig eingestuft wurde, mit der bald schwarze Zahlen zu schreiben wären, und dann, als die beachtliche Vermögenslage des Unternehmens offenbar wurde, man sich doch fürs Liquidieren entschloß. Man wollte erben, nicht helfen. Es war die Stunde der Heuchler.

1990/91 wurden wir mit Umschulungs- und Qualifizierungsmaßnahmen nur so überzogen. Die westdeutschen Bildungsinstitute verdienten sich eine goldene Nase. Auf Vorhaltung wurde behauptet: Die Kosten trüge die Treuhand. Tatsache jedoch war: Die Finanzierung erfolgte aus dem Vermögen der INTERFLUG. Das heißt, wir mußten den Kakao, durch den man uns zog, auch noch bezahlen.

Fast alle Bordingenieure und Navigatoren des Verkehrsfluges und Piloten unserer anderen Betriebe wurden sofort aussortiert und in die Arbeitslosigkeit entlassen. Es gab auch Ausnahmen, das will ich nicht verschweigen. Fliegerkollegen aus größeren, mittleren und kleinen Airlines der BRD verhielten sich fair, bisweilen sogar solidarisch. Und das will was heißen: Immerhin waren auf dem Markt fast 2.000 westdeutsche Piloten unterwegs und suchten einen Job, und nun kamen auch noch 400 aus dem Osten. Objektiv waren wir Konkurrenten, die aber mit Hilfe des Staates unmittelbar ausgeschaltet worden waren. Aber eben nur dort, wo der Staat die Hand draufhatte.

Und wenn man es auf den Pilotensitz schaffte, hörte man von dem Copilotensitz schon mal: »Auf dem Sessel, auf dem du jetzt sitzt, gehöre eigentlich ich hin, das ist im Prinzip mein Platz!« Das Prinzip hieß: Ich westdeutsch, du ostdeutsch.

Es gab aber auch ermutigendes Schulterklopfen . »Herr Sachse, grämen Sie sich nicht übers Prüfungsresultat. Sie haben bestanden, nur das zählt. Ich hätte wesentlich schlechter abgeschnitten, wenn man mich auf TU-134 umgeschult und geprüft hätte.«

Beide Bemerkungen waren nicht nur typisch – sie haben mich auch hinlänglich motiviert!

Aufbruch zu neuen Ufern?

Ende 1990 schickte die Südflug (Süddeutsche Fluggesellschaft mbH) dreizehn der 31 INTERFLUG-Piloten, die bei der Condor-Tochter unterzukommen hofften, in die USA. Sie sollten in Seattle das Unternehmen Boeing kennenlernen und sich auf der dort seit Ende der 70er Jahre produzierten Maschine, deren aktuelle Version mit dem Airbus vergleichbar war, ausbilden lassen. Für mich sollte es die letzte Umschulung auf einen bestimmten Flugzeugtyp werden.

Eine nette Dame aus der Verkaufsabteilung nimmt die »Krauts« aus East Germany in Empfang und zeigt Kahle, Becker, Junge und Breiler (v. r. n. l.) die Produktionshallen von Boeing.
Unten:
Anbau des Trag- und Leitwerkes.

Der Bereich Ein- und Ausbau. An der Stirnseite hängt eine Parole, die an die DDR-Wettbewerbslosung erinnert: »Jeder liefert jedem Qualität!«
Die Lichtverhältnisse in den Werkhallen sind grün. Weißes, grelles, kaltes Neonlicht gibt es mit Rücksicht auf die Augen nicht.

Die Amerikaner waren freundlich und erlaubten uns, in den Produktionshallen zu fotografieren. Eine Tatsache, die für uns völlig ungewöhnlich und überraschend war. Vertraut hingegen waren die Transparente, auf die wir überall im Betrieb stießen. Sie enthielten Losungen und Appelle, wie wir sie aus der Heimat gewohnt waren: Qualität zu liefern, auf Ordnung zu achten und kein Material zu vergeuden.

In der Halle sind gleichzeitig zehn Flugzeuge vom Typ B 757 in der Produktion. Und an der Wand heißt es: »Safety Awareness for everyone …«, womit an das Sicherheitsbewußtsein von jedem Mitarbeiter appelliert wird. Allerdings ist nicht erkennbar, ob damit das ordentliche, sichere Arbeiten gemeint ist, mit dem über die Qualität der Flugzeuge entschieden wird (»Meine Hand für mein Produkt!«), oder vor Betriebsspionage gewarnt wird. Vermutlich ist beides gemeint.

Die Flugzeugwerke und der dazugehörende Flugplatz der Boeing Company liegen südlich von Seattle, der größten Stadt im US-Bundesstaat Washington im Nordwesten des Landes. Die Stadt entstand Ende des 19. Jahrhunderts während des Klondike-Goldrausches, die Schiffahrt-Industrie begann Einzug zu halten, und 1916 wurde die Firma Boeing gegründet (die 2001 aus Steuergründen ihren Sitz nach Chicago verlegen sollte). Der Ingenieur William Edward Boeing, Sohn des deutschen Auswanderers Wilhelm Böing, stand an der Wiege des inzwischen weltweit größten Herstellers von zivilen und militärischen Flugzeugen und

* Seit 1990 erhielt Boeing etwa 23,7 Milliarden US-Dollar an Regierungssubventionen. Zusätzlich erhält Boeing rund 200 Millionen US-Dollar an Exportsubventionen nach dem *Extraterritorial Income Exclusion Act*, obwohl diese von der Welthandelsorganisation (WTO) als illegal erklärt wurden.
Die massiven Verstöße Boeings gegen Festlegungen im *Agreement on Subsidies and Countervailing Measures* der WTO sowie gegen das 1992 zwischen Europäischer Union und den USA geschlossene *Agreement on Trade in Large Civil Aircraft* führten zu zahlreichen Beschwerden der EU bei der WTO und im Gegenzug zu Beschwerden der USA bezüglich illegaler Subventionierung von Boeings Hauptkonkurrenten Airbus.

Hubschraubern sowie von Militär- und Weltraumtechnik. In den Produktionsstätten von Boeing arbeiten über 150.000 Menschen, der Jahresumsatz ist riesig – 2005: 54,8 Milliarden Dollar. Allerdings muß man auch hinzufügen, daß Forschungs- und Entwicklungsarbeit des Konzerns in hohem Maße von der US-Regierung über die NASA, das Verteidigungsministerium, das Department of Commerce und andere Regierungsstellen subventioniert wurde und wird*.

Certificate of Completion
This Certifies That
KLAUS BREILER
Has Successfully Completed The
757 FLIGHT CREW GROUND TRAINING
Course Conducted By
Boeing Customer Training and
Flight Operations Support

BOEING CUSTOMER SERVICES

R.J. McArthur
R.J. McARTHUR
MANAGER, FLIGHT TRAINING
November 29, 1990
DATE

Das Zeugnis für das absolvierte Grundtraining für die B 757. Darunter: Der Autor auf Glatteis vor einem Prototyp der B 777.

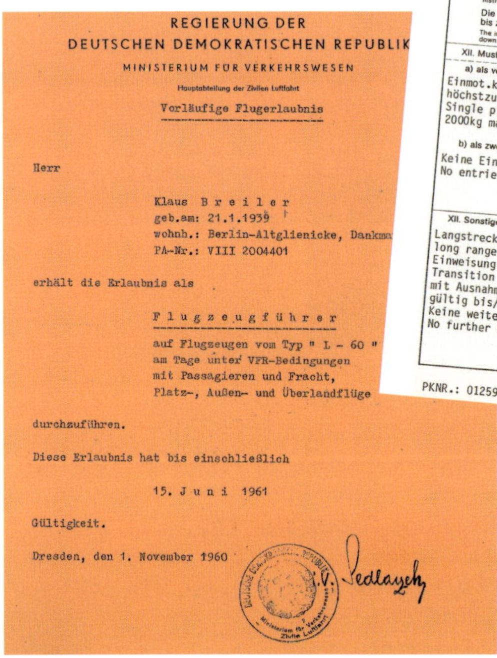
REGIERUNG DER
DEUTSCHEN DEMOKRATISCHEN REPUBLIK
MINISTERIUM FÜR VERKEHRSWESEN
Hauptabteilung der Zivilen Luftfahrt
Vorläufige Flugerlaubnis

Herr

Klaus Breiler
geb.am: 21.1.1939
wohnh.: Berlin-Altglienicke, Dankma
PA-Nr.: VIII 2004401

erhält die Erlaubnis als

Flugzeugführer

auf Flugzeugen vom Typ " L - 60 "
am Tage unter VFR-Bedingungen
mit Passagieren und Fracht,
Platz-, Außen- und Überlandflüge

durchzuführen.

Diese Erlaubnis hat bis einschließlich

15. Juni 1961

Gültigkeit.

Dresden, den 1. November 1960

i.V. Sedlaczek

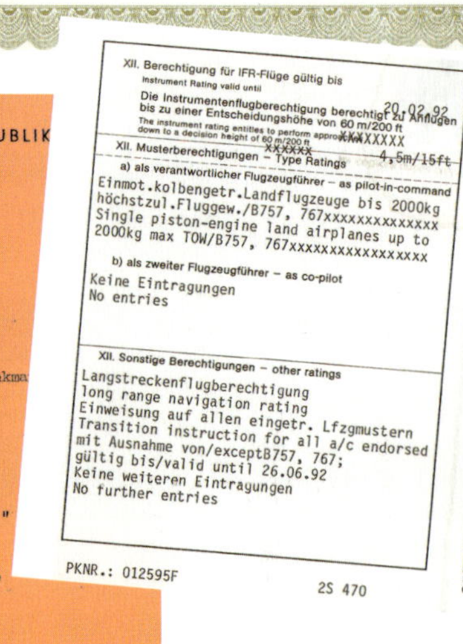
XII. Berechtigung für IFR-Flüge gültig bis
Instrument Rating valid until 20.02.92
Die Instrumentenflugberechtigung berechtigt zu Anflügen bis zu einer Entscheidungshöhe von 60 m/200 ft
The instrument rating entitles to perform approaches down to a decision height of 60 m/200 ft
XXXXXXXXX
XXXXXX 4,5m/15ft
XII. Musterberechtigungen – Type Ratings
a) als verantwortlicher Flugzeugführer – as pilot-in-command
Einmot.kolbengetr.Landflugzeuge bis 2000kg
höchstzul.Fluggew./B757, 767xxxxxxxxxxxxxx
Single piston-engine land airplanes up to
2000kg max TOW/B757, 767xxxxxxxxxxxxxxxxx
b) als zweiter Flugzeugführer – as co-pilot
Keine Eintragungen
No entries
XII. Sonstige Berechtigungen – other ratings
Langstreckenflugberechtigung
long range navigation rating
Einweisung auf allen eingetr. Lfzgmustern
Transition instruction for all a/c endorsed
mit Ausnahme von/exceptB757, 767;
gültig bis/valid until 26.06.92
Keine weiteren Eintragungen
No further entries

PKNR.: 012595F
2S 470

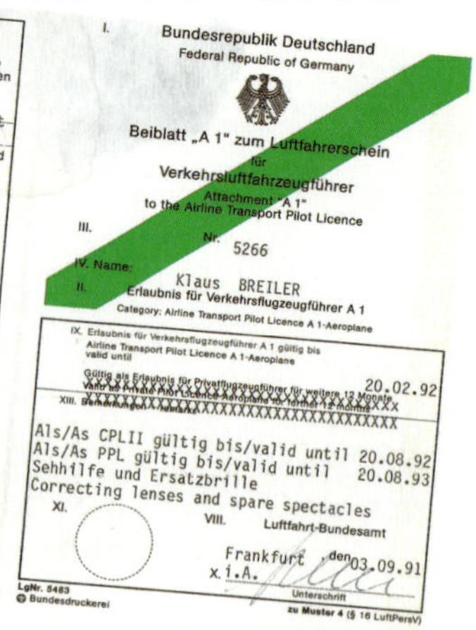
I. Bundesrepublik Deutschland
Federal Republic of Germany
Beiblatt „A 1“ zum Luftfahrerschein
für
Verkehrsluftfahrzeugführer
Attachment "A 1"
to the Airline Transport Pilot Licence
III. Nr. 5266
IV. Name:
Klaus BREILER
II. Erlaubnis für Verkehrsflugzeugführer A 1
Category: Airline Transport Pilot Licence A 1-Aeroplane
IX. Erlaubnis für Verkehrsflugzeugführer A 1 gültig bis
Airline Transport Pilot Licence A 1-Aeroplane valid until 20.02.92
Gültig als Erlaubnis für Privatflugzeugführer für weitere 12 Monate
Valid as Private Pilot Licence Aeroplane for further 12 months
XIII. Bemerkungen – Remarks
Als/As CPLII gültig bis/valid until 20.08.92
Als/As PPL gültig bis/valid until 20.08.93
Sehhilfe und Ersatzbrille
Correcting lenses and spare spectacles
XI.
VIII. Luftfahrt-Bundesamt
Frankfurt, den 03.09.91
x. i.A.
Unterschrift
LgNr. 5483
Bundesdruckerei
zu Muster 4 (§ 16 LuftPersV)

Die erste und die letzte Fluglizenz als Berufsflieger, dazwischen liegen vier Jahrzehnte ausgefülltes und keineswegs ungefährliches Leben. Fliegen war das Leben. Die Papiere wurden in zwei Staaten ausgefertigt, die Umstände, unter denen der Beruf ausgeübt wurde, waren durchaus vergleichbar und auch wieder nicht. Selbst wenn sich Flieger überall auf der Welt verstehen: Die INTERFLUG hatte das, was man anderorts vermißt: Seele.

Rümpfe wie Sardinen in einer Fischbüchse. Bei Boeing werden Flugzeuge am Fließband produziert. Beim Aufenthalt wurde gerade die 2.000. B 737 fertiggestellt. Sie ging an die Lufthansa. Während des Krieges 1941-1945 lieferte Boeing etwa 16.000 Maschinen aus.

Cockpit einer B 757, der letzten Maschine, die Klaus Breiler von Januar 1991 bis Februar 1992 flog, ehe er wegen Burn-out-Syndroms den Dienst als Pilot quittieren mußte. Nach 18 Monaten medizinischer Betreuung erwarb Breiler wieder eine Privatpilotenlizenz. Es schlossen sich mehrere Jahre Arbeitslosigkeit bis zum Eintritt ins Rentenalter an.
Breiler flog mit der B 757 für Condor Flugdienst, die die Südflug GmbH gekauft hatte. Und Condor wiederum gehörte zu 24,9 Prozent der Lufthansa.
Die Ferienfluggesellschaft steuerte vornehmlich die Kanaren und die Balearen an, Klaus Breiler brachte in der Regel Urlauber von Frankfurt am Main nach Mallorca, Teneriffa, Gran Canaria, La Palma, Fuerteventura und Lanzarote im Atlantik.
Unten:
B 757 und B 767 des Ferienfliegers Condor.

Vertreter der Gründergeneration

Flugkapitän Rolf Heinig, Jahrgang 1924, Diplomingenieur und Professor em. Durch seine Schule gingen mehrere Generationen von DDR-Piloten.

Flugkapitän Kurt Lamm, vor 1945 Me 262-Pilot, ab 1955 bleibende Verdienste beim Aufbau der Luftfahrt Ost. 1. Leiter der Abt. FAW (Fliegerische Aus- und Weiterbildung).

Zu jenen, die das Flugwesen in der DDR in den Anfängen maßgeblich mitgestalteten, gehört Rolf Heinig. Er war, wie die meisten seiner Kollegen, bereits vor 1945 Pilot gewesen und kehrte in den 50er Jahren in die DDR aus der UdSSR zurück. 1958 arbeitete er in Berlin bei der DLH, dann in Dresden an der 152. Nachdem er die TU-104 fliegen gelernt hatte, testete er das DDR-Flugzeug V5 zunächst am Boden. Bekanntlich kam 1961 das Aus für für die gesamte DDR-Flugzeugindustrie. Heinig ging zum fliegenden Personal der Lufthansa zurück, absolvierte eine Umschulung auf der IL-18 und ein Studium an der Hochschule für Zivilluftfahrt in Leningrad. Danach war er in verschiedenen Leitungsfunktionen der INTERFLUG tätig. In den 70er Jahren promovierte er und wurde zum Ordentlichen Professor an der Verkehrshochschule Dresden berufen. Dort baute er die Fachrichtung Technologie des Lufttransportprozesses auf. Neben seiner Lehrtätigkeit flog er als Flugkapitän bis zu seinem 60. Lebensjahr auf der IL-62.

Heinig machte sich insbesondere als Autor und Herausgeber von Handbüchern für die Luftfahrt einen Namen. Seine Publikationen zu Funkanlagen, Meteorologie und Flugzeugtriebwerken (zusammen mit Dr.-Ing. Egon Schesky und Dipl.-Ing. Milosch Kral, einem der bekannten Flugkapitäne der INTERFLUG) setzten Maßstäbe. Sie wurden seinerzeit auch von der Lufthansa AG erworben. Das hinderte etwa Dirk Kröger, in der Lufthansa verantwortlich für Personalmanagement Cockpit, nicht daran zu erklären, daß die Fachleute der Zivilluftfahrt aus der DDR nicht in das »Personalprofil« der Lufthansa passen.

Obgleich vor dem Ende der DDR in Rente gegangen, engagierte sich Prof. Heinig für seine Fliegerkameraden und Kollegen. So fertigte er unter anderem für Verfahren vor Sozialgerichten kostenlos Gutachten. Und bei Anlässen wie dem 100. Geburtstag von Walter Lehweß-Litzmann spricht er Worte des Gedenkens …

Rechts: Walter Lehweß-Litzmann, Direktor Flugbetrieb der Deutschen Lufthansa (Ost), zweiter von links, 1962 in Borkheide. 50 Jahre zuvor erfolgte dort durch Hermann Pentz der erste Postflug von Bork nach Brück. Rudi Neuendorf (l.), Hauptinstrukteur der Abt. Wirtschaftsflug, flog den Gedenkflug mit einer L-60.

Am 5. Juni 2006 kamen anläßlich seines 100. Geburtstages Freunde und Weggefährten von Walter Lehweß-Litzmann auf den Wildauer Waldfriedhof, um Blumen und einen Kranz niederzulegen.
Rolf Heinig sprach Worte des Gedenkens für eine der bedeutendsten, ungewöhnlichsten deutschen Fliegerpersönlichkeiten.
Auch Jörn Lehweß-Litzmann war gekommen. (Bild in der Mitte, links außen.)
Der Fliegerkreis Berlin e. V. war ebenfalls erschienen und legte einen Kranz nieder.
Sohn Jörn meinte, daß es für den Vater vielleicht ein Glück war, den Untergang der DDR nicht mehr erlebt haben zu müssen. Er wisse nicht, wie er den Zusammenbruch eines Systems, für das er eingetreten war, verkraftet hätte.
Die Erinnerungen seines Vaters, die er fertigstellte, erschienen 1994.

Zwei, die ebenfalls Luftfahrt-Geschichte schrieben

Flugkapitän Dr.-Ing. Adalbert Glöckner, genannt Bert: Jahrgang 1932, gelernter Flugzeugkonstrukteur und Diplomingenieur, war in den 50er Jahren Segelflieger, kam 1961 zur Deutschen Lufthansa/ INTERFLUG. Er flog IL-14, IL-18, AN-24 und IL-62. Nach 1992 war er als Fluglehrer tätig. Er kam auf insgesamt 15.000 Flugstunden.

Rechts: Blick ins Cockpit der IL-62, Flugkapitän Uwe Lamprecht (l.) mit Co-Pilot.

Unten: Grafik aus einer wissenschaftlichen Arbeit zum Thema Kraftstoffminimierung von Dr. Bert Glöckner.

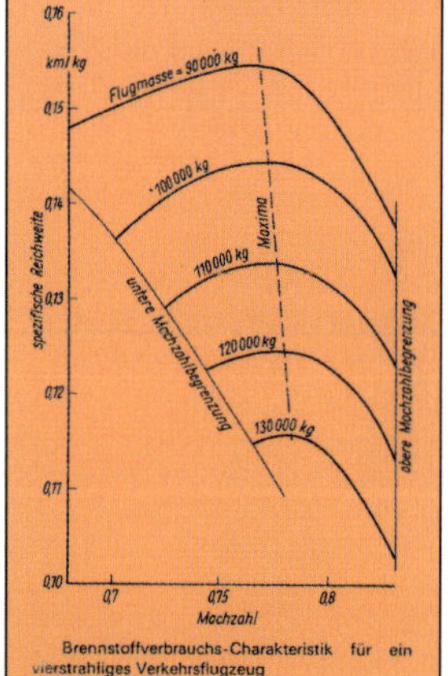

Brennstoffverbrauchs-Charakteristik für ein vierstrahliges Verkehrsflugzeug

Bert Glöckner verdiente seine ersten Sporen bei der Erprobung des Düsenjets 152. Seine Arbeit war vielseitig, er erfüllte Aufgaben im wissenschaftlichen und fliegerischen Bereich und machte sich als Verfasser von Fachartikeln einen Namen.

So berichtete er im »Fliegerjahrbuch 1981« über den Flug mit einer IL-62 von Berlin nach Havanna. Ziel bei diesem normalen Linienflug war es, den Treibstoffverbrauch zu optimieren. Bekanntlich hängt der von der Flugmasse, der Flughöhe und der Geschwindigkeit ab. Glöckner berich-

tet präzise, mit Grafiken und Tabellen, wie sich diese Parameter zueinander verhalten. Nach sieben Stunden erreicht man das kanadische Gander, um dort zu tanken. Nach 40 Minuten geht es weiter. »Die Passagiere kommen aus dem Transitraum. Viele bärtige Gesichter sind dabei, sogenannte fliegende Fischer, Stammgäste der INTERFLUG seit einigen Jahren. Für Gesprächsstoff ist also gesorgt. Wir lassen uns etwas über ihren harten Dienst und über die für unsere Volkswirtschaft so wichtigen Fangergebnisse erzählen. Unsere Fluglinien nach Havanna und Luanda tragen viel dazu bei, die Produktivität der Fangflotte und die Lebensbedingungen unserer Fischer zu verbessern. Der Fischfang ist in den vergangenen Jahren immer komplizierter geworden, erfahren wir, weil die Fischbestände vor allem in den konventionellen Fanggebieten infolge der großen Produktivität moderner Fischereifahrzeuge spürbar abgenommen haben. Vor zehn Jahren lagen die Fangplätze vor der Haustür. Heute muß ein Schiff

14 Tage und länger dampfen, um im Nordatlantik fischen zu können. Die fliegenden Wechsel der Fischer auf See vermeiden die wochenlangen unproduktiven An- und Abreisen per Schiff. Die Fischereibesatzungen reisen jetzt viel schneller und bequemer. Sie brauchen nicht mehr ununterbrochen 120 Tage im Einsatz zu sein. Während die eine Besatzung ihre wohlverdiente Freizeit zu Hause verbringt, übernimmt eine Austauschbesatzung die Arbeit an Bord und führt den Fangbetrieb weiter.«

Klaus Petzold, Jahrgang 1935, ausgebildeter Flugzeugkonstrukteur, Diplomingenieur, Flugversuchsingenieur, von 1957 bis 1961 im VEB Flugzeugwerke Dresden, danach Deutsche Lufthansa/INTERFLUG bis 1991, geflogen auf IL-14, AN-24, TU-134, ab 1988 Ground Instructor Airbus A 310, seit 1994 Fluglehrer. 10.400 Flugstunden als verantwortlicher Flugzeugführer, 5.300 als Fluglehrer.
Petzold galt, wie Glöckner, als rechte Hand des Flugbetriebdirektors der INTERFLUG und war Autor diverser Lehrbriefe , u. a. »Aerodynamik TU-134«. Flugkapitän Klaus Petzold absolvierte den letzten Linienflug der INTERFLUG. Dieser ging am 30. April 1991 mit einer TU-134A von Wien nach Berlin-Schönefeld.

Wo blieben die Besatzungen?

Von Flugkapitän Siegfried Straub

Nach dem 9. November des Jahres 1989 war vieles anders. Entgegen der allgemeinen Euphorie im Land sah ich den kommenden Dingen eher skeptisch entgegen. Nicht etwa aus Angst, da ich mir zutraute, mit dieser neuen Situation umgehen zu können.

Auch meine Kollegen waren voller Unruhe, da sich jeder einer unsicheren Zukunft gegenübersah. Niemand schien in der Lage, uns eine Auskunft über die Perspektive der INTERFLUG zu geben. In dieser Situation wirkte es eher belustigend, als der Vorstandsvorsitzende der Lufthansa, Ruhnau, an jedem Wochenende den Generaldirektor der INTERFLUG, Henkes, aufsuchte, ihm und uns seine grenzenlose Sympathie versicherte. Gemeinsam bestritt man Informationsveranstaltungen in den Räumen der 1976 übergebenen Neuen Passagierabfertigung (NPA) am Flughafen Berlin-Schönefeld. Daran konnte jeder teilnehmen, der mochte. Es gab salbungsvolle Reden über die goldene Zukunft und die segensreiche Zusammenarbeit im vereinten Deutschland. Den Mitarbeitern stünden traumhafte Perspektiven ins Haus. Ob Ruhnau das selbst glaubte, steht dahin. Es war auf alle Fälle nicht die Wahrheit. Nichts von dem wurde ernsthaft erwogen. Die Strategien war festgelegt.

Im Herbst 1989 finden im 1976 fertiggestellten Abfertigungsgebäude wie überall im Lande Versammlungen und Informationsveranstaltungen statt. Zu vieles hat sich in den letzten Jahren angestaut.

In den nächsten Monaten fanden mehrere Belegschaftsversammlungen in der alten Passagierabfertigung statt. Auch das schien symbolisch. Anfangs wurden die Diskussionen sehr heftig und schonungslos geführt. Die Leitung der INTERFLUG wurde heftig kritisiert. Drängende Fragen zum Kommenden konnten auch sie nicht oder nur ausweichend beantworten. Auf einer Versammlung schlug Flugkapitän Milos Kral vor, einen Verband der Berufspiloten der DDR zu gründen. Dieser Vorschlag wurde sofort aufgegriffen, da wir ahnten, daß künftig eine Interessenvertretung gebraucht werden würde. Prompt gab es Nominierungen für die Wahl in den Verbandsvorstand, einige der Vorgeschlagenen lehnten ab, weil sie Nachteile für sich befürchteten oder es sich nicht zutrauten. Ich wurde in den Vorstand gewählt, mir wurde das Amt des Sprechers des künftigen Verbandes übertragen.

Eine meiner ersten ans Verkehrsministerium gerichteten Fragen lautete, ob unsere Lizenzen nach Herstellung der deutschen Einheit ihre Gültigkeit behielten. Das wurde eindeutig bejaht. Laut Staatsvertrag würden beide Seiten gegenseitig die Gültigkeit aller Abschlüsse anerkennen. Wir alle nahmen das mit großer Erleichterung zur Kenntnis. Auch das sollte sich schon bald als Unwahrheit erweisen.

Besatzungsmitglieder des ersten IL-18-Fluges 1960 wurden 1990 mit einem Sonderflug geehrt. Oben: Flugkapitän Siegfried Straub, Jahrgang 1942, gelernter Landmaschinenschlosser, geflogen von 1960 bis 2006.

Den qualifizierten und erfahrenen DDR-Piloten wurde mit Vorsatz die weitere Ausübung ihrer Tätigkeit verweigert. Man organisierte zwar sogenannte Konvertierungslehrgänge an einer Flugschule in Worms, die von einem aktiven Piloten einer großen deutschen Airline betrieben wurde. Doch dies hatte allenfalls psychologische Bedeutung. Ich nahm im Sommer 1990 am zweiten Lehrgang teil. Während für fast alle Teilnehmer des ersten Lehrganges eine Übernahmegarantie durch »Condor« abgegeben worden war, verzichtete man bei uns bereits auf die Abgabe einer solchen Erklärung.

Am 8. Mai 1974 spielt der 1. FC Magdeburg in Rotterdam gegen den AC Mailand. Es ist das Finale im EC-Wettbewerb der Pokalsieger. Magdeburg gewinnt mit 2:0; es soll der einzige Pokalgewinn einer DDR-Mannschaft in einem europäischen Wettbewerb bleiben. (Wenig später wird Sparwasser vom FCM in Hamburg das 1:0 bei der WM gegen die BRD schießen.) Klaus Breiler fliegt im Mai die Mannschaft als Co-Pilot nach Holland und wieder zurück. Er muß den Weg über Ostsee, Dänemark und Nordsee nehmen, wie die Karte zeigt, weil der Überflug von der BRD nicht gestattet wird.

Der Lehrgang wurde von uns als Farce empfunden. Im Fach Navigation etwa wurden wir mit antiquierten Lehren konfrontiert, die bei uns schon seit zwanzig Jahren als überholt galten. Das war symptomatisch. Und richtig sauer waren wir, als man uns am Ende des Lehrgangs eine Rechnung von 10.000 DM präsentierte, die jeder persönlich zu bezahlen hatte. Ich verwies auf die offizielle Auskunft des Ministeriums, wonach unsere Zulassungen ohne Bedingungen zu konvertieren seien. Die DDR gehörte der *International Air Transport Organization* (IATA) und der *International Civil Aviation Organization* (ICAO) an, womit ihre Pilotenlizenzen international anerkannt waren. Am Ende blieb dann die Rechnung an der INTERFLUG hängen.

Inzwischen hatte sich das Streckenspektrum der INTERFLUG um einige neue Routen erweitert. Um nach Amsterdam zu kommen, mußte wir nicht mehr den Umweg über die Ostsee und die Nordsee fliegen.

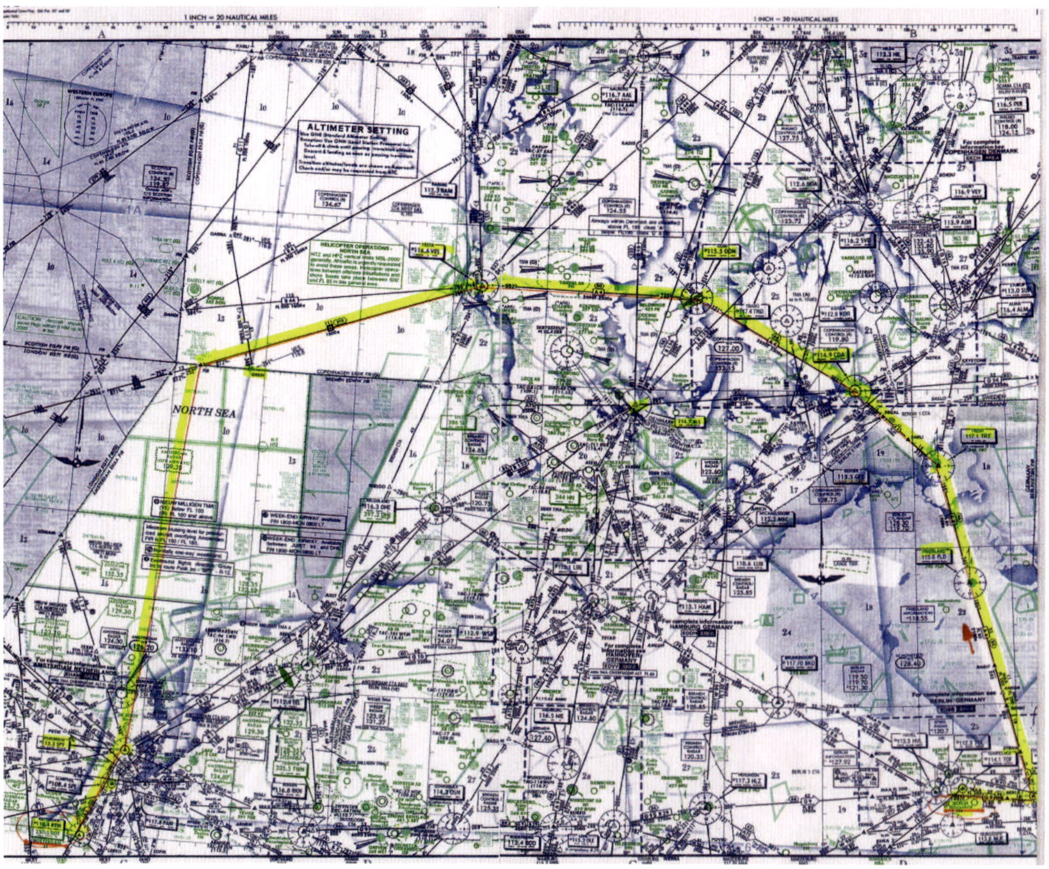

Unser neu gegründeter Berufsverband wurde ins Vereinsregister eingetragen. Wir trafen uns mit Vertretern des westdeutschen Verbandes auf einer Luftfahrtausstellung in Hannover. Die Zusammenkunft war nicht unfreundlich, wenngleich bisweilen die gönnerhafte Herablassung der Westkollegen nicht zu übersehen war. Unsere Bitten, daß sie sich dafür stark machen sollten, daß uns bei der Jobsuche mindestens die gleichen Rechte und Chancen eingeräumt werden würden wie ihnen, stießen auf taube Ohren. Der sogenannte Berater, den man uns an die Seite gab, hielt sich bedeckt und trat immer nur dann auf den Plan, wenn Gefahr im Verzuge schien. So ein Fall schien sich abzuzeichnen, als wir offiziell zu einem Empfang des Bundespräsidenten eingeladen wurden: Da hätte man ja die Gunst der Stunde nutzen und direkt beim Staatsoberhaupt die Sorgen und Probleme, die uns drückten, ansprechen können.

Wir öffneten bald unseren Verband für alle Berufspiloten der DDR. Womit wir in den Augen der westdeutschen Berufspilotenvereinigung Cockpit offenkundig zum Konkurrenten wurden. Bekanntlich gibt es immer zwei Strategien, wie man einen Gegner ausschaltet – entweder versucht man ihn in offener Feldschlacht zu besiegen oder man vereint sich mit ihm. Die Führung in Frankfurt am Main entschied sich für den zweiten Weg. Eines Tages überraschte uns unser Vorstand, der sich nun immer öfter in in der Main-Metropole aufhielt, mit der Neuigkeit, den Verband der Berufspiloten der DDR in der Vereinigung Cockpit aufgehen zu lassen. Dort würden unsere Interessen viel besser und professioneller vertreten werden, als wir es jemals könnten. Ich trat daraufhin von meiner Funktion als Vorstandssprecher zurück und verließ den Verband. Dieser löste sich bald auf. Wir gaben ein wichtiges Instrument freiwillig aus der Hand.

Bevor ich im Sommer 1990 die obskure Flugschule in Worms besuchte, hatte man mich, wie 1989 beschlossen, an die höhere Fliegerschule in Uljanowsk geschickt, um mich auf TU-134A umzuschulen. Ich war gleichermaßen erstaunt wie erfreut. Während des Aufenthalts war es ziemlich kalt, nicht nur draußen. Wir saßen in den Klassenräumen mit Mantel, Mütze und Handschuhen. Die Theorieausbildung verlief recht reibungslos, obwohl wir für den Unterricht und die Prüfungen nur eine

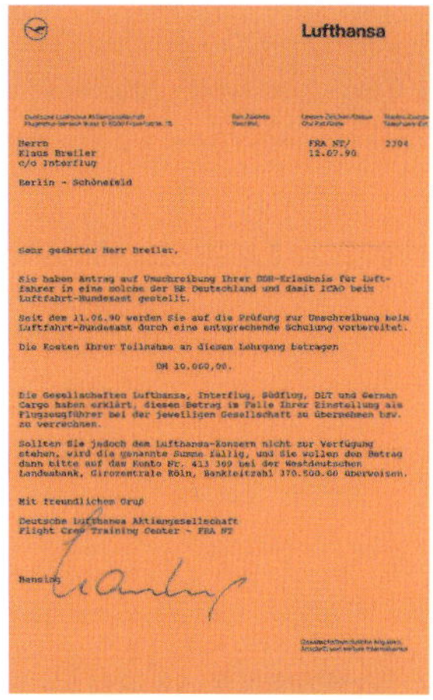
Lufthansa

Herrn
Klaus Breiler
c/o Interflug

Berlin - Schönefeld

FRA NT/ 2304
12.07.90

Sehr geehrter Herr Breiler,

Sie haben Antrag auf Umschreibung Ihrer DDR-Erlaubnis für Luftfahrer in eine solche der BR Deutschland und damit ICAO beim Luftfahrt-Bundesamt gestellt.

Seit dem 11.06.90 werden Sie auf die Prüfung zur Umschreibung beim Luftfahrt-Bundesamt durch eine entsprechende Schulung vorbereitet.

Die Kosten Ihrer Teilnahme an diesem Lehrgang betragen

DM 10.000,00.

Die Gesellschaften Lufthansa, Interflug, Südflug, DLT und German Cargo haben erklärt, diesen Betrag im Falle Ihrer Einstellung als Flugzeugführer bei der jeweiligen Gesellschaft zu übernehmen bzw. zu verrechnen.

Sollten Sie jedoch dem Lufthansa-Konzern nicht zur Verfügung stehen, wird die genannte Summe fällig, und Sie wollen den Betrag dann bitte auf das Konto Nr. 413 309 bei der Westdeutschen Landesbank, Girozentrale Köln, Bankleitzahl 370.500.00 überweisen.

Mit freundlichem Gruß

Deutsche Lufthansa Aktiengesellschaft
Flight Crew Training Center - FRA NT

Hansing

Die 10.000 DM-Rechnung für eine Farce. »Sollten Sie jedoch dem Lufthansa-Konzern nicht zur Verfügung stehen, wird die genannte Summe fällig […] Mit freundlichem Gruß, Hansing.«

Dolmetscherin hatten. Nach der Theorie absolvierten wir eine umfassende Schulung am Fixed Based Simulator. Für erfahrene Piloten war das ausreichend, um Verfahren zu üben und sich die notwendigen Fähigkeiten und Fertigkeiten für den späteren Betrieb des Flugzeuges anzueignen. Insgesamt erhielten wir eine solide Ausbildung und besaßen die Voraussetzung, das praktische Flugtraining zu beginnen.

Die Trainingsbesatzung bestand aus einem älteren, erfahrenen Kapitän und einem Ingenieur, der sich um alle technischen Belange kümmerte. Ich wurde auf dem linken Sitz geschult. Ohne viel Umschweife begannen wir mit dem Training auf der TU-134A, sobald wir das Flugzeug vorbereitet hatten. Eine externe Klimatisierung war bei diesem Typ nicht mehr erforderlich, da er eine Hilfsenergieanlage besaß, ein sogenanntes *Auxiliary Power Unit* (APU).

Auf den Flugplatz Uljanowsk herrschte die meiste Zeit kräftiger Seitenwind, die Haupt-Landebahn lag in Nord-Süd-Richtung. An diesem Zu-

III. СВИДЕТЕЛЬСТВО
CERTIFICATE
№ 45
НАСТОЯЩЕЕ СВИДЕТЕЛЬСТВО ВЫДАНО
THIS CERTIFIES THAT
IV. Штрауб Зигфрид
(фамилия, имя — name)
VI. ГДР
(гражданство — nationality)
IX. Владелец настоящего свидетельства
has been foung to be properly qualified
имеет право работать
to exercise the privileges of
на воздушных судах, указанных в п. XII
for the aircraft specified in item
М. П.
VII.
подпись владельца
signature of holder
1989 г. Заказ № 5030—3000

Fluglizenz aus Uljanowsk zum Fliegen der TU-134A für Siegfried Straub, erteilt am 16. April 1990.

stand waren die großen Wolgastaustufen Schuld. Sie hatten das Mikroklima nachhaltig verändert. Für die Tupolew der älteren Generation erwies sich das als Nachteil, der beachtet werden mußte. Die Tragflügelenden verfügten über keine große Bodenfreiheit. Beim Start und bei der Landung mußten darum Schräglagen vermieden werden. Ich absolvierte im praktischen Training zehn Flüge, dabei einen Streckenflug (Line Oriented Flight Training – LOFT) und einen simulierten Linienflug. So kamen wir nach Togliatti. Dort befand sich die Produktionsstätte des Lada. Der wurde nach einer Fiat-Lizenz gebaut, weshalb die sowjetische Stadt nach dem verstorbenen Führer der KP Italiens benannt worden war.

Nach einem Prüfungsflug mit dem Chefausbilder war die Typenausbildung abgeschlossen. Ich hatte dafür 6:50 Flugstunden benötigt. Es erfolgte noch die Übergabe der sowjetischen Lizenz in einer mehr oder weniger feierlichen Stunde in unserer Schule.

Daheim erhielten wir in unserer neuen Staffel eine ausgiebige Einweisung in die Besonderheiten des Betriebes der TU-134A, danach lief das Linientrainigsprogramm (Line Training) an. Mein erster Flug am 26. Mai 1990, den ich mit Flugkaptän Herbert Langrock absolvierte, ging nach Budapest. Bis zum 14. Juli 1990 machte ich 66 Einzelflüge (Legs), dabei war der Prüfungsflug nach Kos einbegriffen. Mein erster selbständiger Flug als Kommandant führte mich am 20. Juli 1990 nach Leningrad.

Während meiner Linienausbildung und auch danach habe ich die TU-134A als sehr bequem zu fliegen und zu handhaben empfunden. Der

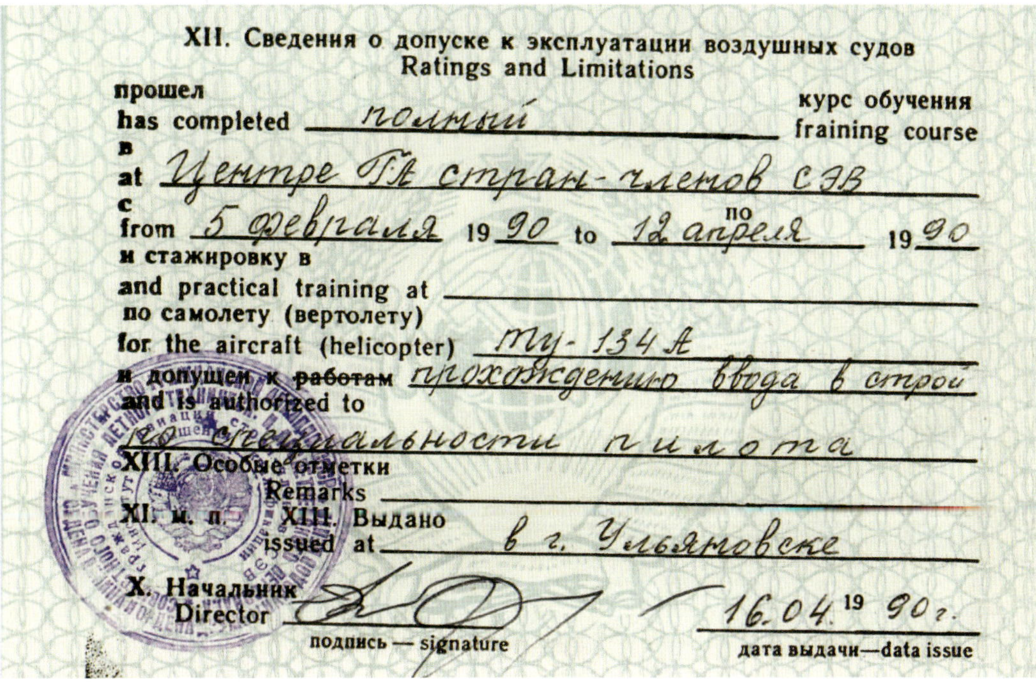

XII. Сведения о допуске к эксплуатации воздушных судов
Ratings and Limitations

прошел / has completed: полный — курс обучения / training course
в / at: Центре ГА стран-членов СЭВ
с / from: 5 февраля 1990 по / to: 12 апреля 1990
и стажировку в / and practical training at:
по самолету (вертолету) / for the aircraft (helicopter): Ту-134А
и допущен к работам / and is authorized to: прохождению ввода в строй по специальности пилота

XIII. Особые отметки / Remarks:

XI. м. п.

XIII. Выдано / issued at: в г. Ульяновске

X. Начальник / Director

подпись — signature

16.04.1990 г.

дата выдачи—data issue

schmale Rumpf verlieh dem Flugzeug eine hohe Robustheit und Stabilität. Das maximale Fassungsvermögen von 76 Passagieren ermöglichte ein zügiges Ein- und Aussteigen sowie das Be- und Entladen in kurzer Zeit, was die Zwischenaufenthalte verkürzte. Da die meisten Flüge in Europa erfolgten, war man bald wieder zu Hause.

Als sehr angenehm empfand ich auch die Tatsache, daß die normale Reiseflughöhe mit diesem Flugzeug zwischen 9.450 Meter (FL 310) und 11.900 Meter (FL 390) lag. Dies bedeutete, daß man in Europa im Som-

Blick aus der BerLine-Maschine auf den INTERFLUG-Airbus in Berlin-Schönefeld. Unten: Eine IL-18 in der ursprünglichen Farbgebung.

mer zum größten Teil über den Wolken flog und man keine großen Probleme mit Schauer- und Gewitterwolken hatte, die man mit der eine Etage tiefer fliegenden IL-18 oft mitnahm. Allerdings schien die Radaranlage der IL-18 besser zu sein.

Als im Februar 1991 die INTERFLUG liquidiert wurde, hatte ich inzwischen über 500 Flugstunden mit meiner TU-134A hinter mir. Meinen letzten Flug bei der INTERFLUG – es war mein 15.411. – machte ich am 5. April 1991 auf der Strecke von Berlin nach Larnaka auf Zypern über Sofia und zurück nach Berlin. Unmittelbar nach der Liquidation der INTERFLUG bewarb ich mich mündlich bei jener Fluggesellschaft, die Kollege Reinhard Knäblein mit anderen gegründet hatte, woraufhin ich eine Anstellung bekam und so, ohne einen einzigen Tag arbeitslos gewesen zu sein, meinen fliegerischen Beruf weiter ausüben konnte.

Nachprüfung von Flugzeugen
IL-18
Flugprüfungen
INTERFLUG
194

Aufgrund der Tätigkeit auf einem anderen Flugzeugtyp war die Erlaubnis für die IL-18 ungültig geworden. Darum ersuchten wir den Flughafen Rijeka in Kroatien, der ein günstiges Angebot machte, unser Wissen und Können aufzufrischen. Das Platztraining erfolgte am 18. Mai 1991 mit der umbenannten D-AOAO (zu DDR-Zeiten registriert als DM-STF und später DDR-STF). Einige Tage später absolvierte ich meinen Prüfungsflug und bekam meine neue alte Erlaubnis zurück mit allen Berechtigungen, die ich auch schon zuvor besessen hatte. Diesmal aber von einer Bundesbehörde.

Ab dem 15. Juli 1991 flog ich für meine neue Firma, die bald als »BerLine« in das entsprechende Register eingetragen wurde. Mein erster Flug ging nach Kriwoj Rog in der Ukraine, um Touristen in den Urlaub zu befördern. Während wir flogen, waren die Maschinen immer sehr gut ausgelastet. Hinzu kam, daß wir an Orte flogen, die wir noch nie gesehen hatten. Beispielsweise landete ich einmal in Lulea, das lag in Nordschweden nahe am Polarkreis.

Wenn ich nicht flog, realisierte ich die Forderung des Luftfahrtbundesamtes (LBA), Flugbetriebshandbücher nach den gültigen Normen zu erstellen. Die LBA akzeptierte die Dokumentationen der IL-18, die BerLine übernommen hatte, einfach nicht. Wir hatten das Computerprogramm der INTERFLUG übernommen, das sich speziell für solche Aufgaben eignete,

Die IL-18 der BerLine nahe am Polarkreis bei Schnee und Frost.

sowie die noch vollständig vorhandenen Archive und Quellen. Zudem konsultierten wir die in der Dokumentationsabteilung beschäftigten Kollegen. Nach den gültigen Normen hieß auch, daß die meisten Passagen in englischer Sprache verfaßt sein sollten, und nur solche, die man ohne Mißverständnisse lesen und anwenden können mußte, wurden in deutscher Sprache belassen. Nach und nach ging die Arbeit immer besser voran, so daß wir nach verhältnismäßig kurzer Zeit das ganze Kompendium erstellt hatten. Am schwierigsten war das Flugbetriebshandbuch FOM (Flight Operating Manual) zu aktualisieren, da für die IL-18 alles auf dem ein wenig betagten sowjetischen Standard beruhte.

Selbst bei solchen Arbeiten war zu spüren, daß alle Beteiligten unbedingt überleben wollten, sie engagierten sich über das normale Maß hinaus und identifzierten sich mit dem Neuen. Doch wer nicht gänzlich mit Blindheit geschlagen war, sah auch, daß es nicht wenige gab, die uns nicht haben wollten. War eine Aufgabe erfüllt, stellte man uns eine neue. Nicht nur, daß wir dadurch über Gebühr gefordert wurden – es kostete ja auch richtiges Geld, was man uns abverlangte. Beispielsweise mußten wir Radiohöhenmesser in unsere Flugzeuge einbauen lassen. Das geschah bei einer großen Firma in Basel, danach erfolgten gleich dort Erprobungs- und Abnahmeflüge. Wir waren das letzte verbliebene Stück der INTERFLUG, dessen legitimer moralischer Erbe. Und darum standen wir auf so manchem Zettel.

Ich erlebte auf beruflicher Ebene, was ich unlängst privat in einem großen Kaufhaus erfahren hatte. Ich wollte einen Kühlschrank von Foron erwerben, weil der der einzige FCKW-freie war, den es in Deutschland gab. Als ich mit der Verkäuferin allein war, sagte sie mir im Flüsterton: »Diese Kühlschränke dürfen wir nicht ordern.« – Die sächsische Firma war einst der einzige Kühlmaschinenhersteller der DDR, er machte 1992 Furore mit

Warenumschlag der BerLine auf dem Flughafen Düsseldorf (oben) und irgendwo in Rußland.

dieser beachtlichen Neuerung. 1995 mußte die Foron Hausgeräte GmbH trotzdem Insolvenz anmelden, die Kühlschrankproduktion wurde an die ATAG Kitchen Group in den Niederlanden verkauft ... Es war Boykott. Keine Verschwörung, wohl aber zielgerichtetes Handeln gegen einen erfolgreichen ostdeutschen Konkurrenten.

Mir war bewußt, daß wir mit diesen vielen Fußangeln nicht überleben würden. Reinhard Knäblein nannte es treffend einen Vier-Fronten-Kampf. Ich versuchte ihm zu entkommen, indem ich mich anderenorts bewarb. Schon die erste Bewerbung bei der AeroLLoyd war erfolgreich. Ich wurde zum Gespräch nach Frankfurt am Main eingeladen, man bot mir eine Stelle als Kapitän auf der F-100 an, einem zweistrahligen Passagierflugzeug.

Gleichzeitig hatte ich mich auch bei Airbus beworben, und ich konnte es nicht fassen, als mir auch von dort eine Einladung zu einem Interview zuging. So flog ich also nach Toulouse und fand mich bei *Airbus Training* ein. Das Interview bereitete mir auch diesmal keine Schwierigkeiten, obwohl es in englischer Sprache geführt wurde. Nach Beendigung sagte man mir, daß ich angenommen sei und am nächsten Monatsersten eingestellt werden würde, wenn ich dies bewerkstelligen könne. Nachdem ich wieder in Berlin war, gingen mir unerwartet Unterlagen der Airbus Deutschland zu, die ich ausgefüllt nach Hamburg zurückschicken sollte, falls ich die Stelle annehmen würde. Ich vermutete dahinter zunächst ein Mißverständnis. Auf meine Rückfrage antwortete man mir aber, daß alles seine Richtigkeit habe, als Deutscher würde ich besser in einem deutschen Betrieb angestellt werden. Das schien mir eine ideale Lösung, zumal mein künftiger Betrieb eine Außenstelle in Toulouse betrieb, die mir bei allem Notwendigen helfen würde.

Rollout der D-AOAO der BerLine unter der Cargo-Linie »German European Airlines«.

Schweren Herzens kündigte ich bei BerLine. Dieser Schritt fiel mir nicht leicht, ich hatte ein schlechtes Gewissen, da ich das Gefühl hatte, ich ließe die Kollegen im Stich. Mein letzter Flug für die BerLine fand am 22. Mai 1992 mit der D-AOAS statt, ich flog Urlauber nach Izmir in der Türkei.

Es war mein 15.506. Am 29. Mai 1992, einem Sonnabend, belud ich mein Auto und fuhr nach Toulouse, meinem neuen Einsatzort. Bis Lyon regnete es, das entsprach auch meinem Gemütszustand. Danach wurde das Wetter nach und nach besser.

Am 1. Juni meldete ich mich pünktlich im Ausbildungszentrum, hatte aber nicht damit gerechnet, daß es französische Lebensart ist, morgens etwas später zur Arbeit zu erscheinen, um abends ein wenig länger zu bleiben. So wartete ich geraume Zeit, bis mein zukünftiger Chef mich zu sich bat, um mich zunächst mit dem Notwendigsten vertraut zu machen und mich überall vorzustellen.

Die erste Abordnung der INTERFLUG in Toulouse. Das war 1987, als der Kauf der drei Airbusse unter Dach und Fach war und jene, die damit später zu tun haben würden, sich die Maschinen schon einmal betrachten und die notwendigen Unterlagen abholen wollten.

Ich erhielt in einem Gemeinschaftsbüro einen Schrank zugewiesen, in dem ich meine Unterlagen, die mir übergeben worden waren, unterbringen konnte. Zu diesen Papieren gehörte das Flight Crew Operating Manual (FCOM), das Pilotenhandbuch. Es umfaßte vier Bände, die alles Notwendige über den A320 enthielten. Man stellte mir einen Partner an die Seite, mit dem ich im Verlaufe der Ausbildung eine Besatzung bildete. Es war ein Pilot aus dem Irak, der unter anderem auch den Regierungschef geflogen hatte. Er berichtete mir, er habe das Land verlassen, da seine Familie angeblich religiös verfolgt wurde. Mag ja sein, daß ihm übel mitgespielt worden war. Aber er war ein Choleriker, überdies hochgradig mißtrauisch, was bereits an Argwohn grenzte, kurzum: ein eher unangenehmer

Cockpit-Simulator für den Airbus A320.

Zeitgenosse. Andere empfanden ähnlich. Der Iraki legte sich prinzipiell mit allen Besatzungen an, die er ausbilden sollte. Diese beschwerten sich natürlich, und wie mir schien, bewies die Leitung ziemlich lange Geduld. Doch eines Tages war er weg. Entlassen, wie es hieß.

Durch Vermittlung eines französischen Arbeitskollegen fand ich eine kleine Wohnung in einem tristen Neubauviertel, die ich nach einer Woche Hotelaufenthalt bezog, während mein Betrieb, die Deutsche Airbus, nach einer passenden Bleibe Ausschau hielt. Man fand ein Apartement in Blagnac, das ich dann nach meiner Ausbildung beziehen sollte. Dort wohnte ich bis zur Rente.

Unterdessen begann die theoretische Ausbildung, sie wurde ausschließlich am Computer durchgeführt. Nach zwei Wochen intensiven Lernens

Trainingsgerät für den Airbus A380.

erhielten wir noch eine praktische Einweisung in die Notfallverfahren und -mittel sowie in deren Handhabung, wonach dann die Prüfungen in Systemwissen und Performance-Wissen nach dem sogenannten Multiple Choice-Prinzip erfolgten, die ich ohne Probleme bestand.

Der Typenschulung (Type Rating) schlossen sich Ausbildung und die entsprechenden Prüfungen für die *Low-Visibility*-Qualifikationen an, mit der man die Erlaubnis erhielt, Landeanflüge nach der Landebahnsicht-Kategorie 3 B (CAT III B) mit dem A320 durchzuführen.

Das Flugtraining erfolgte in Pau*, einem kleinen Flughafen in der Nähe der Pyrenäen, der auch vom Militär genutzt wurde und wo wir beinahe ungestört üben konnten. Ich war begeistert von diesem Flugzeug und bin es noch immer. Ein so wunderbares Gerät einmal fliegen zu können, hatte ich in meinen kühnsten Träumen nicht gehofft. Der A320 erinnerte mich an das Fliegen von Segelflugzeugen. So leicht, so elegant, so sicher.

* Pau sollte nicht nur als Etappenort der Tour de France 2007 bekannt werden. Man überführte dort auch Alexander Winokurow des Dopings, der danach fluchtartig Frankreich verließ. Schlagzeilen dieser Art hatte der Ort nicht verdien.t

Nach Erteilung der Papiere bekam ich ohne Pause eine Ausbildungsbesatzung zugeteilt, die man von Anfang bis zum Ende zu trainieren hatte. Jetzt war ich Fluglehrer. Allerdings mußte ich fortgesetzt mein Wissen über das Flugzeug vergrößern, da man durch die Studenten mit den unglaublichsten Fragen konfrontiert wurde. So erwarb ich dann doch noch das *nice to know*-Wissen über den Airbus. Auch mein Englisch wurde stetig besser.

Bei meiner Tätigkeit lernte ich sehr viele verschiedene Menschen kennen. Sie kamen von allen Kontinenten und aus unterschiedlichen Kulturkreisen. So erinnere ich mich an zwei junge Copiloten, die als eine Besat-

Der Airbus A320, in diesem Falle einer der spanischen Luftfahrtgesellschaft IBERIA. Straub: »Der A320 erinnerte mich an das Fliegen von Segelflugzeugen. So leicht, so elegant, so sicher.«

zung ausgebildet wurden, einer kam aus der Schweiz, der andere aus Italien. Beide waren bei der Dragon Air angestellt, einer Charterfluggesellschaft der Cathay Pacific Airways (Hongkong). Sie verfügten über nur geringe Flugerfahrung auf der B737. Aber ihre Auffassungsgabe war gera-

Der Airbus A330 unter Schweizer Flagge.
Die Airline wurde nach der Jahrtausendwende von der Lufthansa übernommen. Es wurde dem Unternehmen in bezug auf Flotte, Personal, Geschäftsleitung, Sitz und Firmennamen Eingeständigkeit zugesichert.
Das macht den kleinen Unterschied zur INTERFLUG aus.

dezu phänomenal, sie waren geradezu übermütig beim Lernen, jedoch ohne einen Hauch von Überheblichkeit. Man sagte ihnen, wie sie sich auf das nächste Training vorbereiten sollten, und sie taten es. Sie waren die besten Leute, die ich bei Airbus ausgebildet habe.

Inzwischen erfolgten auch die Erstflüge des A340 (25. Oktober 1991) und des A330 (1. November 1992). Das sind Großraumflugzeuge für Mittel- und Langstrecken, der A340 ist mit vier Triebwerken und der A330 mit zwei Triebwerken ausgestattet. Airbus achtete bei der Entwicklung seiner Flugzeugfamilie auf eine größtmögliche Identität des Cockpits, der Cockpitausstattung und des Flugverhaltens, was nicht zuletzt mit dem Fly-by-Wire-Prinzip (deutsch: Fliegen per Kabel) praktiziert wurde. Im Unterschied zur klassischen Steuerung, bei der die Steuerbewegungen des Piloten mittels Stahlseil, Schubstangen oder Hydrauliksystem an die Steuerflächen oder Rotoren übertragen werden, sitzen bei Fly-by-Wire Sensoren (z. B. Potentiometer) an den Steuerelementen (Steuerknüppel, Pedale usw.), das heißt die Übertragung der Steuersignale erfolgt ausschließlich elektrisch. Dadurch war es unter anderem möglich, die Ausbildung zu verkürzen, weil im Prinzip in jeder Maschine alles gleich war.

Als Fluglehrer wurde man, ohne es zu wollen, auch zum Verkäufer von Flugzeugen. Ich erinnere mich an eine Demonstration für eine koreanische Fluggesellschaft, an der deren Chef mit seiner Frau und einer Anzahl von

Das Trockentraining im Simulator des A380 und der Airbus im Flug. Im Bild Guy Magrin, einer der Airbus-Testpiloten, ein Freund Straubs.

Kindern und Personenschützer teilnahmen. Da der Firmeninhaber kein Pilot war, wollte er nicht einmal im Simulator auf dem Pilotensitz Platz nehmen. Diese Aufgabe mußte seine Frau – eine nette englische Dame – übernehmen. Ich erklärte den Anwesenden das Cockpit und nannte einige wichtige Flugzeugparameter. Dann führte ich den Start durch und übergab der Dame mit einigen Hinweisen das Steuer. Da sie es wirklich verstand und große Freude daran hatte, ein Flugzeug zu fliegen, entschied letztlich sie, den A320/A321 und den A330 zu kaufen.

Ende 1996 bat mich der Chef des Trainings zu sich. Er eröffnete mir, daß man mich für einen außergewöhnlich (»outstanding«) guten Fluglehrer halte, weshalb man mir vorschlüge, entweder eine Stelle im Airbus Training Center Peking als A320 Fluglehrer aufzunehmen oder einen in Rente

gehenden A320-Spezialisten aus dem Trainingspolitik-Department zu ersetzen. Ich übernahm den zweiten Job. Dort war ich zu 25 Prozent Fluglehrer und zu 75 Prozent Konsultant, ich übernahm die Verantwortung für die gesamte Ausbildung von Piloten für den A320. Ich sorgte für die Weiterentwicklung der Trainingsprogramme, überwachte Simulatoren sowie Vorbereitung und Einführung neuer Trainingsprogramme.

15 Jahre arbeitete ich für Airbus, ein wichtiger und schöner Teil meines Lebens, den ich nicht missen möchte. Die Basis für die erfolgreiche Tätigkeit in Toulouse aber schuf ich mir in der DDR, bei der INTERFLUG. Ich bin mir der Besonderheit meines Werdegangs bewußt. Allerdings hätten auch andere meiner früheren Kollegen in Berlin-Schönefeld dazu das Zeug gehabt. Sie erhielten aber diese Chance nicht. Warum das so war, ist klar.

Am 8. Juli 2007 (englische Schreibweise 7/8/07) erfolgt das Rollout der Boeing 787, des neuen »Dreamliners«. Nach 13 Jahren kommt ein neues Flugzeug aus Seattle. Obgleich es noch keinen Testflug gegeben hat, sind bereits an jenem Tage 662 geordert – die Produktion ist bis 2013 ausverkauft. (Zum Vergleich: 160 Exemplare beim Airbus A380). Verkaufsziel in den kommenden 20 Jahren: 2000 Stück. Der »Dreamliner« soll 20 Prozent weniger Treibstoff verbrauchen und 20 Prozent weniger Abgas produzieren.

Es irren jene, die in unübertrefflicher Arroganz unverändert der Meinung sind, wir Ostdeutschen seien untauglich für diese Gesellschaft, die wir nicht gewollt haben. Ich bin durchaus stolz, daß ich mit meiner Biographie den Gegenbeweis antreten konnte. Und ich bin überzeugt davon, daß die Zahl jener, die das in aller Stille auch getan haben und sich täglich behaupten, sehr viel größer ist, als angenommen wird.

Die B 787 (Stückpreis mindestens 146 Millionon Dollar) iot zu großen Teilen nicht, wie üblich, aus Aluminium, sondern aus Karbon-Verbundteilen. Und weil der Rumpf aus einem Stück ist, spart man überdies 50.000 Nieten. Das dadurch reduzierte Gewicht und die neuen Triebwerke helfen, den Kerosinverbrauch erheblich zu drücken.

Boeing und Airbus verfolgen unverändert unterschiedliche Konzepte. Während Boeing auf kleinere Jets setzt, die auch Direktflüge zu kleineren Orten erlauben, zählt bei Airbus Größe. Der A380 soll bis zu 850 Menschen von Metropole zu Metropole befördern.

Historische Wurzeln und Traditionspflege

Am 16. November 1989 setzte nach zehn Minuten Flug eine IL-18, aus Berlin-Schönefeld kommend, auf einer unbefestigten Landebahn in Borkheide auf, wo Hans Grade, der erste deutsche Motorflieger, 1912 einen Flugplatz angelegt hatte. Nach 27 Einsatzjahren hatte die viermotorige Maschine ausgedient. Nunmehr sollte sie an diesem Ort zu einem Museum für den Flugpionier Grade umgewandelt werden.

Bereits Ende Oktober war eine ebenfalls ausgemusterte IL-62 in einer spektakulären Landung auf dem GST-Flugplatz Stölln/Rhinow niedergegangen. Sie wurde zu einer Gedenkstätte für Otto Lilienthal, der dort 1896 tödlich verunglückt war, ausgebaut.

Borkheide – bis 1937 Bork – liegt inmitten eines großen Waldgebietes zwischen Beelitz und Brück. 1872 wurde die Bahnlinie Berlin-Wetzlar errichtet, sie kreuzte hier die Linie von Treubrietzen nach Werder. Möglicherweise veranlaßte das Hans Grade, sich 1908 in Bork niederzulassen, dort eine Flugzeugfabrik zu errichten, einen Flugplatz anzulegen und eine Pilotenschule zu eröffnen. Er selbst unternahm ebenfalls viele Flugversuche. Am 18. Februar 1912 wurde durch Hermann Pentz, einem seiner Mitarbeiter, die erste Luftpostlinie von Bork nach Brück eröffnet.

Hans Grade, geboren am 17. Mai 1879, verstarb am Ort am 22. Oktober 1946 und wurde in Borkheide beigesetzt.

Die IL-18 (DDR-STE) im Landeanflug auf Borkheide. Eine Waldlichtung (836 mal 108 Meter), bei der lediglich der Aufsetzpunkt mit einer Walze verdichtet worden war, diente als Flugplatz. Im Bordbuch der Maschine waren 32.637 Flugstunden verzeichnet, zwischen 1962 und 1989 hatte sie 20.504 Landungen absolviert – das sollte die spektakulärste werden. Nach drei Überflügen setzte sie unter dem Beifall zahlreicher Zuschauer auf.

Beifall und Blumen nach der Landung für die Crew.
Links: Das Flugfeld von Bork, als es Hans Grade und seine Schüler nutzten.
Darunter: Die Besatzung der IL-18 legte am Gedenkstein für Grade einen Kranz nieder. Von links nach rechts: Flugkapitän Peter Schulze, Günter Erhardt, Hubert Hoffer und Wilfried Nowak.

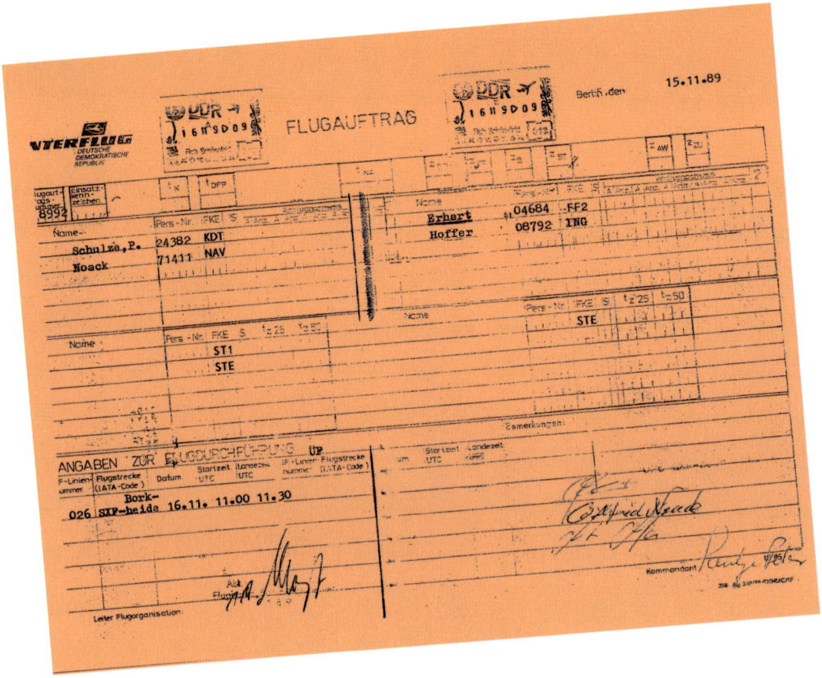
INTERFLUG DEUTSCHE DEMOKRATISCHE REPUBLIK

FLUGAUFTRAG

Berlin, den 15.11.89

Name: Schulze, P. 24382 KDT; Noack 71411 NAV

Name: Erhart 04684 FF2; Hoffer 08792 ING

STE

ST1

STE

Bemerkungen:

ANGABEN ZUR FLUGDURCHFÜHRUNG ÜF

026 SXF-Bork-heide 16.11. 11.00 11.30

Leiter Fluorganisation

Kommandant

Eine Postkarte zu Grades Zeiten, die auf seine Flugversuche in Bork hinweist.

Oben: Der Flugauftrag zur Überführung der IL-18 von Schönefeld nach Borkheide am 15. November 1989.

1891-1991

100 Jahre Menschenflug

INTERFLUG

Hans Grade gründete mit 26 Jahren in Magdeburg die »Grade-Motorenwerke«. Nach drei Jahren, im Jahre 1908, gelang ihm auf dem Magdeburger Exerzierplatz als erstem Deutschen ein Flug mit einem motorgetriebenem Luftfahrzeug.

Im Jahr darauf ging er nach Bork in der Mark Brandenburg und begann dort von vorn. Seit 1910 betrieb er eine Flugschule – einer seiner Eleven besorgte den ersten Postflug, an den übrigens 50 Jahre später die Abt. Wirtschaftsflug der Deutschen Lufthansa erinnerte: Sie wiederholte in Würdigung dieser Pioniertat den Flug 1962.

1913 baute Hans Grade das erste deutsche Flugzeug, das auch auf dem Rücken fliegen konnte … Das alles und noch vieles mehr kann man in dem Museum in der IL-18 vor Ort erfahren. Zahlreiche Dokumente und Exponate zeichnen ein lebendiges Bild von der Geschichte der Luftfahrt.

Sonderstempel und Ersttagsbrief am 17. Mai 1979, zum 100. Geburtstag von Hans Grade.

Otto Lilienthals1889 in Berlin von Gärtner verlegtes Lehrbuch »Der Vogelflug als Grundlage der Fliegekunst«.

Die IL-18 vor Grades Haus. Rechts: Hans Grade beim Bauen in seinen Flugzeugwerk. Rechte Seite: Die Grade-Werke in Borkheide aus der Luft, darunter: eine IL-18 von unten im Flug.

Hans Grade (1879-1946), Aufnahme aus den 30er Jahren.

Die INTERFLUG fliegt seit 30 Jahren IL-18. Anlaß für die Leitung der Gesellschaft, Veteranen der zivilen Luftfahrt mit einem Flug nach Erfurt und zurück zu ehren. Zum Gedenken an Zeppelins Polarfahrt erscheint ein Ersttagsbrief mit Sonderstempel. Die Medaille ist aus dem Aluminium des abgestürzten Luftschiffes Z-3 geprägt worden.

Ein reicher Bayer leistet sich eine IL-18 mit Betriebserlaubnis, auch wenn die Landebahn mit 1.000 m zu kurz ist. Eine INTERFLUG-Crew bringt die Maschine im Sommer 1991 nach Augsburg. Die lokale Presse hat das Ereignis angekündigt, die Massen strömen zum Flugplatz, um dem Spektakel beizuwohnen.

Die beiden Flüge mit unseren Veteranen von Berlin nach Erfurt anläßlich des Jubiläums 30 Jahre IL-18-Einsatz.

Sonderbriefmarken, die 1980 »zum 25. Jahrestag der Gründung unseres sozialistischen Luftfahrtunternehmens«, wie INTERFLUG-Generaldirektor Henkes erklärte, von der DDR-Post ediert und den Mitarbeitern der INTERFLUG als Geschenk übergeben worden war.

Mit Münzen und Medaillen, Ersttagsbriefen und Sonderstempeln, Briefmarken und anderen Sammler- und Memorystücken erinnert die INTERFLUG an ihre historischen Wurzeln und den eigenen Werdegang. Dadurch gelangt die Luftfahrtgesellschaft ins öffentliche Bewußtsein. Sie ist mehr als nur irgendein Unternehmen in der DDR. Die INTERFLUG gehört zum Leben der ostdeutschen Bürger. Kaum einer, der nicht mit ihr zu tun hat. Darum ist auch ihr erzwungenes Ende ein gesellschaftlicher Vorgang. Er trifft die gesamte Region und berührt viele Ostdeutsche.

Der Zentralflughafen Berlin-Schönefeld wird zum Großflughafen BBI

Am 6. Juli 1990 unterzeichnen INTERFLUG (Hauptgeschäftsführer Dr. Andreas Kramer, rechts) und Lufthansa (Vorstandsvorsitzender Heinz Ruhnau, links) eine Kooperationsvereinbarung. »Wir brauchen nicht nach Berlin zu gehen. Denn wir sind schon da«, sagt Ruhnau, woraus die INTERFLUG-Mitarbeiter irrtümlich schließen, daß sie damit gemeint seien.

Im Luftverkehr existieren Rechtsvorschriften, Anweisungen, nationale und internationale Empfehlungen, die einzuhalten und zu kontrollieren jeder Staat verpflichtet ist. In der DDR wurde für diesen Zweck am 1. Januar 1968 die Staatliche Luftfahrtinspektion (SLI) ins Leben gerufen. Die Leitung übernahm Gerhard Mudrack, amtierender Direktor des Wirtschaftsfluges, ein Mann der Praxis. Die SLI war eine nachgeordnete Einrichtung des Ministeriums für Verkehrswesen. Gut zwölf Jahre später, am 1. September 1980, wurde die Forschungsgruppe »Flugsicherheit« an der Humboldt-Universität Berlin gegründet, Dr. Mudrack wurde zum Professor und in die Leitung berufen.

Die DDR, seit 1973 Mitglied der Vereinten Nationen, übernahm die Empfehlungen der Zivilluftfahrt-Organisation, der ICAO, und der Internationalen Lufttransportvereinigung, IATA. 1989 erfolgte eine Neustrukturierung der Luftfahrtbetriebe in der DDR, was sich aber mit dem Anschluß des Landes an die BRD erledigte. Eine zentrales Objekt der Begierde bei der Erledigung der INTERFLUG war der Zentralflughafen Berlin-Schönefeld, um den in den 50er Jahren die DDR-Führung mit der sowjetischen Besatzungsmacht gerungen hatte. Bekanntlich mußte ersatzweise in Sperenberg ein neuer Flughafen errichtet und finanziert werden, der bis zum Abzug der sowjetischen respektive russischen Truppen ausschließlich militärisch genutzt wurde.

Die Idee, Schönefeld zu einem Großflughafen auszubauen, hatten bereits 1989 Vertreter von INTERFLUG und Lufthansa gemeinsam entwickelt, um den Flugverkehr aus Sicherheitsgründen aus der Stadt herauszubekommen. Doch es dauerte fast 17 Jahre, ehe für den Bau eines neuen Flugplatzes, den Airport Berlin Brandenburg International (BBI) grünes Licht kam. Die Zustimmung wurde am 16. März 2007 vom Bundesverwaltungsgericht erteilt. In den Jahren zuvor hatte es, unter lebhafter Anteilnahme

der Öffentlichkeit, ein heftiges Hin und Her gegeben. Der Streit ging um den Standort, um die Notwendigkeit, um die Umweltbelastung etc. Diverse Lobbyisten und Interessengruppen traten auf den Plan, während in Leipzig-Schkeuditz Sachsens Ministerpräsident Kurt Biedenkopf still den Ausbau des dortigen Flughafens zum Mitteldeutschen Luftdrehkreuz vorantrieb, um dann den Vorschlag zu machen, man solle eine schnelle Zugverbindung zwischen Berlin und Leipzig einrichten, um das Problem der hauptstädtischen Luftverkehrsanbindung zu lösen.

Mit der Lufthansa-Technik zieht auch ein neuer Geist in Schönefeld ein. Der seit den 50er Jahren hier herrschende verflüchtigt sich dank Nachhilfe.

Gegenwärtig stehen auf den drei Berliner Flughäfen (Tegel, Tempelhof, Schönefeld) fünf Landebahnen zur Verfügung. Pro Tag gibt es 50 Nachtflüge. Auf dem künftigen Airport Berlin Brandenburg International wird es zwei Startbahnen geben. Und noch mehr Nachtflüge. Auch an diesem Punkt ist die Heuchelei bei der Vereinahmung ablesbar. Nach offizieller Lesart war die DDR ein Unrechtsstaat, weshalb alle Gesetze annulliert wurden. Bis auf jene, von denen man zu profitieren hoffte. Deshalb wurde dem BRD-Luftverkehrsgesetz der § 71 hinzugefügt und damit aus DDR-»Unrecht« geltendes Recht. Nicht zuletzt wegen des Devisenmangels ging die DDR wiederholt Kompromisse ein. So genehmigte sie Nachtlandungen auch für die Landebahn 25R in Schönefeld, um die innerstädtischen (Westberliner) Flughäfen Tegel und Tempolhof zu entlasten Das ging auf Kosten des Nachtschlafes der Anwohner. Die Bundesrepublik übernahm dieses DDR-Gesetz. Am 20. September 1990 (!) genehmigte das Ministerium für Verkehr der DDR den Flugbetrieb in Berlin-Schönefeld zeitlich unbefristet, »Verlängerung der Genehmigung: entfällt«. Zwölf Tage vorm Ende der DDR? Wer hat wohl dieses Papier gebraucht?

Im Hintergrund die Wartungshallen in Berlin-Schönefeld. Wie sich zeigt, ist es die Immobilie so begehrt wie die INTERFLUG als Konkurrent lästig ist. Vor 1989, als es die DDR noch gab, brauchte man die INTERFLUG, um an den strategisch günstig gelegenen Flughafen zu kommen. Als die DDR weg ist, hat sich die Auslangslage verändert. Man muß jetzt nur die INTERFLUG aus dem Weg räumen, um den Flughafen allein in Besitz nehmen zu können. Unten: Runway 25R in Berlin-Schönefeld, davor die betroffenen Gemeinden.

Die INTERFLUG erlebte ihre Enteignung als eine konzertierte Aktion, die ihre Fortsetzung im Planfeststellungsverfahren und im Verfahren vor dem Bundesverwaltungsgericht in Leipzig fand. Beweisanträge der Gegner wurden nicht zugelassen. Die Senatsverwaltung von Berlin erschien nicht zur Erörterung. Luftfahrtbundesamt, Umweltbundesamt und Strahlenschutzamt enthielten sich der Stimme und bestätigten damit den Standort. Die Meinung aus Wirtschaft und Politik ist: Globalisierung und Luftverkehr gehören zusammen, der Luftverkehr ist ein Wachstumsmarkt. Das Bedürfnis der Menschen nach Mobilität ist ein Grundbedürfnis. So werden Flughafenstandorte begründet. Die Airlines fordern Rahmenbedingungen. Die Billigfluggesellschaften boomen.

Dennoch ist es unzulässig, das Sicherheits- und Ruhebedürfnis eines Grundstücksbesitzers im Anflugsektor gegen das Mobilitätsbedürfnis von Urlaubern auszuspielen. In Schönefeld ist die Billigfliegerei mit 55 Prozent vertreten.

Der BBI bekommt für das Großraumflugzeug A380 eine 4.000 Meter lange Piste. Die Maschine hat bis zu 300 Tonnen Kraftstoff an Bord. Um den Treibstoff im Notfall abzulassen, benötigt man etwa anderhalb Stunden. Dafür muß aber eine Zone vorgesehen werden. Wenn keine Zeit vorhanden ist, etwa bei Bombendrohungen oder bei Brandwarnungen, wird abgelassen bis zum Endanflug. Das alles muß bei der Planung eine Flughafens beachtet werden. Verkraften das der Boden und das Trinkwasserschutzgebiet in der Hauptlanderichtung? Sicherheitsaspekte dürfen nicht bagatellisiert, aber auch nicht dramatisiert werden.

Zur Erhöhung der Luftverkehrssicherheit wurden in den letzten Jahren umfangreiche Maßnahmen ergriffen. Eine war die Einrichtung einer Sicherheitsgruppe beim Luftfahrtbundesamt (LBA), die auf den deutschen Flughäfen intensive Ramp-Checks, das heißt strenge flugbetriebliche und technische Sicherheitskontrollen, auf den Abstellplätzen durchführen. Damit soll erreicht werden, daß Verstöße gegen internationale Sicherheitsvorschriften verhindert und notfalls geahndet werden. In dieser Gruppe arbeiten auch ehemalige INTERFLUG-Kapitäne und -Techniker.

Die Europäische Union hat sich auf eine gemeinsame Schwarzen Liste von gefährlichen Fluggesellschaften geeinigt. Airlines, die wegen schwerer Sicherheitsmängel in einem EU-Mitgliedsland auf diese Liste geraten, erhalten in allen Mitgliedsländern Flugverbot. Diese Koordinierung ist ein bedeutender Beitrag für die Flugsicherheit. Die Installierung des Kommunikations- und Informationssystems Luftverkehrssicherheit (KISLS) als Datenverbund ist ebenfalls vernünftig.

Was zwischen den Staaten möglich ist, sollte auch in Schönefeld und Umgebung möglich sein: die Kommunikation zwischen den Flughafenerbauern und den betroffenen Anwohnern. Etwa 75 Prozent aller Landeanflüge werden über die Wohngebiete erfolgen, die östlich des Platzes liegen. Ein finanzielle Ausgleich für Belastungen und Einschränkungen sollte möglich sein. Die Zeit der Konfrontation mit den Standortgegnern und die Bagatellisierung ihrer Argumente muß ein Ende haben. Wenn die Haftpflichtversicherung der Lufthansa Lärm und Umweltrisiken aus dem Deckungsumfang ausschließt, ist hier gleichfalls Klärungsbedarf. Ebenso für Fälle des Schnellablassens von Kraftstoff. Verständigung ist ein Gebot der Vernunft auf beiden Seiten.

Im Mai 2001 begann eine Bürgeranhörung. Dieses Anhörungsverfahren war das bislang größte in Deutschland. Insgesamt gingen 133.000 Einwendungen gegen das Milliardenprojekt ein – das war die größte Bürgerbewegung in der deutschen Geschichte Die Kritik richtete sich insbesondere gegen den Fluglärm, große Schadstoffbelastungen, Umweltcingriffe, Unfallgefahren und Verkehrsanbindungen. Laut Lufthansa-Chef kostete

So fing es in Schönefeld in den 50er Jahren an: Mit der IL-14 der Deutschen Lufthansa (Ost) und der Anstecknadel mit dem Kranich für Mitarbeiter.

Von hier oben nehmen sich diese Probleme klein aus. Vielleicht sollte man gelegentlich diese Perspektive wählen.
Unten: Zwei Wochen vor dem Beitritt (!) erteilt des DDR-Verkehrsministerium eine Genehmigung zum Betrieb des Flughafens Schönefeld. Die Genehmigung ist unbefristet. Warum wohl?

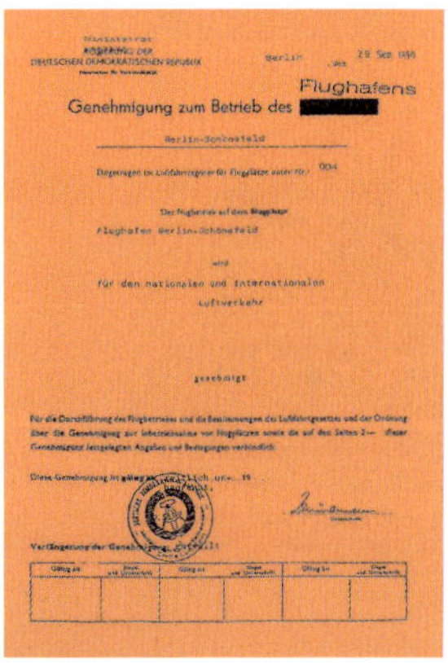

Ministerrat
Regierung der
Deutschen Demokratischen Republik

Berlin, den [illegible] Sep. 1990

Flughafens

Genehmigung zum Betrieb des [redacted]

Berlin-Schönefeld

Eingetragen im Luftfahrtregister für Flugplätze unter Nr.: 004

Der Flugbetrieb auf dem Flugplatz

Flughafen Berlin-Schönefeld

wird

für den nationalen und internationalen

Luftverkehr

genehmigt

Für die Durchführung des Flugbetriebes sind die Bestimmungen des Luftfahrtgesetzes und der Ordnung über die Genehmigung zur Inbetriebnahme von Flugplätzen sowie die auf den Seiten 2 – dieser Genehmigung festgelegten Angaben und Bedingungen verbindlich.

Diese Genehmigung ist gültig [illegible]

Unterschrift

Verlängerung der Genehmigung

Gültig bis	Siegel und Unterschrift	Gültig bis	Siegel und Unterschrift	Gültig bis	Siegel und Unterschrift

die Bürgeranhörung in der angemieteten Walther-Rathenau-Halle in Oberschöneweide, bei der es von Mai bis September 2001 rund 60 Verhandlungstage gab, über sechs Millionen Euro.

Ich selbst erlebte das Planfeststellungsverfahren als einen förmlichen Akt. Der Paragraphenwald diente eher zum Verstecken der Zusammenhänge als zu deren Aufdeckung, er war Alibi für die Rechtsstaatlichkeit. Das waren die Vorgaben oder Rahmenbedingungen der Lufthansa für den BBI: 24-Stunden-Betrieb, Endausbaustufe 60 Millionen Passagiere jährlich, Minimierung der Umweltbelastung, raumverträgliche Einordnung.

Mit der endgültigen Entscheidung des Bundesverwaltungsgerichts für einen Ausbau des Flughafens Berlin-Schönefeld, wenn auch mit Auflagen für die Betreiber – etwa mit einem Nachtflugverbot zwischen null und fünf Uhr, wenn denn in einigen Jahren die DDR-Regelung ausläuft –, müssen nun alle Beteiligten leben. Das Planfeststellungsverfahren zeigt, wie schwierig das sein wird.

Der Sprecher des Flughafens bei dieser Erörterung war der ehemalige INTERFLUG-Mitarbeiter Ulrich Schindler. Mit Fachkenntnis vertrat er die Interessen seines Arbeitgebers Berlin Brandenburg Flughafen Holding.

Der Vorsitzende des Bürgervereins Brandenburg-Berlin e.V. (BVBB) und Organisator der Klagegemeinschaften, Ferdi Breidbach, vertrat die Interessen der vorwiegend ostdeutschen Betroffenen. Von 1969 bis 1980 Bundestagsabgeordneter der CDU, trat er mit mehreren Anwälten auf und demonstrierte Rechtsstaatlichkeit mit Bundestagsatmosphäre, was häufig keine Sachdiskussion zuließ. Er organisierte die Jobmaschine für Anwälte und Gutachter, die zahlende Solidargemeinschaft und den Widerstand, die Einteilung in Aktiv- und Passivkläger. Der Bayer hatte sich nach 1990 um die Auflösung von Rundfunk und Fernsehen der DDR gekümmert und ein Grundstück für sein neues Haus in Diedersdorf erworben. Dann überraschte ihn der Konsensbeschluß zum BBI, der sein Grundstück entwertete. Für die Beraterfirma WMP Eurocom macht er Lobbyarbeit für große Unternehmen. Er kümmert sich um viele Dinge, so auch um den Flugplatz Neu-Hardenberg, dem einstigen Regierungsflughafen Marxwalde. Sein Sohn ist Flugkapitän bei der Lufthansa, und der ehemalige Lufthansa-Chef Ruhnau gehört zu seinem Bekanntenkreis. Muß man mehr sagen?

Ursprünglich erschien ich zum Planfeststellungsverfahren mit der Absicht, als Kenner der DDR-Luftfahrt und betroffener Bürger aus Müggelheim meine Sicherheitsbedenken vorzutragen und an einem fairen Verfahren mitzuwirken. Ich konnte zwar etwas sagen, aber stieß allenthalben auf taube Ohren.

Im April 2007 begannen die Bauarbeiten für einen BBI-Infotower auf der Baustelle für den künftigen Hauptstadt-Airport Berlin Brandenburg International. Von dort sollen sich interessierte Besucher einen lebendigen Eindruck vom BBI verschaffen und den aktuellen Baufortschritt live erleben. Der 32 Meter hohe BBI-Infotower wird einen einmaligen Überblick über die 2.000 Fußballfelder große Baustelle ermöglichen. Flughafen-Chef Dr. Rainer Schwarz unterstrich beim Baubeginn des BBI-Infotowers die Bedeutung des BBI für die deutsche Hauptstadtregion: »In Berlin-Schönefeld entsteht ein Stück Zukunft. Das wollen wir der Öffentlichkeit nahe bringen.«

Inzwischen hat man auch ein Baustellen-Maskottchen kreiert: Armin, eine männliche Ameise, die auf zwei Beinen läuft, vier Arme hat, einen Blaumann und Gummistiefel trägt und berlinert. Die PR-Maschine kommt rascher auf Touren als die Baumaschinerie.

2011 sollen laut Prognose in Schönefeld im Jahr 22 Millionen Passagiere abgefertigt werden, dreieinhalb Millionen mehr, als derzeit die drei Berliner Flughäfen zusammen. Die Zukunft wird zeigen, ob diese Vorhersage nicht nur auf märkischen Sand gebaut ist.

Doch halten wir fest: Voraussetzung für den von Bau von BBI Schönefeld war die Liquidation der INTERFLUG und der BerLine. Wir erlebten also nicht nur die die größte Bürgerbewegung auf der einen Seite, sondern wohl auch die größte konzertierteste Aktion von Wirtschaft und Politik zur Schaffung der besten Rahmenbedingungen für die Lufthansa AG auf ihrem Weg an die Spitze der Fluggesellschaften in Europa. Bis jetzt versteckt man sich noch hinter dieser allgemeinen Formel: »Die global tätige Deutsche Lufthansa AG ist einer der größten Konzerne in der Zivilluftfahrtbranche.«

Das untenstehende Foto wurde am 19. Januar 1989 (!) von der DDR-Nachrichtenagentur ADN mit folgendem Text verbreitet: »Berlin: Großflughafen geplant / In enger Zusammenarbeit zwischen INTERFLUG und Lufthansa soll ein weiterer Großflughafen entstehen. Darüber informierte in Schönefeld der Präsident der INTERFLUG Dr. Klaus Henkes (stehend) und der Vorstandsvorsitzende der Deutschen Lufthansa AG, Heinz Ruhnau (2. v. l.). Bis 1995 sollen alle Vorbereitungen abgeschlossen sein, so daß der Bau des modernen Airports beginnen wird.«
Das heißt, bereits *vor* dem Untergang der DDR hatte die Lufthansa ihre Pläne publik gemacht: Sie brauchte auf dem Weg zur Nummer 1 in Europa nach Frankfurt am Main und München ein drittes Luftdrehkreuz in der Mitte des Kontinents, um von dort aus den osteuropäischen Markt zu erreichen. Für die Großraumflugzeuge von Airbus waren die technischen Voraussetzungen zu schaffen. 1989 existierte noch die DDR. Mit ihrem Verschwinden hatten sich auch für die Lufthansa die Geschäftsbedingungen verändert. Doch die Strategie blieb unverändert.
Die Startbahn 25 L wird verlängert, es entsteht ein neues Abfertigungsgebäude, geplant ist ein Terminal D für German Wings, den Billigflieger der Lufthansa, die Internationale Luftausstellung (ILA) als größte deutsche Luftfahrtmesse wird ausgebaut …

Ehrentafel

Bei der Erfüllung von Flugaufträgen der INTERFLUG verloren ihr Leben:

IL 62-Staffel:
Heinz Pfaff, Lothar Walter, Achim Filenius, Ingolf Stein, Marlis Zidanik, Barbara Scholz, Monika Atanassov, Gabriele Scheller

IL 18-Staffel:
Dieter Hartmann, Jochen Wilsdorf, Horst Umlauft, Frank-Rolf John

TU 134-Staffel:
Heidi Johl, Henriette Albrecht, Toska Graf

Bei der Ausübung ihres Berufes im Betrieb Agrarflug verunglückten tödlich:

L 60-Flotte:
Wolfgang Pönitz, Willi Herzog, Eberhard Rühle

AN 2-Flotte:
Horst Saupe, Wolfgang Fenster

Z 37-Flotte:
Winfried Naß, Dieter Lange, Waldemar Pohl, Guido Sill, Wilfried Riesmeier,

M 18-Flotte:
Detlef Kleemann

Bei der Durchführung eines Testfluges mit dem Passagier-Jet 152/V1 der DDR-Luftfahrtindustrie starben:

Willi Lehmann, Kurt Bemme, Paul Heerling, Georg Eismann

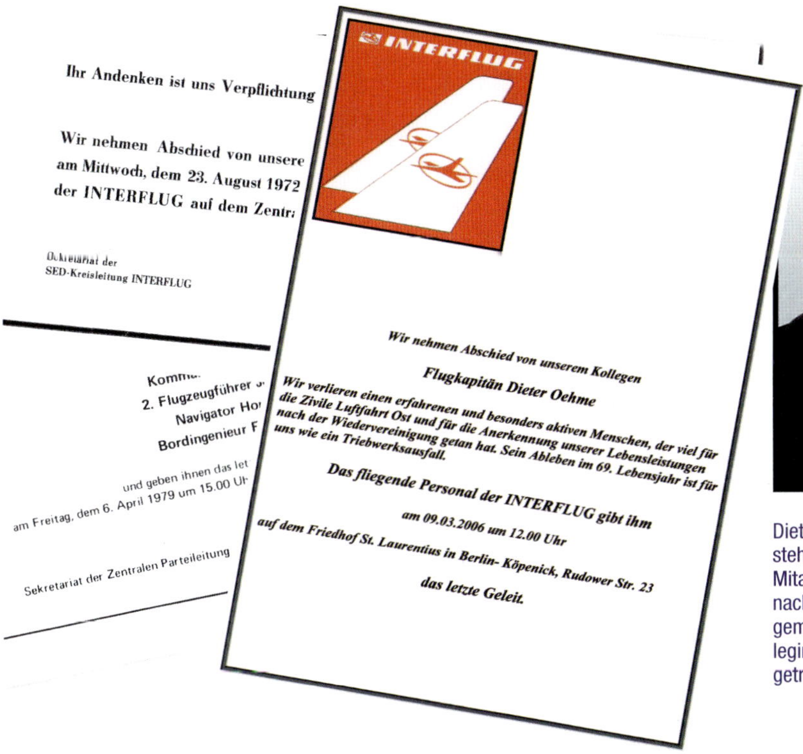

Ihr Andenken ist uns Verpflichtung

Wir nehmen Abschied von unsere
am Mittwoch, dem 23. August 1972
der INTERFLUG auf dem Zentr

Sekretariat der
SED-Kreisleitung INTERFLUG

Komm
2. Flugzeugführer
Navigator Ho
Bordingenieur F

und geben ihnen das let
am Freitag, dem 6. April 1979 um 15.00 Uh

Sekretariat der Zentralen Parteileitung

INTERFLUG

Wir nehmen Abschied von unserem Kollegen

Flugkapitän Dieter Oehme

Wir verlieren einen erfahrenen und besonders aktiven Menschen, der viel für die Zivile Luftfahrt Ost und für die Anerkennung unserer Lebensleistungen nach der Wiedervereinigung getan hat. Sein Ableben im 69. Lebensjahr ist für uns wie ein Triebwerksausfall.

Das fliegende Personal der INTERFLUG gibt ihm

am 09.03.2006 um 12.00 Uhr

auf dem Friedhof St. Laurentius in Berlin- Köpenick, Rudower Str. 23

das letzte Geleit.

Dieter Oehme (1937-2006). Er steht für viele Flugkapitäne und Mitarbeiter der INTERFLUG, die nach dem Ende der Gesellschaft gemeinsam von ehemaligen Kolleginnen und Kollegen zu Grabe getragen worden sind.

Die Autoren

Anders, Erhard
Jahrgang 1941, Segelflieger bei der GST, Transportfliegerschule der NVA in Dessau 1960/61, Ausbildung als Wirtschaftsflieger bei der Lufthansa (Ost) auf der L-60, seit 1964 Agrarflieger, von 1971 bis 1974 Fernstudium (Fachrichtung Elektronik), Testpilot für Agrarflugzeuge. 1990 Gründung einer Flugschule mit zwei Partnern, seit 1996 selbständig (»Flugschule Anders« in Eggersdorf-Müncheberg) und Verkehrsflieger des Senders »Antenne Brandenburg«, für den er inzwischen mehr als 10.000 Flugstunden am Himmel von Berlin-Brandenburg unterwegs war. Flugkapitän.

Breiler, Klaus
Jahrgang 1939, gelernter Maschinenschlosser, Besuch der NVA-Fliegerschule Kamenz, als Unterleutnant 1959 abkommandiert zum Aufbau der Abteilung Wirtschaftsflug der Deutschen Lufthansa (Ost), bis 1969 Agrarflieger, Fluglehrer, Sachverständiger und Prüfer für Luftfahrtgeräte, 1969 Ausbildung zum Verkehrsflugzeugführer, bis 1990 Flugkapitän, Fluglehrer und Prüfer für die Staatliche Luftfahrtinspektion, Fernstudium an der Pädagogischen Hochschule Potsdam (1965 bis 1967), Sonderstudium an der Ingenieurschule für Verkehrstechnik Dresden (1967-1969), 1984/1985 Pilot in der internationalen Fliegerstaffel »Dürrehilfe für Äthiopien«, 1986 Typenschulung IL-62M an der RGW-Fliegerschule in Uljanowsk (UdSSR), 1990 Typenschulung B 757-767 am Boeing-Ausbildungszentrum in Seattle (USA), fluguntauglich nach Burn-out-Syndrom, mit Hilfe von Dr. Wirth (über 25 Jahre Betriebsarzt bei INTERFLUG) 1993 wieder Fluglizenz als Privatpilot, seit 1992 arbeitslos, 1999 Rentner. Diplomingenieur, Ingenieur-Pädagoge, Flugkapitän a. D.

Hoffer, Hubert
Jahrgang 1938, Kfz.-Schlosser, 1957 Mitarbeiter Nr. 596 der Deutschen Lufthansa, seit 1960 Spezialist für IL-18 – erst als Mechaniker, dann Bordmechaniker, seit 1976 Oberinstrukteur für Bordingenieure bei INTERFLUG und dann bei BerLine Ingenieur für Flugzeugwartung, Bildautor.

Knäblein, Reinhard
Jahrgang 1947, Walzwerker in Riesa, Studium: Ingenieur für Flugzeugführung, extern drei Jahre Betriebsökonomie und zwei Jahre Agraingenieur (Pferdezucht und -sport) an der Humboldt-Universität zu Berlin.

1990 Gründer, Gesellschafter und Geschäftsführer von BerLine, 1995 Gesamtvollstreckung, von 1997 bis 2007 bei der »Task Force« des Luftfahrtbundesamtes, seither Ausbilder, Instrukteur und Inspektor Flugbetrieb in einer eigenen Firma. 1979 Stellvertretender, seit 1989 Vorsitzender des Berliner Sportvereins Akademie der Wissenschaften e. V. (BSV AdW e. V.), Flugkapitän i. R.

Krönert, Günter
Jahrgang 1931, gelernter Buchdrucker, Offiziersschule der NVA, Fluglehrer auf dem Hubschrauber Mi-4, 1959 von der Deutschen Lufthansa (Ost) als Instrukteur übernommen, 1965 Ingenieur für Flugzeugführung. 1967 Umschulung in der Sowjetunion auf Turbinenhubschrauber, Kranflüge mit Hubschrauber in der Hohen Tatra. Ab 1974 Aufbau der Hubschrauberstaffel des Ministeriums des Innern; 1979 Einsatz im Katastrophenwinter in den Nordbezirken, 1980 »Held der Arbeit«. Am 31. März 1991 Entlassung aus dem Betrieb für Fernerkundung, Industrie- und Forschungsflug (FIF), der INTERFLUG. Flugkapitän i. R.

Müller, Heinz
Jahrgang 1937, Kasernierte Volkspolizei, 1955 Aeroklub in Cottbus, danach Fliegerschule in Kamenz und Dessau, ausgeschieden wegen Westverwandtschaft, 1959 Verkehrsflieger, dann Staffelleiter in Halle/S. beim Agrarflug der INTERFLUG.
Flugkapitän i. R.

Sachse, Hans-Dieter
Jahrgang 1940, gelernter Dreher, seit 1957 Sportflieger, seit 1967 Berufsflieger beim Agrarflug, von 1969 bis 2003 Verkehrsflieger bei der INTERFLUG, ab 1991 beim Nürnberger Flugdienst, aus dem EUROWINGS wurde, flog auf Jak-18, Zlin-126/226/326, AN-2, IL-14P, IL-18, TU-134, TU-134A, ATR-42, ATR-72, AVRO 146.
Flugkapitän i. R.

Straub, Siegfried
Jahrgang 1942, gelernter Landmaschinenschlosser, Transportflieger der NVA (1960-1962), Wirtschaftsflieger in Berlin und Anklam (1962-1969), Verkehrsflug Berlin (1969-1991), Philosophiestudium an der Martin-Luther-Universität Halle-Wittenberg (1981-1987), Pilot bei der BerLine 1991/92, von 1992 bis 2006 bei Airbus in Toulouse als Fluglehrer, Spezialist für die Entwicklung neuer Simulatoranwendungen für Flugzeugentwicklungen und Erprobungen, Simulator-Acceptance-Pilot. Diplomingenieur, Diplomphilosoph und Flugkapitän i. R.

Quellen- und Bildnachweis

Breiler, Klaus: Die Übereignung der INTERFLUG. Daten – Fakten – Hintergründe – Wahrheiten. Berlin 2006.
Przychowski, Hans von: Fehlstart oder Bruchlandung? Zehn Jahre Berlin-Brandenburger Flughafenpolitik 1990–2000. Berlin 2001.
Seifert, Karl-Dieter: Weg und Absturz der Interflug. Der Luftverkehr der DDR. Berlin 1994.

Weitere Fotos und reproduzierte Münzen, Medaillen, Nadeln, Poststücke etc. stammen ausnahmslos aus den Privatsammlungen der Autoren.
Zeichnungen: Heinz Rode, Zusatzfotos: Frank Schumann
Berechtigte Honoraransprüche bleiben gewahrt.

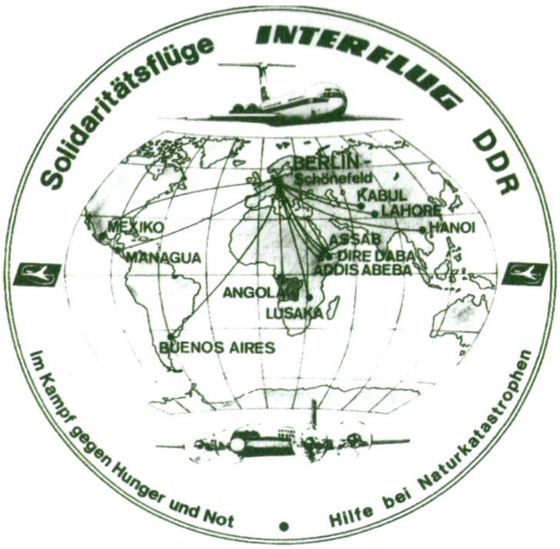

ISBN 978-3-360-01904-2

Umschlaggestaltung: www.buchgestalter.net
unter Verwendung einer Postkarte vom Airbus 310 © Kraemer/ Bild und Heimat, Reichenbach (Vogtl.)
Druck und Bindung: Salzland Druck, Staßfurt

Ein Verlagsverzeichnis schicken wir Ihnen gern zu:
Das Neue Berlin Verlagsgesellschaft mbH
Neue Grünstraße 18, 10179 Berlin
Tel. 01805/309999 (0,14 Euro/Min.)

Die Bücher des Verlags Das Neue Berlin erscheinen
in der Eulenspiegel Verlagsgruppe
www.das-neue-berlin.de